トラクション
スタートアップが顧客をつかむ 19 のチャネル

ガブリエル・ワインバーグ
ジャスティン・メアーズ　著

和田 祐一郎　訳

本書で使用するシステム名、製品名は、それぞれ各社の商標、または登録商標です。
なお、本文中では、™、®、©マークは省略しています。

Traction
A STARTUP GUIDE
TO GETTING CUSTOMERS

Gabriel Weinberg and Justin Mares

© 2014 by Gabriel Weinberg and Justin Mares. Title of English-language original: Traction, ISBN978-0976339601 published by S-curves Publishing.
© 2015 O'Reilly Japan, Inc. All rights reserved. This translation is published and sold by permission of Gabriel Weinberg and Justin Mares, the owner of all rights to publish and sell the same.

本書は株式会社オライリー・ジャパンが Gabriel Weinberg、Justin Mares の許諾に基づき翻訳したものです。日本語版についての権利は、株式会社オライリー・ジャパンが保有します。

日本語版の内容について、株式会社オライリー・ジャパンは最大限の努力をもって正確を期していますが、本書の内容に基づく運用結果について責任を負いかねますので、ご了承ください。

トラクション 【traction】

1. レールと車輪の間、道路面とタイヤの間の、滑らずに引っ張る力。
   粘着摩擦。静止摩擦。
2. 引っ張ること。牽引。

—— 三省堂 大辞林第三版

「traction」の語源は、「引っ張る、引きずる」にあたるラテン語の言葉です。地面との摩擦やそれによる推進力を表すようになったのは 19 世紀ごろと言われています。そして現在では、この「物理的な推進力」が「商品やアイデアが広く認知され人気がある状態」という意味に転じて、広く使われるようになりました。本書のサブタイトル「スタートアップが顧客を掴む 19 のチャネル」の「掴む」が traction（を獲得する）にあたります。

トラクションは、すべてに勝る切り札

　起業を成功させることは難しく、そして厳しいものです。我々は「スタートアップ」の成功と失敗の両方を経験しました。

　まず、我々の自己紹介をさせてください。ガブリエル・ワインバーグは検索エンジン DuckDuckGo の創業者兼 CEO です。2008 年にサービスを開始して、2013 年には年間 10 億回の検索回数を達成し、今も急速に成長中です。その前には Opobox という企業を立ち上げて、2006 年に 1,000 万ドルで売却しています。ガブリエルはエンジェル投資家としても活動しており、10 社以上のアーリーステージベンチャー企業に投資し、これまでに二社のイグジットに成功しています。

　ジャスティン・メアーズは二つの会社を立ち上げ、2013 年に Rackspace に買収された Exceptional Cloud Services で成長マネジメントを担当していました。

　トラクションの獲得はスタートアップの成功率を上げるための最も有効な手段です。トラクションはビジネスがうまく運んでいることを判断するためのバロメーターです。例えば、あなたが有料の製品を市場に提供しているのであれば、トラクション獲得＝顧客による製品購入です。無料の製品を提供しているのであれば、トラクション獲得＝ユーザベースの拡大です。

　トラクションの力はとてつもなく大きいものです。技術的リスク、市場リスク、そしてチームリスクはすべてトラクションの獲得で対処できます。資金調達、採用、報道、パートナーシップ、そして買収に至るまで、トラクションを獲得することによってより簡単になります。

　つまり、トラクションは、すべてに勝つ切り札なのです。

　本書は e コマースからアプリまで、消費者向け・企業向けを問わずすべてのスタートアップに向けた書籍です。

　40 人以上のスタートアップ創業者にインタビューを行い、さらに多数の企業を調

査し、それらの創業者や企業が実行した反復可能な戦略と戦術を抽出しました。どのようなビジネスであってもトラクションを獲得する方法をお見せすることが本書の目標です。

目　次

トラクションは、すべてに勝る切り札 vii

I部　イントロダクション 1

1章　トラクションチャネル 3

トラクション獲得における課題と戦略..4

19のトラクションチャネル 5

まとめ 10

II部　トラクション獲得計画 11

2章　ブルズアイ・フレームワーク 13

ステップ1：ブレインストーミング 14

ステップ2：ランク付け 15

ステップ3：優先順位付け 16

ステップ4：テスト 17

ステップ5：リソースの集中 18

なぜブルズアイ・フレームワークを使うのか 19

実例 19

まとめ 20

3章　トラクション獲得の心構え 23

50% ルール 23

「リーン」との連携..26

x | 目次

目に見える違いを生む 27

投資家にとって十分なトラクション 30

ピボットするか、しないか 32

まとめ 33

4 章　トラクション獲得テスト 35

チャネルは陳腐化し、飽和する 35

狭い範囲でのテスト 36

A/B テストによる最適化 38

オンラインツール 38

結果を定量的に把握 39

まとめ 40

5 章　最短経路 41

全体の目標を設定する 41

マイルストーンを設定する 42

個別目標と個別マイルストーンを設定する 43

サブ目標を定義する 44

よき相談相手を得る 45

チャネルに対する先入観を捨て去る 46

いざ、トラクション獲得へ！ 48

まとめ 48

Ⅲ部　19 のトラクションチャネル 51

6 章　バイラルマーケティング 53

バイラルループ 54

バイラル数学 56

バイラル戦略 58

バイラル施策 60

バイラルの失敗 64

まとめ 65

目次 | XI

7章　PR 67

メディアのしくみ 67

メディアへの売り込み 70

PR戦略 73

終わりに 76

まとめ 76

8章　規格外PR 77

二種類の規格外 77

パブリシティ・スタント 78

顧客への感謝 80

コストとインパクト 83

まとめ 87

9章　SEM 89

SEM技術 89

ケーススタディ：Inflection 90

SEMを始める 93

キャンペーンを実施する 94

広告の品質 96

上級者のSEM 96

まとめ 98

10章　ソーシャル／ディスプレイ広告 101

ディスプレイ広告 101

ソーシャル広告 103

主なソーシャルサイト 107

終わりに 110

まとめ 110

11章　オフライン広告 113

デモグラフィック属性 113

コスト	114
測定	115
印刷広告	116
看板広告	118
交通広告	119
ラジオ広告	120
テレビ広告	120
インフォマーシャル	121
終わりに	122
まとめ	123

12章　SEO 125

2つのSEO戦略	125
ファットヘッド戦略	127
ロングテール戦略	129
リンクビルディング	132
絶対にしてはならないこと	133
終わりに	133
まとめ	134

13章　コンテンツマーケティング 137

ケーススタディ：Unbounce	138
ケーススタディ：OkCupid	139
強力なコンテンツを制作する	141
ブログを成長させる	142
読者の役に立つブログ記事を書く	143
終わりに	144
まとめ	144

14章　メールマーケティング 145

顧客発見	146
顧客エンゲージメントを高める	147

顧客維持	149
売上を狙う	150
紹介を促す	151
施策	152
まとめ	153

15章　エンジニアリングの活用.....155

マーケティングにおけるエンジニアリングの効果的活用	155
潜在顧客をコンバート	157
施策	158
ケーススタディ：RJMetrics	160
終わりに	161
まとめ	162

16章　ブログ広告.....165

ブログを見つける	165
ケーススタディ：Mint	166
ソーシャルニュースサービス	169
終わりに	170
まとめ	170

17章　ビジネス開発（パートナーシップ構築）.....173

パートナーシップの種類	173
戦略的ビジネス開発	175
適切なパートナーの選定	176
パイプラインの構築	177
ビジネス開発のプロセス	179
今後のビジネス開発	180
終わりに	181
まとめ	181

18章　営業 183
最初の顧客の獲得 183
セールスファネルを設計する 189
ケーススタディ：JBoss 193
まとめ 194

19章　アフィリエイトプログラム 195
一般的なアフィリエイトプログラム 195
アフィリエイトプログラム戦略 198
アフィリエイトプログラムの施策 199
大規模なアフィリエイトネットワーク 200
終わりに 202
まとめ 202

20章　Webサイト、アプリストア、SNS 205
アプリストア 205
ソーシャルプラットフォーム 208
ブラウザ機能拡張 209
他のプラットフォーム 210
ケーススタディ：Evernote 210
まだ見ぬプラットフォーム 213
まとめ 213

21章　展示会 215
展示会を選ぶ 215
展示会の準備 217
展示会場の施策 219
終わりに 220
まとめ 221

22章　オフラインイベント 223
カンファレンス 224

ミートアップや、比較的小規模なイベント		227
パーティ！		228
オフラインイベントの施策		229
終わりに		230
まとめ		230

23章　講演 **233**

講演者になる方法		234
講演を行う		236
上級者への道		237
終わりに		239
まとめ		239

24章　コミュニティ構築 **241**

コミュニティの築き方		241
コミュニティから得られる利益		245
終わりに		247
まとめ		247

あとがき **249**

訳者あとがき **252**

I 部
イントロダクション

1章
トラクションチャネル

まず最初に、「トラクション」を定義しておきます。**トラクションとは、成長する兆し**であり、ビジネスにおける重要指標を計測することで明らかになるものです。モバイルアプリの場合、その指標はアプリのダウンロード数であり、検索エンジンであれば、検索数です。これらの指標の飛躍的な増加が「トラクションの獲得」です。SaaSツールの場合は月次売上の爆発的な伸び、コンシューマ向けのアプリならば日々のアクティブユーザ数の著しい増加がそれにあたります。

スタートアップ向けの資金調達を支援するオンラインプラットフォームAngelListのナバル・ラビカントがトラクションの定義をうまく表現しています。

> トラクションとは、基本的には顧客需要を表す定量的な「証し」のことです。[最初のトラクションは、]企業向けソフトウェアで言うならば、最初にそのソフトウェアに対してお金を払う2〜3社の顧客であるといえるでしょう。コンシューマ向けのソフトウェアであればその基準はおそらく数万程度のユーザでしょう。(中略)これは最高裁による「ポルノ」の定義と同じです。つまり「**見れば分かる**[†1]」ものなのです。

トラクションはビジネスのどの段階でも獲得できます。スタートアップの意義は急速に成長することにありますが、トラクションを獲得するということは、成長曲線を右肩上がりに伸ばしていくということです。スタートアップ向けのベンチャーキャピタル、Yコンビネータを創業したポール・グレアムはこれを次のように表現しています。

[†1] 訳注 "I know it when I see it." 引用文中の「最高裁による〜」は、米連邦最高裁において、提出された証拠品をポルノと分類すべきかを説明する際に、裁判官がこの表現を使用した有名なケースを指しています。

「スタートアップ」とは、急速に成長するようデザインされた企業です。ただ最近設立されたという事実だけではスタートアップとは言えません。テクノロジー関連である必要も、ベンチャーファンドから投資を受けている必要も、そして「イグジット戦略」のようなものを持っている必要もありません。本質的に必要なものは成長だけです。「スタートアップ」のイメージはすべて、成長によるものです。

トラクションの獲得は、成長を意味します。**トラクションを追い求めている企業こそが、スタートアップなのです。**

トラクション獲得における課題と戦略

本書の執筆にあたって、成功したスタートアップの創業者 40 人以上にインタビューを行い、その他多数の企業について調査しました。その結果、**スタートアップは 19 種類のチャネルからトラクションを獲得している**ことを発見しました。成功したスタートアップの多くは複数のチャネルを試して、その中から実際にうまくいくチャネルを一つ発見しています。

本書では、このような顧客獲得のためのチャネルを**トラクションチャネル**と呼びます。トラクションチャネルはスタートアップが本当のユーザや顧客を獲得するマーケティングチャネルです。

さて、前述の調査の結果、二つの大きな発見がありました。

1. スタートアップの多くは、なじみのあるトラクションチャネルだけを検討の対象とする。そして、ある種の製品を扱う企業は、ある特定のチャネルを使うべきであると信じて疑わない。つまり、**山ほどのスタートアップが同じチャネル（SEM や PR）に集中**してしまい、他の有望なチャネルに気づかない。
2. 一番うまくいくチャネルの予測は困難である。経験に基づいた推測はできるが、**テストを実施するまでは、その時点における、本当に最良のチャネルを判断することは難しい。**

「Ⅱ部　トラクション獲得計画」では、これらの二つの発見をテーマとして、その解決策を詳しく説明します。2 章では、トラクション獲得のために開発した「ブルズアイ・フレームワーク」を紹介します。リソースを集中投入するトラクションチャネ

ルを決定するために、あらかじめいくつかのチャネルまで絞り込んでテストを行うプロセスです。

3章と4章では、トラクション獲得と製品開発を並行して行う方法など、ブルズアイ・フレームワークを使用する際の戦略と施策を紹介します。5章ではトラクションの獲得目標までに存在する不要なものをすべて無視して**最も効率的な経路を選択する**アプローチを紹介します。

19のトラクションチャネル

トラクション獲得計画についての詳細に入る前に、6章から24章で紹介する19のトラクションチャネルおよびインタビューを行った方々を紹介しておきます。

各トラクションチャネルについて読み進めるときは、そのチャネルが自分自身にとってあまり関係なさそうにみえても、あえてそう思わずに読み進めてください。こ**れらのチャネルは、あらゆる種類のスタートアップの様々なステージにおいて成功した実績があります**。競合他社が見向きもしないチャネルを活用することで、伸び悩む競合を尻目に成長できるかもしれません。

バイラルマーケティング（6章）

バイラルマーケティングとは、既存ユーザの周囲に製品を紹介してもらうことでユーザベースを拡大する手法です。500 Startups の顧問で、バイラルマーケティングのエキスパートのアンドリュー・チェンにインタビューを行い、一般的なバイラルのテクニックと、著名なスタートアップにおいてバイラルマーケティングを成功に導いた要因を聞きました。また、myZamana のアシシュ・クンドラには、バイラルマーケティングによってユーザベースを一年で10万から400万に成長させた経験を聞きました。

PR（7章）

PR（パブリック・リレーションズ）は、新聞や雑誌、テレビなどの伝統的メディアを通して知名度を高める手法です。ここではテッククランチの元記者ジェイソン・キンケードにインタビューを行い、メディア向けプレゼンテーションの方法、記者との良好な関係の築き方、そして PR についてスタートアップが犯す間違いについて話を聞きました。そして、『Trust Me, I'm Lying』（和書未刊）などの著作を持つベス

トセラー作家のライアン・ホリデイには、急激に変化する今日のメディア環境をトラクション獲得のために活用する方法について聞きました。

規格外 PR（8章）

「規格外」の PR は、何かしら普通ではない、パブリシティ・スタント（売名のための曲芸的行為）によってメディアの注目を集める手法です。このチャネルでは継続的に顧客の期待を大きく上回るか、先回りをすることが成功への道です。サービスについてユーザに語り続けるように促す仕掛けについて、Reddit と Hipmunk を創業したアレクシス・オハニアンに聞きました。

SEM（9章）

SEM（サーチエンジンマーケティング）とは、グーグルなどの検索エンジンで検索する消費者に対して行うマーケティング活動です。Archive.com を運営する Inflection のマシュー・モナハンに、その成長を主に SEM に頼っていた理由を訊ねました。

ソーシャル / ディスプレイ広告（10章）

Reddit、YouTube、フェイスブック、ツイッターといった人気サイトや、何百と存在するニッチなサイトにおける広告は、新規顧客にリーチするための強力でスケーラブルな方法です。ソーシャル広告購入プラットフォーム Adaptly を創業したニキル・セティに、このチャネルでのトラクション獲得について聞きました。

オフライン広告（11章）

オフライン広告にはテレビやラジオの CM、屋外広告、インフォマーシャル、新聞 / 雑誌広告、ローカル広告（チラシなど）が含まれます。これらはオンライン上でのターゲティングが比較的困難とされる、インターネットにあまり詳しくない消費者や高齢者、そして通勤者などにリーチします。しかし、ほとんどのスタートアップはこのチャネルを利用しません。つまり、このチャネルには競合が比較的少ないということです。WPEngine と Smart Bear Software の創業者ジェイソン・コーエンに、顧客獲得に利用したオフライン広告について聞きました。

SEO（12章）

SEO（サーチエンジン最適化）は、検索エンジンでのキーワード検索結果に自社のWebサイトを確実に表示させるためのプロセスです。SEOソフトウェアのマーケットリーダーMozのランド・フィッシュキンに、SEOによるトラクション獲得のベストプラクティスを聞きました。そして、Appointment Reminderなどのサービスを運営するKalzumeus Softwareの創業者パトリック・マッキンジーに、狙った顧客を低予算で多数獲得するSEO手法について聞きました。

コンテンツマーケティング（13章）

多くのスタートアップはブログを運営しています。しかし、そのほとんどはトラクションを獲得するためのものではありません。ページ最適化ツールを提供するUnbounceの創業者リック・ペロー、そしてオンラインデーティングサイトOkCupidの創業者サム・イーガンに、ブログによるビジネスの変革について聞きました。

メールマーケティング（14章）

メールマーケティングは、顧客の維持と収益化を行うとともに、見込客を顧客に変えるための最も良い方法の一つです。メールマーケティングのスタートアップCustomer.ioの創業者コリン・ネダーコーンを迎えて、このトラクションチャネルを最大限に活用する方法を紹介します。

エンジニアリングの活用（15章）

エンジニアリング部門は、トラクション獲得という目的のためにはあまり活用されていません。しかし、マイクロサイトを構築し、ウィジェットを開発し、無料ツールを配布することで毎月何千ものリード[†2]を獲得している企業が存在します。ここではHubSpotの創業者ダーメッシュ・シャアに話を聞きました。エンジニアリングを活用することで生まれ、HubSpotの成長を加速させた無料ツールの効果を紹介します。

[†2]　訳注　「見込客との接点」を表す営業用語。12章、15章、18章、19章で頻繁に登場します。

ブログ広告（16章）

Codecademy、Mint、Reddit の快進撃は、広告を出すブログの選定作業から始まりました。以前 Mint でマーケティングディレクターを務めていたノア・ケイガンが、Mint の創業から間もない時期に広告を出すべきブログを選定した方法、そしてこの戦略によってサービス開始前に4万ものユーザを獲得した経緯を紹介してくれました。

ビジネス開発（パートナーシップ構築）（17章）

ビジネス開発は、自社とパートナーの両方に利益をもたらす戦略的パートナーシップを構築するプロセスです。Kayak.com の共同創業者兼 CEO のポール・イングリッシュが、AOL とのパートナーシップがその事業に与えた影響について話してくれました。また、Half.com でビジネス開発を行い、後のイーベイによる3.5億ドルの買収につなげたベンチャーキャピタリストのクリス・フラリックにもインタビューを行いました。契約の種類、戦略的パートナーの発見方法、パイプライン構築、そして見込みパートナーへのアプローチ方法を説明します。

営業（18章）

営業では、製品をお金と交換するためのプロセスの構築を重点的に行います。四つの企業を上場させた実績を持つ Matrix Partners のデイビット・スコックに、持続可能でスケーラブルな営業プロセスを構築する方法を聞きました。初期の顧客を見つける方法と、契約を勝ち取る営業トークも紹介します。

アフィリエイトプログラム（19章）

Hostgator や GoDaddy、そして Sprout Social といった企業は、高いコスト効率で数十万の顧客にリーチできるアフィリエイトプログラムを持っています。アフィリエイトネットワーク Pepperjam を創業したクリストファー・ジョーンズにインタビューを行い、このチャネルの活用方法を聞きました。また、人気ブログを運営してアフィリエイトで収益をあげるマネーシュ・サティからは、彼のようなアフィリエイトマーケターが、紹介する製品を選ぶプロセスを学びます。

Web サイト、アプリストア、SNS（20 章）

Web サイトなどの既存プラットフォームに狙いを定めるということは、フェイスブックやツイッター、アプリストアなどの巨大プラットフォームが抱える数億のユーザの一部に自社製品を使ってもらえるよう施策を行うということです。Evernote の共同創業者アレックス・パチコフが、アップルのアップストアに狙いを定めて数百万の顧客を獲得した手法について話してくれました。

展示会（21 章）

展示会は、特定の業界に関連する企業に最新製品を披露するチャンスです。製品開発段階から展示会を活用してトラクションを獲得していた画期的な自転車用ブレーキのスタートアップ SlidePad のブライアン・ライリーにインタビューを行いました。一回の展示会で 2 万ユニットの販売につながるパートナーシップ締結に至った経緯や、展示会でのトラクション獲得のためのアプローチを学ぶことができました。

オフラインイベント（22 章）

小規模の「ミートアップ」から大規模なカンファレンスまで、オフラインイベントを開催する、またはそのスポンサーになることは、トラクション獲得の重要な手段になりえます。MicroConf の創業者であり、イベントの企画運営を行うロブ・ウォーリングに、素晴らしいイベントの開催方法や、イベントがもたらす利益、そしてイベントを成功させるために行うべきことについて伺いました。

講演（23 章）

ベストセラー『リーン・スタートアップ』（日経 BP）の著者エリック・リースが、その発売からわずか一週間でベストセラー入りするための講演の利用方法、講演機会を得た経緯、そして、このチャネルを書籍の認知および売上向上のために選んだ理由を聞かせてくれました。スタートアップ創業者を成功した企業家とつなぐアドバイスプラットフォームを運営する Clarity の創業者ダン・マーテルには、講演会の活用方法、素晴らしい講演を行う方法、そして講演を使って自社の評判を向上させる方法について学びました。

コミュニティ構築（24章）

　Zappos、ウィキペディア、Stack Exchange といった企業はすべて、その製品や
サービスについて情熱的なコミュニティを構築することで成長しました。ウィキペ
ディアのジミー・ウェールズとのインタビューでは、人類史上最大の知識の宝庫を誕
生させたウィキペディアコミュニティの構築の経緯を詳細に聞きました。

　また、スタートアップの様々な段階でコミュニティを立ち上げ、拡大した、Q&A
サイトネットワーク Stack Exchange の共同創業者ジェフ・アトウッド、人気の
ニュースレター Startup Digest のクリス・マッキャン、そしてコミュニティベース
のスタートアップ Quibb の創業者サンディ・マクファーソンにも話を聞きました。

まとめ

- 19のトラクションチャネルはそれぞれ、エンタープライズとコンシューマ企
  業の両方にとって初期のトラクション獲得のために有効な手段であることを
  証明した。

- 自身の状況、そしてその特定の時期において、どのトラクションチャネルが
  ベストであるかを正確に予測することは難しい。

- 人は誰でも特定のトラクションチャネルに自然に傾いていく、もしくは離れ
  ていくという傾向（先入観）を持つ。自分自身が好感や偏見を持っているト
  ラクションチャネルを認識しておく。

Ⅱ部
トラクション獲得計画

2章
ブルズアイ・フレームワーク

19種類ものチャネルを検討対象にすると、本当にリソースを集中すべきチャネルを見つけ出す作業は面倒なものです。そこで我々は、**トラクション獲得チャネルを選択する「ブルズアイ・フレームワーク」**を作成しました。ペイパル創業者で、フェイスブックに初期段階から投資を行っていたピーター・ティールは、最適なトラクションチャネル（ディストリビューションチャネル）を発見することの重要性について次のように述べています。

> ディストリビューション（流通）戦略において、最善の選択肢が複数存在することはおそらくないでしょう。エンジニアはディストリビューションを理解しないため、この罠にはまり、苦労することになります。何がうまくいくのかを知らず、考えたこともないので、営業やビジネス開発、広告やバイラルマーケティングをなんとなく適当に試してみるでしょう。そのほとんどは不要なものであるにもかかわらず、です。
>
> これはとても悪い考え方です。最適なチャネルが一つである可能性はとても高いも

のです。ほとんどのビジネスにおいては、実際にうまくいくディストリビューショ
ンチャネルは存在しません。最大の失敗原因は、貧弱な製品ではなく、貧弱なディ
ストリビューションです。一つでもディストリビューションチャネルを成功させら
れれば、素晴らしいビジネスです。いくつかのチャネルを試して一つも成功しな
かったならば、終了です。

したがって、ただ一つの、最適なディストリビューションチャネルの選択を真剣に
考えることが無駄になることは決してありません。

　我々がここで紹介するフレームワークに「ブルズアイ」と名づけた理由は、次の成
長段階への扉を開く**たった一つのトラクションチャネル**（つまり、ブルズアイ[†1]）を
狙うからです。この発見プロセスは、「ブレインストーミング」「ランク付け」「優先
順位付け」「テスト」「リソースの集中」という5つのステップで構成されます。そし
て、このプロセスを一周したら一旦リセットして、最初から繰り返します。

ステップ1：ブレインストーミング

　このブレインストーミングの目標は、**すべての**トラクションチャネルについて使え
そうな方法を考え出すことです。例えば、オフラインで広告を出す場合、どこに出す
のがベストでしょうか？　講演を行うのであれば、その理想的なオーディエンスは誰
でしょうか？　このようなことを、すべてのトラクションチャネルについて考えま
す。

　1章でも述べたように、人はトラクションチャネルに対する先入観を持っているも
のです。このステップには、システム的アプローチを使ってチャネルに対する先入観
を捨て去るという意味もあります。したがって、**この段階ではトラクションチャネル
を一つも切り捨てない**ことが大切です。そして、各チャネルで少なくとも何か一つは
実施方法を挙げます。ブレインストーミングなのですから！

　ブレインストーミングを行う前に頭に入れる情報として本書の内容も候補にはなり
ますが、本書の内容はごく一般的なものです。それ以外にも、自社にとって意味のあ
る情報も手に入れておくべきです。例えば、業界で過去に成功しているマーケティン
グ戦略や業界の企業の歴史です。自社と似た企業が顧客獲得に成功した方法を時系列
で理解しておくこと、そしてマーケティング予算を無駄にしてきた失敗企業の歴史を

---

†1　訳注　章頭の挿絵に示したような的の中心の最も小さな円を指します。

理解しておくことは特に重要です。

ブレインストーミングの内容は、スプレッドシートを使って簡単に整理できます。出発点として使えるエクセルファイルを本書のリソースとして用意しています（http://www.oreilly.co.jp/books/9784873117225/ 参照）。このシートでは、一行ごとにチャネルの利用アイデアを記述します。シートに行を追加して、一つのチャネルあたり複数のアイデアを記述できます。

シート内の他の列にも、アイデアを実行するまでの流れをサポートする仕組みが用意されています。

- そのアイデアはどの程度うまくいきそうか（5段階評価）
- そのアイデアで顧客一名を獲得するコストはどの程度か
- チャネルが飽和状態に至るまで、上記のコストで最大何名程度の顧客を獲得できるか
- テストに必要な期間はどの程度か

もちろん、ブレインストーミングの段階で明確な答えが出るわけはありませんが、経験に基づいてある程度の推測を行うことはできます。

ステップ2：ランク付け

次にランク付けを行います。このステップでブレインストーミングの結果をまとめます。またこのステップでは、トラクションチャネル全体を今までより厳しい目で判断します。

このステップでは、先ほどダウンロードしたエクセルシートの「Inner Circle」シートを開き、各トラクションチャネルを次の三つの列のうちの一つに入れます。これらの各列は的のそれぞれの円を表します。

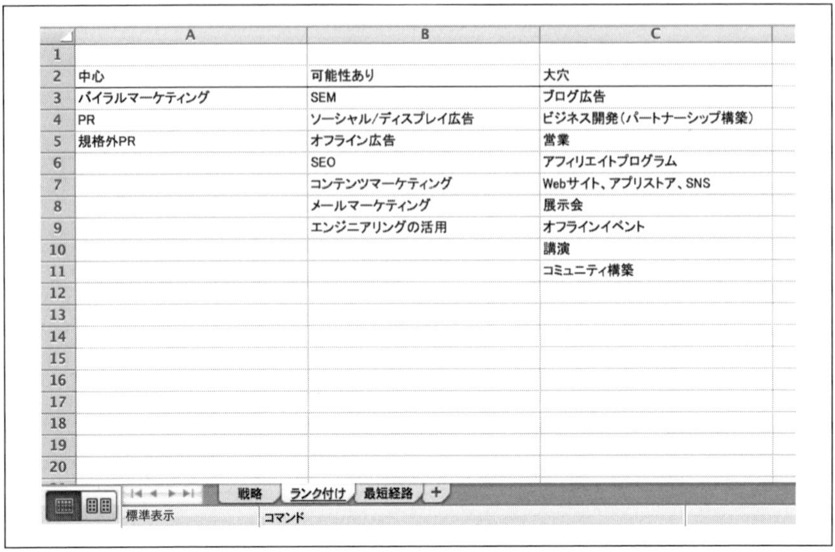

16 | 2章　ブルズアイ・フレームワーク

	A	B	C
1			
2	中心	可能性あり	大穴
3	バイラルマーケティング	SEM	ブログ広告
4	PR	ソーシャル/ディスプレイ広告	ビジネス開発（パートナーシップ構築）
5	規格外PR	オフライン広告	営業
6		SEO	アフィリエイトプログラム
7		コンテンツマーケティング	Webサイト、アプリストア、SNS
8		メールマーケティング	展示会
9		エンジニアリングの活用	オフラインイベント
10			講演
11			コミュニティ構築
12			
13			
14			
15			
16			
17			
18			
19			
20			

戦略　**ランク付け**　最短経路　+

標準表示　コマンド

図 2-1　ブルズアイ・フレームワークのエクセルシートでトラクションチャネルをランク付け

- 列 A（的の中心）：現時点で最も見込みのあるチャネル
- 列 B（可能性あり）：うまくいく可能性があるチャネル
- 列 C（大穴）：望み薄と思われるチャネル

　ここまでに行った調査と、ブレインストーミングから導き出されたアイデアを基準として、ランク付けを行います。通常は、思いついたアイデアのうち一つか二つが特に輝いて見えるものです。そのようなアイデアがあるチャネルは「列 A」に入れます。うまくいきそうに見えるアイデアがあるチャネルは「列 B」に入れます。少々無理がありそうなアイデアしかないチャネルは「列 C」に入れます。

ステップ 3：優先順位付け

　このステップでは、最も見込みのある三つのトラクションチャネルを選び出します。ステップ 2 を終えて列 A に三つのチャネルが存在していれば、この作業は終了です。列 A に三つ以上のチャネルがある場合は三つになるまで列 B に移動し、三つ

未満の場合は三つになるまで列Bからチャネルを加えます。

　ランク付けを終了した時点で多くの場合は、ごく少数の本当に見込みのありそうなチャネルが現れます。そのようなチャネルが多数現れることはないでしょう。期待度が高いものから順に並べてみて、期待度が急激に落ちる場所に線を引いてみましょう。通常は三つ目あたりのチャネルで期待度が大きく失われるはずです。

　成功するトラクションチャネルを見つけ出す過程で複数チャネルの並列テストができる状況にもかかわらず、一つ一つ悠長にテストして貴重な時間を無駄にしたくはありません。そのため、的の中心には二つ以上のチャネルを用意しておく方がよいでしょう。

　テストは設定してから結果が出るまで時間がかかるので、複数のテストを同時に走らせます。しかし、あまり多くのテストを同時に実行してしまうとうまくいきません。つまり、同時にテストするチャネルの数は、十分に集中できるだけの数に抑えなければなりません。

ステップ4：テスト

　このステップでは、これまでに考え出したアイデアを実際に展開します。ここでの目標は、的の中心に置いたトラクションチャネルに、今後リソースを集中的に投入する価値があるかを確認することです。

　ここでは比較的少ない予算でできるテストを連続して行い、その結果に基づいて決断を行います。このテストは、次に挙げるような問いに答えられるように設計します。

- このチャネルでは顧客獲得におおよそどの程度のコストがかかるか
- このチャネルにはどの程度の数の顧客が存在するか
- このチャネルを通じて獲得する顧客は、あなたが現時点で必要としている顧客であるか

　これらの問いはブレインストーミングのステップで推測値を入力した列の内容に似ています。テストの結果が出たらその推測値を実測値に置き換えます。

　ビジネス環境は千差万別なので、各チャネルにおける一般的なテスト方法などといったものは存在しません。テストの一般的な考え方やテスト内容の整理方法につい

ては4章で説明します。各トラクションチャネル特有の考え方については6章以降で紹介します。

　ここで意識しておくべきことは、テストの時点では**まだ大量のトラクションを獲得しようとはしない**ことです。あくまでも、そのチャネルの**可能性**を見極めるのです。この時点で主に考慮すべき点は、データを計測して仮説を検証するまでのスピードです。

　ここでは資金や手間などのコストをあまり必要としない、スケールの小さなテストを設計するのがよいでしょう。例えば、フェイスブックに広告を4つ掲載する場合と40掲載する場合の比較などです。数百ドル程度でチャネルの効果を大まかに把握できます。

ステップ5：リソースの集中

　ここまで思い通りに事が運んだら、見込みのありそうな結果を残したチャネルが一つは存在するはずです。その中で最も見込みのあるチャネルにリソースを集中するべきです。

　どの段階にあるスタートアップでも、顧客獲得においては一つのトラクションチャネルが他を圧倒するパフォーマンスを発揮します。我々は常に、一度に一つのチャネルに集中すべきであり、それが実際にうまくいきそうだと確認してからそうすべきであると主張してきましたが、これがその理由です。

　このステップの目標はとてもシンプルです。そのトラクションチャネルから可能な限りのトラクションを絞り出すことです。そのためには、選択したチャネルにおいて最大限に成長できる方法を発見するためのテストを継続して行います。施策を深く掘り下げ、より効果的な施策を発見し、規模の拡大のために可能なことをすべて行います。チャネルが飽和状態に至るか、コストの上昇によりいかなる施策も効果を発揮しなくなるまでこれを続けます。

プロセスを反復

　テストの結果、残念ながら選択したチャネルの中に見込みのあるものがなさそうであれば、ステップ1に戻ってプロセスを繰り返します。次のサイクルを始めるにあたって、ここまでのテストデータが役立ちます。潜在顧客に響かない施策が分かる有用なデータです。その施策において発したメッセージを見なおし、**響かなかった原因**

を追及し、各チャネルがどの時点で失敗しているかを確認してください。

なぜブルズアイ・フレームワークを使うのか

ブルズアイ・フレームワークは、トラクション獲得のために適切なチャネルに集中し結果を最大化させる手法として設計されたものです。このフレームワークでは何よりもまず、あらゆるトラクションチャネルについて真剣に考えなければいけません。最初にブレインストーミングのステップで十分にアイデアを絞り出して、続いてすべてのチャネルのランク付けと優先順位付けを行う際にも再びあらゆる方向から考えます。**他のアプローチでは見つけることができないトラクション獲得戦略を計画的に発見するためのステップです。**

このフレームワークは、広く網を張りつつも、可能な限り早く、少ない予算で最も良いアイデアを導き出すためのものです。そして、複数のテストを並行して行うことも重要です。最終的に成功するトラクションチャネルは予測できず、時間が限られているからです。

実例

財務状況をトラッキングするサービスを提供するスタートアップで、後に業界大手の Intuit に 1.7 億ドルで買収された Mint でマーケティングディレクターを務めていたノア・ケイガンに、ブルズアイに似たフレームワークを使用した経験を聞きました。初期の Mint におけるトラクション獲得目標は、サービス開始後 6 ヶ月で 10 万ユーザを獲得することでした。

ノアと彼のチームはブレインストーミングを行い、ブログ広告、PR、そして SEM と、見込みのありそうなトラクションチャネルを選択しました。これがブルズアイ・フレームワークのステップ 1 〜 3 にあたるもので、彼らの「的の中心」に位置するチャネルが選ばれました。

次に、選択した各チャネルで低予算のテストを行い、それぞれの効果を確認しました。これがステップ 4 にあたります。Mint は業界関連のニュースレターのスポンサーになり、カリスマファイナンシャルプランナーのスージー・オーマンのような業界セレブに声をかけ、そしてアドワーズに広告を出しました。

その後、Mint は設定したゴールに到達するために最も見込みのありそうなトラクションチャネルに集中しました。これがステップ 5 にあたります。Mint の場合はブ

ログ広告でした。ニッチな中堅財務系ブロガーのスポンサーとなり、ゲスト投稿を行うことで、最初の4万ユーザを獲得しました。ノアは図2-2のようにそのテスト結果をスプレッドシートに記録しました。

流入元	トラフィック量	CTR	コンバージョン率	ユーザ数	状況	確認	確認済みユーザ数
テッククランチ	300000	10%	25%	7500	友人	済	7500
デイブ・マクルア	30000	10%	25%	750	友人	済	750
Mashable	500000	10%	25%	12500	メール済	未	0
Reddit	25000	100%	25%	6250	アレンジ済	済	6250
Digg	100000	100%	25%	25000	アレンジ済	済	25000
グーグル(自然検索)	5000	100%	15%	750	進行中	済	750
グーグル(有料広告)	1000000	3%	35%	10500	購入済	済	10500
ポール・スタマショー	50000	5%	50%	1250	友人	済	1250
パーソナル・ファイナンス・スポンサーシップ	200000	40%	65%	52000	アレンジ済	済	52000
Okdork.com	3000	10%	75%	225	自社サイト	済	225
合計				116725			

図2-2　ノア・ケーガンが記録したスプレッドシートのイメージ

　このチャネルが飽和状態に達したところで、このプロセスを最初から繰り返し、新たに集中すべきトラクションチャネルを見つけ出しました。それはPRでした。結果、サービス開始から6ヶ月で目標の10倍、100万ユーザを獲得しました。ブログ広告、PRの各トラクションチャネルにおけるMintの戦略については、後ほどそれぞれの章で詳しく紹介します。

　我々は成功したスタートアップの創業者にインタビューを行い、このような話を何度も繰り返し聞きました。彼らは多くのチャネルを調査し、そのうちのいくつかを実際に試し、その中で最も見込みのあるチャネルに、チャネルの効果がなくなるまで集中的にリソースを投入したのです。ブルズアイはこの成功プロセスをシステム化するために設計されました。実践してみましょう！

まとめ

- ブルズアイ・フレームワークとは、トラクションを獲得するチャンスを最大化するための反復可能なプロセスのこと。「ブレインストーミング」「ランク付け」「優先順位付け」「テスト」「リソースの集中」の5つのステップで構成される。

- 特定のトラクションチャネルに集中することは、最大限のトラクションを獲

得するために絶えず新たな施策をテストすることであり、そのチャネルのエキスパートになるということ。

- 自身が所属する業界やそれに近い業界において、過去から現在にわたるトラクション獲得の成功・失敗例をリサーチすること。

- 各トラクションチャネルにおいてブレインストーミングから得たアイデアを、後にテストで確認可能な推測値とともにスプレッドシートに記録する。

3章
トラクション獲得の心構え

　2章で紹介したブルズアイ・フレームワークは、ある時点においてリソースを集中すべきトラクションチャネルを決定するためのものですが、具体的な戦略や施策を導き出してくれるものではありません。それについては、次章以降の内容を参照してください。本章では、トラクション獲得の心構えをいくつか紹介します。

50% ルール

　起業するのであれば、おそらくすでに何らかの製品やサービスを持っているはずです。**失敗したスタートアップのほとんどすべては製品やサービスを持っています。持っていないのは、十分な数の顧客です。**

　インターネット黎明期の人気ブラウザを開発したネットスケープや、ベンチャーキャピタル Andreessen Horowitz を創業したマーク・アンドリーセンは、このよくある問題を次のようにまとめています。

> 投資したいとは思いつつ投資を見送る時の最もよくある理由は、その起業家が製品だけに力をいれて、それ以外を全く無視していることです。素晴らしい製品を創りあげる起業家の多くは、まともなディストリビューション戦略を持ち合わせていません。ひどい時には、そんなものは必要ないと主張する場合や、その「ディストリビューション戦略」のことを「バイラルマーケティング戦略」と呼ぶ場合もあります。

　スタートアップでは次のような話を耳にします。まず創業者は堅実な開発戦略に従い、人々が望む製品を創り出します。次に早期ユーザの声を聞いて、新たな機能を追加することにすべての時間を費やします。そして、準備ができたと判断した段階でようやく製品をリリースし、より多くの顧客を獲得しようと試みます。しかし、顧客が

思うように集まってこないことにがっかりします。

　顧客が愛用する、価値のある製品を持ちながら、トラクションを獲得する手段を持たないことで、ストレスが溜まっています。このような状態に陥らないように、**製品開発と並行して、トラクションチャネルをテストする**ためにも時間を使ってください。

　人々が望むものを創ること自体はトラクション獲得のために必要なことですが、それだけでは十分ではありません。たとえ望むものができても、適切なビジネスモデルを導き出せなかったためにビジネスとして成り立たずに終わってしまうこともよくあります。以下のようなケースです。

- ユーザがお金を支払わない、広告をクリックしない、など（存在しない市場）。
- 利益をあげるために必要な数のユーザが存在しない（小さすぎる市場）。
- ユーザにリーチするために法外なコストが必要（リーチしづらい市場）。
- 他の会社も似たようなものを作ったため、顧客獲得が難しくなった（競争的市場）。

　人々が望む製品を創ることと、その製品の市場性の確認は同じくらい大切です。つまり、**トラクション獲得と製品開発にはほぼ同程度の重要性があり、均等にリソースを割り当てるべきなのです。**これを我々は「**50%ルール**」と呼んでいます。自分が持つ時間の50%を製品開発に、残りの50%をトラクション獲得にあてるのです。

　この時間配分の実践は難しいものです。製品に対して全力を投入したいと思う気持ちが強いことと、製品開発以外にも時間を配分することで開発ペースが確実にスローダウンすることがその理由です。しかし、時間を開発以外に割り当てたからといって、製品が市場で成功を収めるまでの期間が延びるわけではありません。製品開発とトラクション獲得を並行して行うことには明確な利点が存在するからです。

　まず、トラクションを獲得するための努力によって得られた知見は、よりよい製品をつくるために役立ちます。健全な製品開発プロセスを踏んでいれば、初期ユーザから良質のフィードバックを得ているはずです。トラクション獲得では、この他にも様々なデータが取得できます。例えば、見込客にはどのようなメッセージが響くのか、最初にどのニッチ市場を狙うべきか、どのタイプの顧客が最も獲得しやすいか、

そしてディストリビューションで発生する可能性のある大きな障害などです。

このような情報は健全な製品開発プロセスでも得られるものですが、その量が十分であるとは言えません。トラクション獲得のプロセスで得られるあらゆる情報は、製品の最初のバージョンを良い方向に変化させるでしょう。

オンラインストレージを提供する Dropbox は、製品開発中に SEM をテストし、それが Dropbox の役に立たないことを確認しました。99 ドルの製品を売るために、230 ドルも使って顧客を獲得していたのです。その後はバイラルマーケティングにリソースを集中させ、製品に「友達紹介プログラム」を組み込みました。それ以来、このプログラムが Dropbox の最大の成長エンジンです。

これに対して、製品リリースまでトラクション獲得を始めない場合は、製品リリース後に寄せられるリアル市場からのフィードバックに合わせて製品を調整するための追加開発のサイクルが必要となります。したがって、トラクション獲得と製品開発を同時に行うことはその時点の製品開発のペースをスローダウンさせるかもしれませんが、長期的に見ると決してそうではないのです。

同時進行の二つ目の利点は、いくつかのトラクションチャネルのテストが製品リリース前にできることです。つまり、製品の準備完了と同時に急成長も可能になるのです。自分のビジネスに効果的なトラクションチャネルを把握していることは有利なスタート条件であり、計り知れないほど貴重なものです。2013 年に IPO を行ったマーケティングオートメーションを提供する Marketo の創業者兼 CEO、フィル・フェルナンデスはこの利点について次のように述べています。

> Marketo では、製品開発前に SEO を行っていただけでなく、ブログも運営していました。我々が解決しようとしていた問題についての記事を掲載していました。（中略）製品のベータテストの代わりにアイデアのベータテストを行い、初期のブログ読者から得たフィードバックを製品開発プロセスに活かしました。
>
> このコンテンツ戦略によって Marketo は大勢の興味を引き寄せ始め、製品リリース時には、導入に興味を持つ顧客を 14,000 人以上持つパイプラインがすでに存在していました。

Marketo が製品開発だけに集中していたのであれば、製品リリース時点で 14,000 人もの顧客を掴んではいなかったはずです。リリース初日から著しく成長する製品、つまり本物のトラクションを持っている製品は、欲しいかもしれないと思う人がほん

の数人くらいはいるかもしれないだけの製品とはまったく違います。

「リーン」との連携

　素晴らしい製品開発の方法論は多数存在しますが、それらはトラクション獲得を明確に取り上げません。方法論としては「リーン・スタートアップ」が有名ですが、リーンでは製品に関する検証可能な仮説を設定し、実際に市場で検証します。このアプローチは大変な量の顧客とのインタラクションやニーズの発見、そして必要とする機能のタイプを理解することが必要です[†1]。

　ブルズアイはリーンと連携させることもできます。トラクション獲得におけるブルズアイ・フレームワークは、製品開発におけるリーン・スタートアップの手法にあたるものです。リーンは構築すべき機能を導き出し、ブルズアイは集中すべきトラクションチャネルを導き出します。

　もう一度確認しておきますと、**トラクション獲得の際にスタートアップが犯す一番大きな間違いは、製品開発と並行してトラクションを獲得しようとしないことです。**

　多くの起業家は、キラープロダクトさえ作れば顧客が殺到すると夢想します。我々はこのような傾向を「プロダクトトラップ」と呼びます。常に製品改良を行うことが最善の時間の使い方である、という間違った考え方です。「作れば人が寄ってくる」わけではありません。

　（リーンのような）優れた製品開発手法を使うと優れた製品を開発できる可能性が高くなるのと同様に、（ブルズアイのような）優れたトラクション獲得手法が存在すると、優れたディストリビューション戦略を構築できる可能性が高くなります。これらのフレームワークは両方とも、早期段階のスタートアップが直面する大きなリスクに正面から取り組むものです。そのリスクとは、市場リスク（持続可能な方法で顧客にリーチできる）と製品リスク（顧客があなたの製品を欲する）の二つです。

　トラクションを獲得できる製品を開発し、その製品で早期にトラクションを獲得する——つまり、トラクション獲得と製品開発の両方を並行することで、成功の確率が高まるのです。

[†1]　訳注　『リーン・スタートアップ』においては、本書で説明するところのトラクションは「成長のエンジン（日本語版）」として触れられています。

目に見える違いを生む

トラクション獲得戦略を立てる際は常に「目に見える違いを生む」ことに集中すべきです。つまり、**測定可能な、大きな違いをもたらすこと**で、そのようなインパクトを与える可能性のあるマーケティング活動に集中することです。トラクション獲得という目標に向けて持続的な効果を持つことであるべきで、たとえ成功したとしても次の瞬間には消えているようなものではありません。

例えば、共著者のガブリエルが創業した検索エンジン DuckDuckGo は、その初期段階では「new search engine」などのキーワードを検索するユーザに対して露出の機会を得るため SEO に集中的に取り組んでいました。初期においてはこのようなユーザを取り込むことで本当に目に見える違いを生んでおり、最大の成長源でもありました。しかし時間が経過すると、DuckDuckGo のユーザ数は SEO によって獲得する新規ユーザの数をはるかに上回るようになり、その時点において目に見える違いを生むことができる他のトラクションチャネルに移らなければいけませんでした。

トラクション獲得の観点からは、製品開発のフェーズを次の3つに分類できます。

- 初期：人々が望むものをつくるフェーズ
- 成長期：人々が望むものをマーケティングするフェーズ
- 成熟期：ビジネスを拡大するフェーズ

初期とは、最初の製品を開発しつつ初期のトラクション獲得を進める、製品中心のフェーズです。多くの場合、スケーラブルではない（規模を容易に拡大できない）チャネルでのトラクション獲得を意味します。例えば、講演を行う、ブログ記事をゲスト投稿する、知り合いや関係者にメールする、カンファレンスに出席するなどといった、実際の顧客の前で行う活動などです。

ポール・グレアム[2] はエッセイ「Do Things that Don't Scale（スケールしないことをしろ）」で次のように述べています[3]。

---

[2] 訳注　1章でも登場していますが、『ハッカーと画家』（オーム社）などの著作でも知られるプログラマーであり、スタートアップ支援企業 Y コンビネータの創業者です。

[3] 訳注　「スケールする」とは、規模の拡大縮小に柔軟に適応することや、それができる状態にあることを意味します。「スケールしないこと」とはつまり、ビジネスの規模が変化した時（ここでは拡大した時）に以前と同様には利用できないようなことを指します。

我々がYコンビネータで起業家たちに贈る最も典型的なアドバイスは、「スケールしないことをしろ」です。起業家を志す者の多くは、スタートアップとは大きく羽ばたいていくか、それとも不発に終わるかの二つに一つしかありえないと考えています。何かをつくり、それを世に出しさえすれば、例えば、ちょっと進化したネズミ捕りが完成すれば、たちまち人が殺到すると考えています。そうならない場合は、市場自体が存在しないのだ、とも考えます。

実際のところ、スタートアップが羽ばたいていくのは、創業者がそうさせているからです。（中略）スタートアップで創業者がすべき最も一般的な「スケールしないこと」は、ユーザを「手動で」獲得することです。ほぼ全てのスタートアップがそうしなければなりません。ユーザが来るのを待っているのではなく、自ら外に出て掴んでこなければならないのです。

そしてめでたく成長期に到達できたのであれば、そこには顧客が求める製品があり、初期のトラクションを獲得しているはずです。そのため、ここで製品に大きな変更を加える必要はありません。つまり、このフェーズではプロダクト／マーケットフィット[†4] に到達しているので、ポジショニングとマーケティングメッセージの微調整を行います。

成熟期に入るとビジネスモデルが確立されており、市場でそれなりのポジションを維持し、シェアを高めて利益をあげるため、ビジネスの拡大に集中する段階です。

「目に見える違いを生む」ことの意味はフェーズによって異なります。初期においては、最初の顧客を掴むことです。成長期においては、ビジネスが持続可能になるために十分な数の顧客を掴むことです。そして成熟期においては、より多くの利益をあげ、マーケティングチャネルを拡大し、ビジネスを安定させることです。

ビジネスの初期段階では違いを生み出せるものの、その段階を越えると途端に効果がなくなってしまうチャネルもあります。そのようなチャネルには、その時の状況において目に見えるほどの違いを生むためには力が足りません。逆に初期段階ではいまいち反応が薄かったものの、その後の段階では強力なトラクション獲得チャネルになるものもあります（PRがこれに当てはまります）。

初期段階では、小さなことではっきりとした違いを生み出せます。影響力のある人によるたった一回のツイートや、100人程度のミートアップでのたった一回の講演で、意味のある数のユーザを獲得できます。

[†4] 訳注 プロダクト／マーケットフィット（product/market fit）とは、製品を提供できる状態にあり、かつその製品で顧客を満足させることができる市場にいる状態のことです。

企業が成長すると、その程度の規模のものに着目することの意味が薄れてきます。Webサイトの訪問者が一日1万を超えた段階では、送客数が200程度のツイートやブログ記事の評価は厳しくなります。トラクションが大きくなるにつれて、それまで役立っていたチャネルの効果が薄れゆきます（もしくは規模を拡大する価値がなくなります）。違いを生みだすものが、劇的に変化するのです。

企業規模が十分に大きくなってから目に見える違いを生むには、さらに大きな数字が必要になります。1〜5%のコンバージョン率[5]を持つ環境で10万人の新規顧客を獲得したい場合、200万〜1,000万人にリーチしなければなりません。とても大きな数字です！　そのため、この段階になるとコミュニティ構築やバイラルマーケティングなどのチャネルが力を発揮する可能性が高いのです。これらのチャネルは、ユーザベースや潜在市場の規模の変化にも対応できるのです。

スタートアップの成長は、断続的にスパートをかけるようなものです。最初の成長は得てして遅いものですが、一旦軌道に乗ると一気に加速します。チャネルが飽和するにつれて成長曲線が平坦になり、効率が悪くなります。そこで新たな戦略を展開し、次の加速を発生させます。本書のカバーグラフィックはこれをビジュアル化したものです。

つまり、トラクションを獲得する方法は状況に応じて変化します。**成長曲線が平坦になると、たとえ今までうまくいっていたチャネルであっても、次のレベルまで引き上げてはくれません。**反対に、それまでは役に立たないと思っていたチャネルが、次にブルズアイのサイクルを実行する際には検討に値するかもしれません。

トラクションに対する初期投資は、穴のあいたバケツに水を注ぎ込むようなものです。初期段階においては、製品はまだ顧客のニーズや解決したい問題に対する完全なソリューションではありません。つまり、穴のあいた状態です。顧客はその製品を喜んで使い続けるほどの「愛着」を感じていないのです。その結果、トラクション獲得に費用を投じてもバケツの穴から流れていってしまいます。この時点でわざわざ大きなバケツを使う理由はありません。お金を捨てることになるだけです。

製品を洗練するにつれてバケツの穴がふさがっていきます。プロダクト／マーケットフィットに到達すると、顧客は流れていくことなく、製品とともに残るようになります。ここで初めて、より大きなリソースをトラクション獲得に投入するのです。も

---

[5]　訳注　コンバージョンとは、購入や登録といった、それぞれのマーケティング活動における最終的な成果のことです。コンバージョン率とは、あるマーケティング活動の対象者がコンバージョンに至った確率を表します。

うバケツに穴はありません。

　トラクションチャネルを恒常的にテストしていて、新規ユーザをコンスタントに獲得しているのであれば、バケツにあいている穴の程度がわかるはずです。そして、穴がふさがってきているかどうかも分かるはずです。健全な製品開発戦略を実行していれば、穴は小さくなっているはずです。トラクションチャネルを常にテストしておくことで、開発戦略が正しい方向に導いているかを確認できます。トラクション開発と製品開発で構成するフィードバックループの完成です。

投資家にとって十分なトラクション

　スタートアップの創業者は（だいたいが必要に迫られて）資金調達に駆けまわります。したがって、投資家に興味を持ってもらうためにはどの程度のトラクションが必要なのかを考えます。起業家と投資家のための SNS を提供する AngelList を創業したナバル・ラビカントがこの疑問に答えています。

　　[投資家が] 狙う場所は常に動いています。エコシステム全体がはるかに効率的になってきています。企業はより少ないリソースでより多くのことを達成しています。

　　二年前（2010 年頃）であれば、デイリーディール[†6] のスタートアップを立ち上げれば、トラクションを獲得する前に投資を受けることができました。それが 18 ヶ月前には、大量のトラクションをすでに獲得していたとしても、デイリーディールのスタートアップは投資を受けられなくなりました。12 ヶ月前であれば、モバイルアプリの会社はダウンロード数が数万もあれば投資を受けられましたが、今では数十万ダウンロードに加えて強力で急激な伸び率がないとマトモな投資は行われません。

　　環境がより競争的になるにつれてトラクションの定義も変化します。だから、AngelList をみて投資を受けた会社を調べることは重要です。現在の基準を把握できるのです。

　あなたの取り組みを理解している人たちに連絡を取るのも手です。以前に自分でも同じようなものに取り組んでいたか、投資を行った経験があるかもしれません。

---

†6　訳注　デイリーディール（サービス）とは、一日限定のお得なクーポンを配信するようなサービスの総称。ただし、共同購入クーポンなどの一日限定ではないサービスも含まれます。この種の企業ではグルーポンが有名です。

投資家にとって十分なトラクション | 31

　**投資家があなたの取り組みをよく理解していれば、投資に踏みきるために必要なト
ラクションは小さくてすみます。**投資家は、現在ほとんど存在しないトラクションを
元に将来の姿を推定し、それが何か大きなものに化けると信じるのです。一方、あな
たの業界のリアルな経験をあまり持ち合わせていない投資家たちにそのような推定は
難しいため、投資を決断する前により大きなトラクションを示しておく必要があるか
もしれません。ただし、友人や家族が投資する場合は状況が異なる可能性がありま
す。製品ではなくあなた自身に投資を行うので、投資前にトラクションを全く必要と
しないかもしれません。

　一方、あなたの取り組みについて理解する人に出会う機会に恵まれることがないか
もしれません。そのような場合には、投資家が出す宿題を提出することになるでしょ
う。繰り返しになりますが、結局のところ、投資を募る際に最初に連絡すべき人は、
立ち上げる企業のことを理解してもらえる可能性が一番高い人たちなのです。

　投資を募る際は自分の計画を否定されることも多く、落胆することもよくありま
す。しかし、それをあなたの考えに対する拒絶と取るべきではありません。**投資家が
「NO」という理由には、あなたがコントロールできないものがたくさんあります（投
資の目標やタイミング、専門知識の有無など）。**

　投資家にはそれぞれ違う目標があることも忘れないでください。巨大な利益、つま
りホームランを狙う投資家もいます。そして、現在のトラクション戦略や売上を精査
して、確実にヒットを狙う投資家もいます。ただ何か面白いことをしたい、という人
もいます。売上や利益を重視する投資家もいれば、製品に対するエンゲージメントが
存在することを重視する投資家もいます。

　エンゲージメントの意味は場合によって異なりますが、一般的には、ニーズを満た
す、または問題解決を行うためにあなたの製品を使う「本当の顧客」であることを示
します[7]。製品エンゲージメントの持続的な成長（時間経過につれてより多くの顧客
からのエンゲージメントを得られる状況など）を見せられると、投資家は無視できま
せん。

　顧客の絶対数があまり大きくない場合でも、例えば6ヶ月間毎月10%の成長を続
けているのであれば、投資家によっては十分魅力的と感じられる可能性があります。

---

[7]　訳注　エンゲージメントはもともと「約束」や「婚約」を意味する言葉。インターネットマーケティング
　　の世界ではよく「コンテンツに対する一定以上の積極的なかかわり（時間を使う、クリックする、共有す
　　る、など）」を意味する単語として、多くの場合そのままカタカナで使われます。「没頭」「没入」「きずな」
　　などと訳されることもあります。

成長が持続可能なのであれば、長期的な視点で賭けてもらえるかもしれません。

ピボットするか、しないか

　現在のトラクションの量が十分ではないと思う時が来るかもしれません。なかなか投資を得られなかったり、思った通りに伸びないように思える時があるかもしれません。そんな時、どのタイミングで「ピボット（方針転換）」を行えばよいのでしょうか？

　我々は、多くのスタートアップは諦めるのが早過ぎると考えています。**スタートアップの成功は適切な時に適切な市場を選ぶかどうかにかかっています**。ガブリエルが創業した検索エンジンスタートアップの DuckDuckGo を例に考えてみます。他の検索エンジンのスタートアップは二年ほどで諦めましたが、ガブリエルは六年以上も続けています。

　2009 年の創業以来、DuckDuckGo の主要な特徴はプライバシーの保護（検索情報を一切収集しない）ですが、それは 2013 年の NSA リーク[†8] までは大した問題とは考えられていませんでした。それまでの DuckDuckGo の成長はゆるやかなものでしたが、人々がプライバシーについて気にするようになってからは成長スピードが増しました。

　この時間の単位は重要です。たった今何かを始めたところであれば、これからそれを 10 年続ける覚悟はできているでしょうか？　起業家が過去を振り返る際、その多くはビジネスのアイデアを簡単に選びすぎてしまったと感じ、ここまで長く続けることを知っていればもっと情熱を持てる別の何かを選んでいたと考えています。スタートアップは、自分自身を信じることができれば素晴らしいものに変化する可能性がありますが、できなければすぐに陳腐化します。

　ピボットを考えているのであれば、最初に探すべきものは製品に対する本気のエンゲージメントの存在です。たとえ少数であっても、本気のエンゲージメントが獲得できていれば諦めるのは早過ぎるかもしれません。少なくとも、その要因を詳しく調査して、拡大できる余地がないかを確認すべきです。その顧客はなぜあなたの製品をそこまで気に入っているのでしょうか？　気に入っている顧客の間に共通点はないでしょうか？　巨大マーケットのアーリーアダプターでしょうか、それとも単なる変わり者なのでしょうか？　これらの回答を探ることで、ただの計測値から直接見ること

---

†8　訳注　エドワード・スノーデンによる NSA（アメリカ国家安全保障局）情報収集についての暴露事件。

が難しい何かが明らかになるかもしれません。

　ピボットの前に考慮すべき要素がもう1つあります。一般的にスタートアップ創業者は他よりも進んだ考えを持っているため、市場に登場するのが早過ぎる傾向があります。そのため、長いこと付き合っていきたい、と思えるようなスタートアップのアイデアを選択することは重要なのです。もちろん、二〜三年早すぎることと十年早すぎることには大きな違いがあります。適当な結果しか出ないものを十年も追い続ける人はほとんど存在しませんが、一年か二年くらい早過ぎるだけであれば、少し我慢することで素晴らしい成功を収めることになるかもしれません。アイデアが早すぎても、余った時間は製品を洗練させるために使えます。そして、いざ市場が立ち上がる時には競合を差し置いてトップの座に躍り出るのです。

　それでは、まだ市場には早過ぎる、ただコツコツやり続ける段階にあることをどのように判断すればよいのでしょうか？　最も優れた方法はここでも、製品に対するエンゲージメントが存在しているかどうかを探すことです。少々早すぎる程度であれば、アーリーアダプターがすでにそこにいて、提供したものを食い尽くしているはずです。

まとめ

- 「プロダクトトラップ」に陥らないこと。トラクションと製品開発を並行させて、両方に同じだけの時間を使う。

- ブルズアイ・フレームワークと製品開発フレームワーク（リーンスタートアップなど）は成功の可能性を最大化するために同時に適用可能。

- ビジネスの針を動かすことができる戦略と施策に集中すること。どの指標の変化があなたの会社の針を動かすか？

- 投資家が投資を決断する際に必要とするトラクションの量は状況によって変動するが、持続的な顧客成長率は無視できない。あなたのビジネスを知っている見込み投資家はトラクションを高めに評価する傾向があり、早期に投資してくれる可能性がある。

- 望むだけのトラクションを得られていないと感じるのであれば、製品に対するエンゲージメントが存在するかを確認し、存在していればそれをテコにしてさらにトラクションを獲得できるかを検討する。エンゲージメントが存在しないのであれば、ピボットを考える時である。

4章
トラクション獲得テスト

　ブルズアイ・フレームワークにおいて、トラクション獲得の鍵は継続的にテストを行うことです。リソースを集中すべき、最も見込みのありそうなトラクションチャネルを探すときには、比較的狭い範囲に限定してチャネルのテストを行います。そして、リソースを集中させるに値するチャネルを見つけた時に、そこから潜在的なトラクションを絞り出すための施策をテストします。本章では、チャネルのテストに対するアプローチの方法を紹介します。

チャネルは陳腐化し、飽和する

　スタートアップアドバイザーのアンドリュー・チェンは、「時間の経過とともに、全てのマーケティング戦略はグゾみたいなクリックスルー率に落ち着く」と述べました。（ここでの「クリックスルー率」は、マーケティングキャンペーンに対するレスポンス率を指します。）すべてのチャネルは時間の経過とともに飽和状態に至るという意味です。

　より多くの企業が効果的な戦略を発見し実行すると、チャネルは混雑し、単価は上昇し、消費者の注目は集まらなくなるため、チャネルの影響力が失われてしまいます。バナー広告が初めて登場した頃は珍しさも手伝って 5% という驚異のクリックスルー率を叩き出していましたが、時間の経過とともに一般的な存在になり、それに合わせてクリックスルー率も急落しました。

　時間による陳腐化はあらゆるチャネルに共通する課題です。最初はうまく行っていた戦略の効果が落ち、徐々にうまく行かなくなります。そこに競合が一社、本気で同じチャネルに参入してトラクションを獲得しようとするだけでコストは上昇してしまい、チャネルの効果はさらに下がります。

　この現実と戦うために、小さな実験を継続的に行うべきです。**小規模のテストをコ**

ンスタントに行うことで、同じチャネルに群がる競合の一歩先を行くことができます。アンドリュー・チェンは次のように述べています。

> 瞬間的な効果しかありませんが、「クソみたいなクリックスルーの法則」の解決方法は、未開発のマーケティング［戦略］を発見することです。（中略）これら［の戦略］を、後ろに控える強力な製品とうまく組み合わせることができれば素晴らしいことです。その戦略がゆっくりと効果を失っていく間、数年までとは言えないまでも、ひょっとすると数ヶ月くらいは競合の先をいくことができるかもしれません。

少ない予算でできるテストを継続的に行うことで、驚くべき結果を叩き出す新たなテクニックを発見できる可能性もあります。例えば、まだ成熟していない新しいプラットフォームを有効活用できるかもしれません。ソーシャルゲーム業界の巨人 Zynga は、フェイスブックがまだ成熟しておらず、フェイスブックというプラットフォームを利用する競合がほとんど存在しなかった時期にその広告機能とシェア機能をフル活用しました。しかし今日のゲーム企業が成長するためには、Zynga のようにフェイスブックを活用することはもはや不可能です。コストが高すぎる上、競合が多すぎます。

狭い範囲でのテスト

ブルズアイで集中すべきトラクションチャネルを検討する際、自分の周りの狭い範囲において簡単かつ低予算のテストを行います。目的はチャネル戦略の仮説の検証です。ブレインストーミングのステップでスプレッドシートを使って整理したのであれば、そこに各チャネルの利用アイデアについて次のような項目に関する仮説を入力しているはずです（2章「ステップ1：ブレインストーミング」参照）。

- このチャネル戦略での顧客獲得単価はどの程度か
- このチャネル戦略で獲得可能な顧客はどの程度の数か
- そこでどの程度のコンバージョンが見込めるか
- （1人の）顧客獲得にどの程度の時間がかかるか

各トラクションチャネルに仮説を行うべきポイントが存在します。例えばブログ

広告をテストする時には、ブログやコンテンツの選択であり、SEM の場合にはキーワードや広告のコピー、ランディングページ[†1] で、ソーシャル広告の場合はターゲットとする人口統計的セグメント、コピー、そしてランディングページです。

　仮説を組み立てたら、その仮説を検証するために、できるだけ低予算で実行可能なテストを考案します。**多くの場合、チャネルの最初のテストはとても低予算で行えます**。例えば、アドワーズに 250 ドルを使ってみれば、SEM の影響力を大まかに把握できます。

　限られたリソースで複数の戦略を一度に最適化するのはほぼ不可能です。例えば 10 のソーシャル広告を掲載し、そのすべて（コピー、ランディングページなど）についてテストを行うためには専任担当者が必要です。それは「最適化」の段階の作業であり、もはや「テスト」ではありません。それよりも、低予算のテストをいくつか走らせて（例えば、2 つのソーシャル広告とそれぞれのランディングページなど）、そのチャネルにおける戦略を成功に導くためのヒントを得ます。

　本気で一つのチャネルに集中すると、時間とリソースを著しく消費します。特に時間は貴重なので、トラクションチャネルやその戦略がうまくいく確証をある程度得てからリソースを投入すべきです。Dropbox や Eventbrite で成長アドバイザーを務めるショーン・エリスはこのアプローチの実行時における次のような注意点を述べています。

> ハイクオリティな実験をより速く実行できれば、スケーラブルで効率的な成長施策を発見する可能性が高くなります。顧客獲得のアイデアが成功かどうかの判定は、効率的な計測システムやレポートシステムに依存します。したがって、計測 / レポートシステムを用意するまではテストを開始しないことです。

　この「効率的な計測システムやレポートシステム」にはコホート分析[†2] を行うような複雑なツールから、単なるスプレッドシートのようなシンプルなものまで様々な選択肢が存在しますが、必ず何かを準備しなければなりません。また、テストがいくら低予算で実行できても、その目的が存在しなければなりません。あくまでも仮説を検証するためのテストなのです。

---

†1　訳注　インターネット上の広告などのリンクをクリックして訪問するユーザに対して最初に表示させるページのこと。広告の内容やリンクの意図、検索キーワードなどに合わせてデザインされます。

†2　訳注　特定の条件で抽出されたか、特定の属性を持つようなグループ（コホート）の行動の変化を時間軸で追う分析方法。

A/B テストによる最適化

低予算でテストを行い、仮説を検証し、うまく行きそうなトラクションチャネルを見つけたら、次の目標はそのチャネルの最適化です。A/B テスト（スプリットテストとも呼ばれます）はまさにそのための手法です。

A/B テストの最も標準的な形は、コントロールグループ（A）と被験グループ（B）を比較する科学的な実験です。最良の結果を導き出すには、対象者をランダムに 2 つのグループに分け、各グループの行動を計測します。

A/B テストの目的は、一つ以上の条件を変更して、その効果の変化を測定することです。Web ページで A/B テストを行う場合に変更する条件には、Web ページのボタンの色や広告イメージ、メッセージの内容などがあります。コントロールグループ用に一ページ作成し、被験グループ用にもう一ページ作成します。各ページのパフォーマンスを計測することで、変更した部分が登録数などの主な指標に与えるインパクトの有無を判断します。ある程度の時間が経過し、被験グループ側のパフォーマンスが大きく上回る場合、変更項目を適用してその成果を収穫し、次のテストを行います。

A/B テストを習慣にすることで、（たとえ週に一回のテストを回すだけであっても）トラクションチャネルの効率性を 2 〜 3 倍に向上させることができます。オンラインの A/B テスト用のツールには、Optimizely、Visual Website Optimizer、Unbounce などがあります。これらのツールを使うと、コードに複雑な変更を加えることなく最適化テストを行えます。

オンラインツール

A/B テストツールについて先ほどいくつか名前を挙げましたが、トラクションチャネルの最適化を助けてくれる様々なオンラインツールが存在します。我々は、**トラクション獲得作業を理解し、その効率を評価するために役立つオンラインツールを取り入れる**ことを強く推奨します。

例えば、次に挙げる質問は回答するのが難しいか、詳細な調査が必要になりそうなものばかりです。

- 何人の見込客が Web サイトに訪れたか
- 特定の指標においてパフォーマンスが最も良い顧客セグメントはどれか、ま

た最悪なものはどれか

● サポートを利用したことのある顧客とは、他の顧客より長期的な関係を維持できるか

しかし、適切なオンラインツールを使えば、簡単に回答できます。Clicky、Google アナリティクス、Mixpanel といった基本的な解析ツールで実際に回答できます。これらのツールは、誰があなたのサイトを訪れたか、その頻度は、そしていつどこでサイトから離脱したかを教えてくれます。

結果を定量的に把握

2章でブルズアイ・フレームワークの概要を説明した際には、数字について明示的にあまり多くを述べませんでした。フレームワークに親しみやすくするために、あえて数字を避けていました。しかし実際にフレームワークを使用する際には、数字に気を使わなければいけません。その理由はシンプルです。**トラクションチャネルをまたがっても有効な、ユニバーサルかつ定量的な指標が存在するからです**。そのため、トラクションチャネルのランキングと優先順位付けにはスプレッドシートの使用をお勧めします。

各トラクションチャネルの分析には、最低でも顧客獲得単価[†3] と、顧客生涯価値[†4]（LTV）の2つを含むようにしてください。これらは普遍的な指標なので、チャネルを簡単に比較できます。最初はただの当てずっぽうにすぎないとしても、可能な限り定量的に考えるようにすることを推奨します。

3章で述べたように、目に見える違いを生む可能性を持つトラクションチャネルと、そのチャネルにおける戦略に絞って考えるべきです。そうすることで、シンプルな計算だけで何が違いを生むのかを判断できます。例えば、あるチャネル戦略によってどの程度の顧客を獲得できるか、違いを生むにはどの程度の新規顧客が必要なのか、といったことです。

あるチャネル戦略が、現在の予算の範囲内で、目に見える違いを生むほどの新規顧客を引き付けられないのであれば、その戦略を追うべきではないでしょう。例えば、

---

†3　訳注　顧客獲得単価（CPA、Cost Per Acquisition）とは、顧客1人を獲得するために必要なコスト。マーケティング施策に必要とした費用 / 新規顧客獲得数で計算します。

†4　訳注　顧客生涯価値（LTV、Life-Time Value）とは、ある1人の顧客が生涯にわたって企業にもたらす価値（利益）の合計。

現在の DuckDuckGo においてはテック系のニュースサイトに記事を掲載する意味が
ありません。検索数を十分に上昇させるための顧客数を獲得できないからです。しか
し、初期においてはこの戦略は有効でした。

　プロダクト / マーケットフィットに到達している段階では、新規ユーザ数を定量
化することがそれまで以上に重要になります。その場合、ほとんどのチャネルは新規
ユーザを運んでくると考えられるため、どれもある程度魅力的に見えます。この時に
考慮すべきことは、「このチャネルには意味のある数の潜在ユーザが存在するか」で
す。紙ナプキンの上でもできるような計算で十分です。

まとめ

- 「クソみたいなクリックスルーの法則」にまだ屈服していない最新の施策に
  アンテナを張っておく。

- スプレッドシートなどに記述したモデルから、定量的な仮説を検証するため
  の低予算なテストを行う。

- トラクションチャネルの最適化のために、恒常的に A/B テストを実行する
  べきである。テストが簡単にでき、様々なトラクションチャネルの状況の評
  価を助けてくれるオンラインツールが多数存在する。

- マーケティングの結果を定量化できる方法を探る。リソースを集中すべきト
  ラクションチャネルを決定する時や、ブルズアイでのトラクションチャネル
  の比較に特に役に立つ。どの段階でも、目に見える違いを生むために必要と
  なる数を把握しておくべきで、その数を獲得できる可能性を持つチャネルに
  のみ集中する。

5 章
最短経路

　スタートアップは様々な方向から引っ張られてしまいます。手の届くところに転がっているチャンスに惑わされ、地平線あたりに薄く見えているようなチャンスの兆しなどに気を取られてしまいます。一方、常に製品のバージョンアップが求められます。その上、雑多な事務作業にもしつこく苦しめられます。何に取り組むのかをどう決定すればよいのでしょうか？

全体の目標を設定する

　まず、**常に、トラクション獲得の目標を持っておきます**。例えば、「累計 1,000 人の有料顧客の獲得」や「一日 100 人の新規顧客」、「市場シェアの 10%」といったものです。

　あるべき目標の種類やその数字は、運営するビジネスによって異なります。目標は慎重に選択し、自社の戦略に沿ったものでなければなりません。その目標に到達すると、目に見える違いが生まれますか？　もしかすると、今よりはるかに大きな利益を上げているかもしれませんし、資金調達がかなり楽になっているかもしれません。マーケットのリーダーになっている可能性もあります。

　現在の DuckDuckGo の目標は、インターネット検索市場シェアの 1% です。このポイントに到達すると、市場において一応の地位が確立されたと世間にみなされることになり、その認識により様々な特典（よりよい取引条件や PR など）が発生します。したがって、この目標の達成には大きな意味があります。

　しかし、「市場シェアの 1%」という目標は他のほとんどの企業では役に立ちません。小規模な市場では、たった 1% のシェアには価値がないかもしれません。一般向け検索エンジン市場は巨大な市場で、競合の数がとても少ないからこそ、この数字が意味を持つのです。自分が置かれた状況で意味のある目標を設定することが重要なの

です。

この一つ前の DuckDuckGo の目標は、月間検索回数 1 億回の達成でした。達成すると、おおよそ損益分岐点に到達します。損益分岐点への到達は会社にとっての重要な目標であり、トラクション獲得目標はこれに沿ったものでした。

それよりさらに前の目標は、人に製品を知ってもらいその良さを伝えることでデフォルト検索エンジンを DuckDuckGo に切り替えて、なおかつそのまま継続して利用してもらうことでした。この時点の DuckDuckGo は初期から成長期への移行段階にあり、重要なのはプロダクト / マーケットフィットに到達することでした。

これらは大きな目標です。DuckDuckGo は上記の目標の達成にそれぞれ二年を費やしました。しかしここでは、かかった時間はそれほど問題ではありません。自社にとって意味をなすことが重要なのです。十分な利益率を確保できる数字を目標として追い求め、それをたった 6 ヶ月で達成できるのであれば、もちろんそれに越したことはありません。

マイルストーンを設定する

最も少ないステップ数で目標にたどり着く**経路**を書き出してみて、その経路上の**マイルストーン**（重要な中間地点）を認識しておくことは、目標到達に役立ちます。マイルストーンはトラクション獲得に直接関連するものでなくても構いませんが、目標到達のためには絶対に必要なものであるべきです。

DuckDuckGo の目標は、前述の通り月間検索回数 1 億回の達成でした。この目標までの経路上にあるマイルストーンは、より高速なサイト、より魅力的なモバイル検索、そしてより多くのテレビ広告でした。画像検索機能や検索語句サジェスト機能[†1]も常に要求されていましたが、当時の DuckDuckGo はこれらの機能はマイルストーンではないと信じていました。しかし現在はインターネット検索市場のシェア 1% を目標としているため、マイルストーンであると考えています。

検索回数が月間 1 億回しかない時点では、気の利いた機能が多少欠けていてもまだ許してもらえていたため、これらの機能は必須ではありませんでした。しかしながら、シェア 1% に到達するためには、より一般的なユーザにも検索を利用してもらう必要があります。一般ユーザは、便利な機能が欠けている検索エンジンには見向きもしません。

[†1] 訳注　検索キーワードを入力する際にその一部を入力すると、検索候補と思われるキーワードをリストアップして表示する機能。

マイルストーンはビジネスによって異なります。ここでのポイントは、マイルストーンの取捨選択の際に批判的かつ戦略的になるべきということです。例えば、目標に到達のために、三人の新たな従業員の雇用と機能A・B・Cの追加、そしてマーケティング活動X・Y・Zの実行が必要な場合、これらはすべてマイルストーンです。

マイルストーンを列挙したら、次にマイルストーンの順序を設定します。例えば、特定のチャネルにリソースの投入開始というマイルストーンの前に、テストによる仮説検証の結果を得るというマイルストーンがある、などです。DuckDuckGoは本格的にテレビCMを展開する前に一度ローカルでテレビCMを行っておき、このチャネルは違いを生む可能性があることを確認しておきました。

自社の製品では、機能Bを実装する前に、機能Bが必要とする機能Aをあらかじめ追加しておく必要があるかもしれません。初期のDuckDuckGoでは、複雑なソフトウェアを自分たちで構築する代わりに、同様の機能を持つ外部プロバイダのソフトウェアを利用するという決断を行いました。

そうして、絶対に必要なマイルストーンを順番通りに並べます。これで進む方向が決まります。定義した経路に従えばいいのです。つまり、最初のステップに取りかかってからは、**経路上にないステップには一切取り組まない**ことです。これらの最初のステップが完了した時点で、それまでに学んだ市場の状況などをもとに経路を再検討するのです。

しかし、最初の計画が間違っていることもよくあります。例えば、最終目標に到達するためには機能A・B・Cを構築しなければならないと考えていたものの、Aを構築した時点で得た市場からのフィードバックではBの必要がなく、代わりにDが必要であることが判明するかもしれません。また、テストの結果が思わしくないため、プロセスの再実行や他のテストを行うなどの方向修正も発生します。そのため、マイルストーン到達時には綿密な再検討も行います。

このメソッドは「行わないべきこと」の判断に役立ちます。すべてのステップは経路上に存在するか、しないかのどちらかに分類されます。経路上に存在しないステップは、行いません！

個別目標と個別マイルストーンを設定する

ここまでは、企業全体が通る経路について述べました。企業内ではマーケティングや開発などの部門単位、そして従業員個人という単位に至るまで、それぞれが自分の

目標とそこまでの経路を持っています。これらの経路を総合したものが企業全体の経路です。

個人レベルに至るまで目標を定義しておくことは、企業の目標設定と同じくらい重要です。そうすることで、従業員が正しい目標に向かって最も効率的な方法で動くのです。

本章でこれまでにたびたび言及していますが、DuckDuckGo の現在の目標は、インターネット検索市場シェアの 1% です。DuckDuckGo は（執筆当時）目標の半分の地点にいて、目標に向けた取り組みを各部署で行っています。

例えば開発部門の目標は、画像検索や検索語句のサジェストなど、一度掴んだ検索ユーザを再び流出させないための機能をリリースすることです。さらに細分化すると、iOS チームの目標は iOS7 向けアプリをアップデートし、デスクトップに近いユーザ体験を提供することです。そして、そのチームのあるエンジニアの目標は、その製品アップデートのインターフェイスを仕上げることです。これらの目標はそれぞれ、より上位の経路のマイルストーンにあたります。

トラクション獲得に関しても同様に、各部門はそれぞれの目標やマイルストーンを持つことができます。DuckDuckGo のモバイル対応を例に挙げると、アプリのユーザ数 100 万というトラクション獲得の目標を持ち、ブルズアイ・フレームワークに即してテストを行った後、アップストアの「スタッフのおすすめ」にアプリを載せることをマーケティング戦略のマイルストーンとして定義しました。その時点で、DuckDuckGo は即座に記事や広告掲載、そしてアプリに関する他の様々な戦略の実行を止めました。それらはもう経路上には存在していなかったのです。

あらゆる層の管理者は、市場からのフィードバックを元に恒常的に経路を変更できます。DuckDuckGo では、毎週全員が一対一や全社ミーティングで目標到達に対する状況を確認します。通常、一週間で状況が劇的に変化することは少ないため、このプロセスはとても簡素なものです。しかしマイルストーンに到達すると、長い戦略ディスカッションが行われます。このディスカッションにかける時間をあらかじめ設定しておくことで、個人、部門、そして企業全体の方向性を変更するために十分なディスカッションがタイムリーに行われます。

サブ目標を定義する

正しい目標を設定することの重要性は、誇張しすぎてもしすぎることはありませ

ん。あなたは成長か利益のどちらを追い求めていますか？　その両方を追いかけているのでしょうか？　何ヶ月かで資金の調達が必要ならば、それまでにどの程度のトラクションを獲得しておかなければならないのでしょうか？　これらは正しい目標を設定するために回答しておくべき質問です。

　一度目標が定まれば、今度はそこからさかのぼって量的・時間的なサブ目標を明確に設定できます。サブ目標とは、例えば「次の四半期までに顧客1000人に到達」や「月間20%の増加率達成」などです。

　これはトラクション獲得の進捗における基準となり、何が予定通り進んでいて、何が進んでいないかを確実に把握できます。また、与えられた時間内に目に見える違いを生むことができる施策をより簡単に評価できます。どれだけの違いを生まなければならないか、という具体的目標が存在するからです。

　明確なサブ目標を設定するもう一つの利点は、実行責任が生じることです。トラクション獲得に関する活動を、商品開発などの他のマイルストーンと同じカレンダーに置くことで、トラクション獲得のために十分な時間を割くようにできます。

　トラクション獲得目標とマイルストーンの設定は、トラクションを獲得するためにあなたの時間とエネルギーを配分する上流フレームワークです。目標は企業の方向性を決定づけます。製品開発、資金調達といった企業活動のすべては、トラクションを獲得するための活動なのです。トラクションは全てに勝る切り札であることを忘れないでください。

よき相談相手を得る

　よき相談相手を得ることが設定した経路からの逸脱防止につながることは、疑いようがありません。そのような人は通常、企業の事業活動から切り離されているため、トラクション獲得目標の再検証時には客観的な視点から意見を述べてくれます。ま**た、相談相手との打ち合わせ準備というシンプルな活動を定期的に行うことで、自分自身が目標に対してより批判的に考える機会を得ることもできます。**

　特にトラクション獲得に関係することになると、似たようなチャネルにリソースを集中した経験のある起業家や、同じ業界で成功した起業家はとてもよい相談相手になる可能性があります。このような起業家は意味のあるトラクション獲得戦略をよく理解しており、将来を見通したアドバイスを与えてくれます。このような経験や専門知識には代えがたい価値があります。

よい相談相手は、他の様々な場面においても支えてくれます。企業を構築するということは、数多くの罠が待ち構えている長く厳しい道です。その罠を避け、プロセスが簡単かつ楽しくなるように指導してくれます。

高い目標を持ちましょう。あなたは世の中を変えるような力を持つ起業家です。あなたの取り組みに対して同じような情熱を持つ人は、あなたの相談相手として、一緒に旅に出られることにきっとワクワクします。

チャネルに対する先入観を捨て去る

ブルズアイ・フレームワークは、トラクション獲得目標やマイルストーンの設定にも役立ちます。リソースを集中すべき、見込みのあるチャネルを見つけ出し、そのチャネルで成功するマーケティング活動の発見に役立ちます。しかし残念なことに、多くの起業家は個人的な好みで見込みのあるトラクションチャネルを無視してしまいます。これは間違ったパスにリソースを投入し無駄にしてしまう、とてもコストの高い問題です。

ここであらためて、本書で紹介する 19 のチャネルを紹介しておきます。

1. バイラルマーケティング
2. PR
3. 規格外 PR
4. SEM
5. ソーシャル / ディスプレイ広告
6. オフライン広告
7. SEO
8. コンテンツマーケティング
9. メールマーケティング
10. エンジニアリングの活用
11. ブログ広告
12. ビジネス開発（パートナーシップ構築）
13. 営業
14. アフィリエイトプログラム
15. Web サイト、アプリストア、SNS

16. 展示会
17. オフラインイベント
18. 講演
19. コミュニティ構築

　この中には馴染みのないものがあるかもしれません。ほとんど何も知らないようなチャネルや、自分のビジネスの役に立たなさそうに見えるチャネルに時間とお金を費やす必要があるのでしょうか？

　このような先入観はトラクション獲得の妨げです。競合が実施しない方法で顧客を獲得することで競争的優位に立てる可能性があるのです。本書を読むことで、読者の皆様がチャネルに対する先入観を捨て去ることを期待しています。

　ここで、有益かもしれないトラクションチャネルを起業家が無視する理由を三つ挙げておきます。

1. 見えていない、考えていない。多くのスタートアップにおいては、講演を行うことなどは視野の外です。
2. 否定的に捉えているチャネル。個人的な経験から、特に営業やアフィリエイトマーケティングについて真剣な検討を避ける傾向があります。自分が電話を好まないからといって、顧客もそうであるとは限りません。
3. 退屈な仕事に対する嫌悪。面倒で時間がかかることを嫌います。ビジネス開発や展示会などが当てはまります。

　正直になって考えてみましょう。好感や偏見を持っているトラクションチャネルはありますか？

　ブルズアイを使うことで、あなたがチャネルに対して持つ先入観を克服し、各チャネルを真剣に検討し、成功可能性を引き上げることができます。よい相談相手が見つかれば、ブレインストーミングやチャネルのランク付けなどに参加して、先入観の克服を助けてくれます。オフライン広告についてインタビューを行ったジェイソン・コーエンはこの点について次のように述べています。

　　多くの競合はこれらのチャネルについて、試すことさえ拒むに違いありません。それが本当であれば、それらのチャネルを試す良い理由です！　競合が試そうともし

ないチャネルに存在する顧客を獲得できれば、（少なくとも一時的には）競争的優位を獲得できます。これは、アドワーズで競合と激しい殴り合いの結果1〜3番目のポジションを獲得するよりも面白いものです。

いざ、トラクション獲得へ！

トラクション獲得は、一筋縄ではいきません。最初のトラクションは一体どこで獲得できるのか、全く予想できません。19チャネルのどこかで獲得できます。予測が不可能なので、トラクション獲得のために複数のチャネルを検討しておくことはとても意味のあることです。**先ほどリストアップしたチャネルはすべて、エンタープライズ向けとコンシューマ向けのスタートアップで実際に初期トラクションの獲得に成功したチャネルなのです。**

そして、**本書で取り上げる19のチャネルすべてに精通している人はいません**。しかし、特定のチャネルにリソースを集中したことがあるスタートアップの創業者など、特定のチャネルのエキスパートはいます。

我々は、数億ドルを売り上げ、時価数十億ドルと評価されるような企業や、インターネットにおける最大級の企業を立ち上げたスタートアップ関連のエキスパートたちにインタビューを行いました。本書ではこの後、この起業家たちにとって何がうまくいったのかを紹介し、あなた自身が同じようにトラクションを獲得するために役立つツールを提供します。

あなたのスタートアップの成功を祈って！

まとめ

- トラクション目標を設定し、その目標からさかのぼって目標に至るまでのマイルストーンを列挙する。

- マイルストーン到達時には経路の再検討を行う。再検討をマネジメントプロセスに組み込んでしまってもよい。

- 目標に対する進捗を適切に管理できるよう、サブ目標を数値化し、カレンダーやスプレッドシートなどに記載しておく。

- よい相談相手を見つける。

- 特定のトラクションチャネルに対する先入観を克服する。相談相手の助けを

借りることもできる。

● 正しいトラクションチャネルで競合の先を走ることは、成功への大きな一手となる。あなたがよく知っているトラクションチャネルはどれか、知らないチャネルはどれか?

Ⅲ部
19 のトラクションチャネル

6章
バイラルマーケティング

　バイラルマーケティングとは、既存ユーザが他のユーザに製品やサービスを紹介し、注目をむけさせるようにすることでユーザベースを拡大する方法です。フェイスブックのニュースフィードに友達の Pinterest の投稿が表示されることや、友達からある商品についての感想をメールで受け取ることなどがこのトラクションチャネルで発生する現象です。

　「バイラル（viral）」とは、ウイルス（virus）のように人に伝染して拡散するような性質のことです。バイラル性とは、既存のユーザ一人が最低でも他のユーザを一人連れてきて、連れて来られた新規ユーザが別の新たなユーザを連れてくるという指数関数的成長をもたらす連鎖を発生させる性質です。その勢いの維持は簡単ではありませんが、フェイスブックやツイッター、そして WhatsApp といったコンシューマ向けのスタートアップが達成した爆発的成長にはそのバイラル性が大きく寄与しました。

　しかし、素晴らしい製品でもバイラルによって成長しない可能性は高いのです。ただ、このチャネルは当たれば巨大なトラクションが獲得できるので、ユーザが他のユーザに製品を紹介できるようなプログラムは検討してもよいかもしれません。バイラルのループがうまくいった場合は、驚くほどの低コストで多数の新規顧客を獲得できます。

　我々は、2,500万ユーザを誇るアプリ Muzy を提供する起業家であり、バイラルマーケティングの第一人者でもあるアンドリュー・チェンにインタビューを行いました。フェイスブックやメール、そしてアップストアといった数十億のアクティブユーザを持つ「スーパープラットフォーム」が出現したことで、このトラクションチャネルが一層重要になっているとアンドリューは述べています。そのため、今までになく即効性の高いバイラル効果を利用できます。Dropbox、インスタグラム、そして

Pinterest はこのチャネルを活用することで成長した好例です。これらの企業はバイラル効果とスーパープラットフォームを活用して、サービス開始から三年もたたないうちに数千万人のユーザを獲得したのです。

バイラルループ

バイラル性を持つ情報は「バイラルループ」と呼ばれるループを繰り返して、短時間で伝播していきます。次の三ステップが最も基本的なバイラルループの形です。

1. ユーザが製品に触れる
2. そのユーザがその製品を潜在ユーザに紹介する
3. 潜在ユーザがその製品に触れて、ユーザになる

このプロセスでは、潜在ユーザが新規ユーザになったところで最初に戻り、プロセスが何度も何度も繰り返されます。

バイラルループの基本的な構造は同じですが、実行状況は企業によって異なります。Dropbox のループは Pinterest のそれとは異なり、またスカイプとも異なります。ここではバイラルループの主な種類を説明し、他の企業がそれらをどのように使って成功したかを紹介します。

最も古典的なバイラル性の一つに、製品が優れているため人が製品について勝手に言及する、という現象が挙げられます。つまり、**純粋な口コミ**です。フェイスブックは、メール招待やアドレスブックによる友達追加などの仕掛けを構築する以前は、大学生の間での口コミで成長しました。純粋な口コミは多くの映画、書籍、ダイエット関連商品、そしてテレビドラマなどを飛躍させています。

他人を巻き込むことによってのみ価値を得ることができる製品は**内在的バイラル性**を持っています。例えば、友達がスカイプを使っていなければ、自分のスカイプには意味がありません。Snapchat や WhatsApp もこのカテゴリに入ります。この種のバイラル性は、ネットワークの価値は接続している人数に依存する「ネットワーク効果」から生まれます。つまり、スカイプをより多くの人が利用していれば、スカイプはさらに価値のあるものになります。

コラボレーションを促進することで成長する製品もあります。このような場合、製品は単体でも価値のあるものですが、そこに他人を招待してコラボレーションを行う

ことで一層価値のあるものになります。例えば、Google ドライブは一人で使用して
も十分に有用なサービスですが、オンラインでの共同作業が必要な場合には一人で使
用するだけの場合よりもはるかに大きな価値を持つ可能性があります。この種のバイ
ラルループは、コラボレーションを行う必要がなければ拡散に時間がかかりますが、
ネットワーク効果が発揮される状況になれば、その製品を中心にコラボレーションが
発生するようになります。

　他にも、製品からの**コミュニケーション**にバイラル性を組み込むケースもみられ
ます。Hotmail は「Hotmail で無料メールアカウントをゲットしましょう！　今すぐ
サインアップ！」を標準の署名として挿入し、アップルも同様に「iPhone から送信」
を送信メールの署名として挿入しました。すると、すべての送信メッセージが製品の
名前入りに変身するのです。多くのソフトウェア製品は無料版のユーザにこのような
手法を使います。MailChimp、Weebly、UserVoice、そして Desk などは無料版ユー
ザのメールや Web サイトにデフォルトでメッセージを挿入します。メッセージは有
料版に移行することで削除できます。

　製品を紹介しバイラルループを回すユーザに対して**インセンティブ**を与えること
もできます。Dropbox は、既存のユーザに紹介されて新規ユーザ登録を行うと、通
常よりも大きなストレージを紹介者と新規ユーザの両方に提供します。Airbnb[†1]、
Uber[†2]、ペイパル、Gilt などは、紹介実績に応じたストアクレジット（ギフト券）を
提供します。

　Reddit や YouTube などは**埋め込み**ボタンやウィジェットによるバイラル効果で成
長しました。YouTube は、任意の Web ページに動画を埋め込むためのコードを各動
画ページに用意しています。また、多くの一般的な Web ページにフェイスブックや
ツイッターのボタンが配置されているのはみなさんもご存知の通りです。このような
ボタンはコンテンツの共有を促進し、結果的により多くの人が製品に触れることにな
ります。

　他にも、**ソーシャルネットワーク**を活用して新規ユーザを誘い込むバイラルループ
が存在します。このケースでは、ユーザの行動がソーシャルなつながりに（多くの場
合、複数回）拡散されます。フェイスブックを使っていれば、友達が他のサイトの記

---

†1　訳注　宿泊施設の貸し借りを仲介する Web サイト。
†2　訳注　タクシー配車サービス。自前でタクシーやドライバーを持たず、オンラインで条件に応じてドライ
　　　バーと乗客のマッチングを行います。

事に「いいね！」を行い、Spotify[†3]での曲を再生し、Pinterestでピンしたコンテンツを目にしているはずです。

自分自身の製品には、これらのバイラルループを組み合わせることもできます。ループをどのように適用できるかを考えること自体にも得るところがあります。

バイラル数学

バイラルループの真価を理解するには（そしてバイラルマーケティングが役立つかを判断するには）、少々計算をしなければいけません。この「バイラル数学」は、バイラルマーケティングを使ったトラクション獲得に適しているのか、適しているならどこに集中しなければならないのかを素早く判断するために役立ちます。

ここでは、バイラル的な成長を推進するための鍵となる2つの要素、バイラル係数とバイラルサイクル時間を紹介します。

バイラル係数（K）

バイラル係数（K）とは、新規ユーザを一人を獲得することで追加獲得が見込まれる新規ユーザの数です。

バイラル係数の公式は以下の通りです。

K（バイラル係数）= 既存ユーザ一人あたりの招待数 × コンバージョン率

例えば、ある製品の既存ユーザが平均三人を招待し、そのうち二人が新規ユーザになる場合（コンバージョン率2/3）、バイラル係数は以下のように計算できます。

$$K = 3 \times \frac{2}{3} = 2$$

これは、例えば100人の新規ユーザを加えた場合、合計で300通の招待を送信し、招待を受け取ったうち200人が新規登録を行うということを表しています。これがバイラル成長です！

バイラル係数の値が1を超えると、一人のユーザが一人以上の新規ユーザを連れ

---

†3　訳注　音楽ストリーミングサービス。

てくるため、指数関数的成長が起こります。一般的に、**バイラル係数が 0.5 以上であれば、かなりの成長を見込めます。**

　公式から分かる通り、バイラル係数にインパクトを与える変数は二つあります。1つは**各ユーザの招待数**です。例えば、平均招待数を 1 から 2 に増加させることができれば、バイラル係数は倍になります。この数字を出来る限り高めるには、ソーシャルネットワークへの投稿を促すボタンなど、知り合いへの紹介を促進する機能追加を検討します。

　二つ目の変数はコンバージョン率です。製品が紹介されても新規ユーザが増えない場合、バイラル的成長は発生しません。招待数と同様に、（登録フローの改善などによって）コンバージョン率を倍にできればバイラル係数も倍になります。登録フローのコンバージョン率を高めたい場合は、登録ページ数や必要な入力項目を可能な限り削減しシンプルにして、登録の敷居を下げることです。

　また、登録のフローをさらに分解して、改善効果の高い場所を発見することもできます。例えば、標準的な Web アプリケーションにおいてユーザ登録完了（コンバージョン）に至るには、リンクをクリックし（クリックスルー）、その後アカウントを作成するためにフォームに情報を入力し登録完了します。このような場合、コンバージョン率は二つに分解できます。

　　コンバージョン率 ＝ クリックスルー率 × 登録完了率

これをバイラル係数の公式に代入すると次のようになります。

　　K ＝ 既存ユーザ 1 人あたりの招待数 × クリックスルー率 × 登録完了率

コンバージョン率を分解すると「クリックスルー率は素晴らしいが登録率が悪い」など、数式の中で一番弱い部分を見つけ出し、その部分を集中改善できます。

バイラルサイクル時間

　バイラルサイクル時間とは、ユーザがバイラルループを一周するまでにかかる時間です。例えば、潜在ユーザの招待から新規登録までに平均 3 日かかるのであれば、バイラルサイクル時間は 3 日です。

　バイラル係数が同じでバイラルサイクル時間が異なる 2 つのバイラルループの結

果は劇的に異なります。バイラル係数は値が大きい方が効果が高いですが、サイクル時間は短い方が高い効果を発揮します。YouTube などを使った場合に発生することのある爆発的な成長はバイラルサイクル時間が短いことによるものです。この場合のサイクル時間は、誰かが動画を見て、リンクをコピーして友達に送り、友達がそのリンク先の動画を見るまでの時間で、YouTube の場合はものの数分です。

　バイラルサイクル時間を短くするとバイラル効果が劇的に高まります。このチャネルを活用する場合、最初に改善を意識すべき指標の 1 つです。サイクル時間を短くするには、コンバージョンの緊急性を高めるか、サイクル時間の短縮に対するインセンティブをユーザに与えます。加えて、コンバージョンファネルの各ステップを可能な限りシンプルにして、より多くのユーザがステップを完了できるようにします。YouTube が各動画に埋め込みコードを用意しているのはこのためです。Web サイトやブログ、そしてソーシャルネットワークに動画を埋め込むための作業を、すべてのユーザにとって極力シンプルにしているのです。

バイラル戦略

　バイラルマーケティングで効率的にトラクションを獲得するためには、**最初にバイラル係数とバイラルサイクル時間を計測しておく必要があります。**この計測結果を基準値としてください。それから、確実な成長に必要な数の新規ユーザを獲得できるまでバイラル係数を引き上げ、そしてバイラルサイクル時間を引き下げます。

　ここではなるべく多くの A/B テスト（4 章「A/B テストによる最適化」参照）を実施することを推奨します。主要指標の一つの改善（例えば、登録率）に数週間集中し、そのために考えつくことをすべて試し、アイデアが尽きたら他の指標に移ることがベストプラクティスとされています。アンドリュー・チェンは、このプロセスは時間がかかる可能性があると述べています。

> 新しいバイラルチャネルを、広告費用をまったくかけずに急速成長できるような状態にするには、エキスパートのチームであっても 1 ～ 2 人のエンジニアと 2 ～ 3 ヶ月の時間が必要です。しかし一度うまくいけば、段階的に改善し、より簡単に製品を成長させられるようになります。何かを成功させるには、強力な戦略と、相当な量の時間とリソース消費が必要です。

　最初のバイラルループ戦略を策定したら、バイラルで拡散するモノをリストしたシ

バイラル戦略 | 59

ンプルなダッシュボードを作成します。新規ユーザがどのように次の新規ユーザを獲得させてくれるのかを理解し、多くのA/Bテスト（一週間にいくつか）を実施して各指標を改善します。

目標と妥協

バイラル戦略を計画する際には、自社の目標を明確にしておくことが重要です。総ユーザ数を増やすことでしょうか？　売り上げ増でしょうか？　それとも利益？

ユーザ数を可能な限り早く成長させることが目標であれば、登録プロセスの簡略化によってコンバージョン率が高まることは考えるまでもないことです。しかし、例えばB2B製品の有料版の顧客を増やしたい場合、登録時にクレジットカード情報を必須とすることには意味があるかもしれません。必須項目を増やすことで登録プロセス中に離脱するユーザ数は増加しますが、無料トライアル終了後に有料版に移行する登録ユーザの割合は増えるかもしれません。ただし、この仮説を検証するテストの実施を忘れずに！

バイラルループのデザイン

目標を設定し、基準となる数字を計算したら、バイラルループにおけるすべての項目の関連性を綿密に計画します。ループにはいくつのステップが存在するでしょうか？　新しい人をループに入れるには、どのような方法がいくつ存在するでしょうか？（ランディングページ、広告、招待、その他？）

プロセス全体の地図を描き、余計な登録ページや入力フォーム、項目などの不要なステップを削除し、ユーザが他の人を招待するための仕組みを追加し、招待できる場所を拡大します。そうすることで、招待数を増加させ、コンバージョン率を向上し、バイラル係数を改善できます。

我々は、インドのオンラインデーティングサイト[4]myZamamaの創業者アシシュ・クンドラに、共有の仕組みを提供することの効果についてインタビューを行いました。彼は、サービスに組み込むことができるバイラル化の仕組みは数多く存在するものの、本当に成功するためにはユーザがその製品に愛着を持ち、繰り返し使うようにならなければならないと述べました。

myZamamaは利用率を向上させるため、ユーザがサイト上で取った行動に基づい

---

[4]　訳注　「出会い系サイト」と同義。

てターゲットされたメール（ターゲティングメール）をユーザに送ります。ユーザが
サイト上で起こすアクションによって、他のユーザをターゲットにした通知メールを
発生させます（例：「マークはあなたのことが好きです」）。より多くの人がサービス
を使用すると、より多くの通知が送られます。

バイラル施策

情報発信の場

バイラルマーケティングにおいて一般的な情報発信の場はメールとソーシャルメ
ディアです。しかし新しいコンシューマ向けのアプリケーションなど、情報発信に適
した新しい場所が絶えず登場します。バイラルマーケティングを主要なトラクション
チャネルとする場合は、新しい場の登場を常に監視して（そして実験して）おく必要
があります。

インスタグラムやSnapchat、Pinterestのような比較的新しいサイトでの情報発信
の実験は、現在においてはとても効果的かもしれません[5]。2章で述べたように、マー
ケティング技術は常に飽和に向かっています。アンドリュー・チェンは、ある媒体
をバイラルマーケティングキャンペーンの舞台として使おうとする場合、プラット
フォームを選択するポイントについて次のように述べています。

> 理想的には、あまり古すぎず（メールのアドレス帳／メールによる招待など）、か
> といってシステムインテグレーションのための工数を大量に必要とするほど新しす
> ぎず、その中間にあるものを選ぶことです。

アンドリュー・チェンは、スタートアップが行うべきバイラル戦略について、次の
ような枠組みで考えます。

> あなたはユーザに対してどのように価値を提供し、ユーザは現在どのようにコミュ
> ニケーションや共有を行っているのでしょう？　エンタープライズではWikiを介
> してコラボレーションを行います。コレクターズアイテムの買い手と売り手はイー
> ベイで取引を行います。世の中の人が現在どのように物事を行っているかを理解す
> ることは、その環境をより良くするために何ができるかを理解する手助けになりま
> す。

---

[5]　訳注　本書（原書）の執筆時期は2013年後半〜2014年初頭です。

あなたは、人がやりたいことをただ助けるのです。人がどのように共有し、コラボレーションやコミュニケーションを行っているかを理解したら、あなたの製品でそれらをどう改善できるかを考えます。

そして次に、新規ユーザがあなたの製品を他の新たなユーザに拡散し、それをさらに拡散できるようにするフローを考え出し、それから初めて最適化を行います。

効果的な招待

　ある製品との最初の出会いが他のユーザからの招待によるものであることはよくあります。招待された人は、その製品についてどのようなアクションを取るかを決定します（もちろんその前に、その招待に目を通す価値があるかを検討しますが）。招待状をデザインする際の目標は、潜在ユーザに注目してもらい、招待に含まれるリンクをクリックしてもらう（または次のステップに進んでもらう）ことです。

　最も効果の高い招待状は、短く簡潔です。考えつく限りのほとんどのバイラル系サービスに登録してみると理解できます。そして、パーソナルなメッセージも大きな効果を持っています。図 6-1 は、Q&A サイト Quora の招待状の例です。短く簡潔で、パーソナルなメッセージを含んでいます。

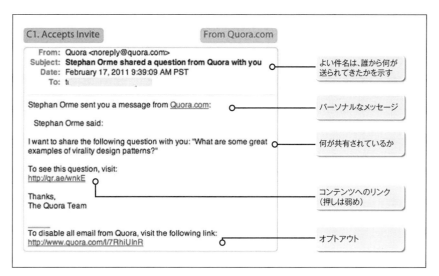

図 6-1　Quora の招待状の例

世の中の人は使わないサービスに関する情報を大量に受け取っています。つまり、多くの人は自分で体験したことのないサービスに登録することを躊躇します。しかし、低い登録率では意味のあるバイラル係数には到達しないため、バイラル成長を見込めません。

その対策として、Quoraなどは登録しなくてもサービスの一部を利用できるようにしています。つまり、潜在ユーザが何もコミットメントを行わないまま製品を体験できるということです。しかし、このような手法を自社製品でも採用しようとする場合は、テストが必要です。

効果的なコンバージョンページ

コンバージョンページは、そのページに到達するきっかけとなった招待状と同じメッセージを使うと最大の効果を発揮します。例えば、招待状に「誰々があなたにこの製品を紹介しました」というメッセージを記載していれば、全く同じメッセージをコンバージョンページにも記載します。新規ユーザの心理状態を織り込んでおくことは、招待とコンバージョンの両方において本当に役立ちます。

そして、製品を使うことにした理由を把握するためにテストを行います。**人がリンクをクリックする理由、登録する理由（好奇心か、義理か、など）を正確に把握しておくことは、バイラルループの改善方法の検討に役立ちます。**自身のサイトで直接行うアンケートや、usertesting.com[†6]などを使ってテスターに直接その質問をぶつけることは、その心理状態を理解するためのよい方法です。

テストするもの

テストや最適化がよく行われる項目をここにいくつか挙げておきます。

- ボタンとテキストリンク
- アクション要素の位置
- アクションボタン（「登録」「購入」などのボタン）のサイズ、色、コントラスト
- ページの読み込み・動作スピード

---

†6 　訳注　被験者に謝礼を支払ってWebサイトやモバイルアプリで実際のタスクをこなしてもらえるサービス。実際のターゲットユーザに近い被験者でテストができます。テストの様子は動画で提供されます。

- 画像

- 見出し

- 広告コピー

- 「利用者の声」の内容と配置方法

- 社会的証明（幸せなユーザの写真、ケーススタディ、メディア掲載、製品利用に関する統計情報など）

- 登録前の製品体験の可否

- 様々なユーザ登録方法（Facebook Connect やツイッターログインの利用など）

- フォームの入力項目の数

- 登録プロセスの長さ（プロセスが短いとコンバージョン率は高くなる）

まず、成功すれば主な指標の値を5〜10倍にするような潜在的インパクトを持つ変更点に集中します。例えば、まったく新しい自動返信メールのシーケンスや、新しいWebサイトデザイン、新しいオンボーディングフロー[7] などです。大きな変更を行った後に最適化を開始します。

テストできないほど小さすぎる最適化はほぼ存在しません。見出しのたった一語を変更するだけで重大な影響を与える可能性もあります。バイラル成長は複利計算のため、一回につきたった1%の違いでも、長期的に見ると大きな違いを生み出します。

バイラルポケット

バイラル的な（そしてそれに近い速度の）成長においては、全体のユーザベースよりもはるかに急速に成長するユーザセグメントが必ず存在するはずです。我々はこのセグメントを「バイラルポケット」と呼びます。国や年齢などでセグメント化したユーザのバイラル係数を計算することで、バイラルポケットの存在を確かめてください。

---

[7] 訳注 （ユーザ）オンボーディングとは、新規顧客に製品やサービスの利用方法や価値を理解してもらうためのプロセス。オンボーディングフローは、理解に導くための一連のプロセスのこと。新しいアプリを起動したときに表示される使い方の説明スライドや、新しいゲームを開始した直後のチュートリアルのような一連のイベントはユーザオンボーディングです。マーケティングの外では、新入社員に対する教育プロセスを指す言葉として使われます。

例えば、オーストラリアではあまりうまく行っていないのに、インドネシアでは急激に成長しているかもしれません。バイラルポケットを見つけたら、現地語でテキストを最適化するなど、そのセグメントの体験を改善するようサービスを提供すると良い結果を生み出す可能性が高くなります。

シーディング

ほとんどのバイラルループはその勢いを維持できないため、バイラルループに新たな人を迎え入れる必要があります。外部から新しい人を迎えるプロセスは「シーディング（種まき）」と呼ばれます。新規ユーザをバイラルループに送り込む際、ターゲットとなるグループ内でまだ実際に製品に触れていない人を探します。後に紹介するSEOやオンライン広告は、低予算で適切なシーディングを実行できる可能性のある手段です。

バイラルの失敗

コストをかけずに大量の顧客を獲得できる可能性があるため、多くのスタートアップはとりあえずバイラルマーケティングを試してみます。アンドリュー・チェンはその多くが同じ間違いを犯していることについて次のようなポイントを挙げました。

- 本来バイラル的ではない製品に多くのバイラル機能を付与する
- 価値のない、ひどい製品でバイラル効果を期待する
- 改善ポイントを発見するために十分なA/Bテストを行っていない（10のテストのうち1〜3つが有効な結果をもたらすことが想定される）
- ユーザが現在どのようにコミュニケーションや共有を行っているか理解しておらず、（フェイスブックの「いいね！」ボタンを加えるだけのような）「ベストプラクティス」戦略にこだわる
- 経験者の助力を得ていない
- バイラル性を製品戦略の一部ではなく、単なる施策として考えている

アンドリューが述べるように、正しいループを見つけ出すための最も良い方法はとてもシンプルです。経験者のマネをすることです。

初心者にとって一番簡単な方法は、別の誰かが実行したバイラルループを模倣して、自分のループが同じようにうまくいくようになるまで続けることです。テキストの内容などといった詳細まで、別の誰かのループを模倣することが重要です。パフォーマンスを向上させる何かがそこに存在するのです。

それを、ユーザが自分からやりたいと思うようなものに変えていき、ユーザから価値を引き出します。例えば、相手のいないスカイプは役に立ちません。そのような場合は、アドレス帳をインポートして招待しやすいようにすることで、ユーザに奉仕するのです。

たとえバイラル的な成長があまり見込めなくても、このチャネルは他のトラクションチャネルでの活動と組み合わせることで急激に成長する可能性があります。他のチャネルから新規ユーザを安定獲得しているのであれば、バイラルループを構築してより多くのユーザを呼び込み、成長要素を組み合わせましょう。

まとめ

- バイラルループには、純粋な口コミ、内在的バイラル性、コラボレーション、コミュニケーション、インセンティブ、埋め込みといった種類が存在する。状況に応じてそれらを組み合わせることも、利用するループの種類を変更することもできる。しかし一般的にバイラルマーケティングを成功させるためには、これらのループを製品自体に組み込まれなければならない。

- バイラル係数は、既存ユーザ一人が獲得できる新規ユーザの数を表す。バイラル係数はユーザあたりの招待数に、招待の平均コンバージョン率を掛けて計算される。

- 1を超えるバイラル係数は指数関数的成長を示す。強力な成長効果を生み出す可能性を持つ、0.5を超えるバイラル係数を狙うべき。

- バイラルサイクル時間とは、バイラルループを一周するまでにかかる時間。より多くのユーザがバイラルループを早く完了させ、さらに成長するために、この時間を短縮すべきである。

- 成功するバイラル戦略は、継続的なテストと計測、新たな手法の試行を伴う数字と創造性のゲーム。小さな変更であっても、時間経過につれて大きな効果につながるため、どのようなテストであっても決して小さすぎることはな

い。

● 成功するバイラルループはシンプルな構成を持つ。

7章
PR

　PR（パブリック・リレーションズ）は、企業が公表するあらゆるメッセージを指します。本章ではその範囲を絞って、テレビ・ラジオ、新聞、雑誌などの伝統的メディア（インターネット専門メディアも含む）に報道されることを対象に話を進めます。パブリシティ・スタントやコンテストといった「規格外」PR（8章）、コンテンツマーケティング（13章）、ブログ広告（16章）などもすべてPRに関連するものですが、これらについては後の章で別途紹介します（これらも、本章で説明するPRを利用してその効果をより一層強めることができます）。

　このチャネルの入口には、テッククランチの記事やハフィントン・ポストの特集などでの掲載があります。まずこれらのメディアで取り上げられることで、見込客や投資家、パートナーからの見え方ががらっと変わり、次にワシントン・ポストやニューヨーク・タイムズなど、より大きな報道機関に取り上げられる可能性が発生します。大手報道機関による報道は、ものの数日でビジネスを大きく変える力を持っています。

メディアのしくみ

　スタートアップの創業者はたいてい、報道されるために行うべきことを理解していません。これを理解するための最初の一歩は、ネットメディアのしくみを理解することです。American Apparelの元マーケティングディレクターであり、ベストセラー『Trust Me, I'm Lying』の著者でもあるライアン・ホリデイにこれを紹介してもらいます（強調は著者）。

　　ニュースは根本的に変化しました。ニューヨーク・タイムズを考えてみてください。彼らがあなたについての記事の掲載するということは、つまり、**彼らはあなたに対**

して巨大な恩恵を与えているのです。彼らには、他にも星の数ほどの記事の題材が存在するのです。

紙面の広さには限りがあります。しかしブログは違います。**無限の数の記事を掲載でき、それら一つ一つがより多くのトラフィック（つまり、より多くのお金）を呼び込むチャンスなのです。**言い換えると、Business Insider[†1] があなたについて記事を書く場合は、**あなたが彼らに対して恩恵を与えている**のです。

　ほとんどのニュースサイトは主に広告で収入を得ているため、可能な限り多くのページビューを獲得したいのです。幅広い層にアピールする魅力的なニュースを持っている人からの連絡を常に待っています。サイトの訪問者を増やし、より大きな売上をあげられるからです。ハフィントン・ポストなどのニュースサイトが一日に数百もの記事を次々と掲載する理由はこれです。ページビューが増え、広告主により大きな額を請求できるようになるからです。

　トップメディア（CNN、ニューヨーク・タイムズ、The Today Show[†2] など）の運営方法にも変化がありました。現在では、広い視聴者・読者に提供できる魅力的なニュースを求めて小規模メディアを漁っています。ライアンによると、現状は次のようなものです。

> 巨大メディアを狙う場合は、控えめに始めたほうがよいでしょう。巨大メディアに対して直接のアプローチが最適解となることはほぼありません。正面からではなく、斜めからアプローチするのです。テッククランチが記事の着想を得るようなブログを見つけます。そのようなブログから認知される方がおそらく簡単です。そこに売り込みをかけると、最終的にニューヨーク・タイムズの網にひっかかり、メールがくるか、あなたを題材にした記事の掲載につながります。

　テレビに出たければ、もはや CNN に直接売り込む必要はありません。より簡単に記事を掲載してくれて、その記事が大手メディアにピックアップされるような小規模サイトに売り込みます。自分自身のエピソードを適切に語りさえすれば、自分の会社に関するバズを発生させ、より大きなメディアの注目を集めることができます。そして気がつくと「CNN で紹介されました！」と自社 Web サイトに記載できるようになるのです。つまり、従来のニュースやコンテンツはメディアチェーンを「下向き」

---

†1　訳注　ビジネス・テクノロジー関連を主に扱うニュースアグリゲータ。
†2　訳注　米 NBC の朝の情報番組。1950 年代から放送されている。

に流れていましたが、現在は「上向き」に流れるのです。ライアンはさらに次のように述べています。

> ブログは他のブログに対して巨大な影響力を持ちます。別のサイト［の編集者］が記事を読めば、少ししかトラフィックがないサイトに投稿した記事が、はるかに大規模な別サイトの記事に変化することもあります。ブログは最初のニュース発信者の座を競い、新聞はそれらのニュースの「裏取り」を競い、そしてお偉い学者先生方は競ってテレビで意見を述べます。小規模なサイトは、より大きなオーディエンスを持つサイトのためにそのニュース性を証明する役割を担っています。

テクノロジー系スタートアップはだいたいこのようなプロセスを経て露出されます。テッククランチやライフハッカーのようなニュースメディアは、Hacker News[†3] や Reddit などのより小規模なフォーラムからニュースを拾います。そして、ニューヨーク・タイムズはテッククランチなどからコンテンツを拾い、そのニュース記事に深みを与えます。

DonorsChoose.org のエピソードは現代のメディアチェーンを表す好例です。DonorsChoose は教師が教育関連のプロジェクト（科学用教室にデジタル顕微鏡を一台買う、など）のために寄付を募ることができるサイトです。9.11（米同時多発テロ事件）後、多くのニューヨークの教師たちがこのサイトを使って9.11関連プロジェクトのための寄付を募っていました。DonorsChoose.org はいくつかのローカルニュースメディアの取材を受け、それからほどなくしてニューズウィークの目に留まりました。

プロジェクトの資金を集めるために DonorsChoose プラットフォームを利用する教師たちを描いたニューズウィークの記事はそこそこの注目を集めましたが、そこそこ止まりでした。そこで次にやってきたのは Oprah[†4] でした。

Oprah スタッフがニューズウィークの記事を読み、DonorsChoose を 2010 年の Oprah お気に入りの一つに挙げることにしました。Oprah には全米の注目が集まりました。この影響は巨大で、ビル＆メリンダ・ゲイツ財団という巨大スポンサーを獲得でき、寄付額も飛躍的に上昇しました。

---

†3 　訳注　主にプログラマーや起業家をターゲットにしたニュースを扱うソーシャルニュースサイト。スタートアップ支援企業のYコンビネータによって運営されています。

†4 　訳注　1986 年から 2011 年まで放送された、オプラ・ウィンフリーの人気トークショー。

メディアへの売り込み

メディアは良質なニュースを探し求めていますが、メディアでの露出に至るまでにはまだまだ課題が存在します。他のあらゆる企業もメディアによるカバレッジを求めてさまよっているのです。元テッククランチ記者ジェイソン・キンケードは我々とのインタビューで、一日50件以上の売り込みがあったと語っています。

記者は何に注目するのでしょうか？　資金調達、新製品リリース、ユーザ数が大台を突破、「曲芸的な」PR、影響力のあるパートナーシップ締結、そして特別な業界レポートなど、節目となるニュースです。これらは注目や興味を集め、報道につながります。

ジェイソンは、小さなニュースをまとめて一つの大きな発表にすることを勧めています。ユーザ数の大台突破は素晴らしいことです。製品の新しいバージョンのリリースも注目に値するものです。しかし、新しいバージョンをリリースする過程でユーザ数が大台を突破したのであれば、より説得力の高いPRになります。

売り込み用テンプレート

次に挙げるメールは、iPad上でブログをより良く見せるアプリPadPressedの作者ジェイソン・バプティステが、アプリをリリースする直前[5]にテッククランチに送ったものです。メディアへの売り込み方の好例として取り上げます。このメールは簡潔で、ポイントを示し、連絡先を明記し、製品デモへのリンクを載せています。アプリを読者プレゼントとして提供できることに言及することで、さらに魅力的な売り込みに仕上げています。

> 件名：テッククランチ独占：PadPressedのリリース－ブログをiPadのネイティブアプリのように見せよう
>
> マイクさん、
>
> 明日の東部時間正午にPadPressedをリリースします。それまでの間、テッククランチは自由裁量によって完全独占記事を書くことができます。PadPressedは、どんなブログもネイティブiPadアプリのように見せ、動作させます。デバイスの回転に対応した自動段組み、スワイプによる記事移動などのタッチナビゲーション、

---

[5]　訳注　2010年夏。

ホームスクリーンアイコンなどに対応しています。我々はスムーズな操作のために、また既存のレイアウトでも動作させるために、とてもクールなアプリを作り上げました（iPad レイアウトは iPad でアクセスした時だけ有効になります）。オーケー、能書きはここで終わりにします。私のプレゼンテーションよりもはるかに面白い製品デモと機能概要のページをチェックしてみてください。

PS － テッククランチ読者にプレゼントを用意させていただければ光栄です。ご不明な点があれば、スカイプ、電話など、以下に挙げる連絡先にいつでもご連絡ください。

動画デモ：http://vimeo.com/13487300
デモサイト（iPad でアクセスしてください）：jasonlbaptiste.com
機能概要：http://padpressed.com/features

メール：j@jasonlbaptiste.com
電話：772.801.1058
Twitter：@jsonlbaptiste
Skype：jsonlbaptiste

－ jlb
772.801.1058

　どのような売り込みにも改善の余地は存在します。このメールを改善するためにジェイソン・キンケードが挙げたポイントは次のようなものです。まず、このメールは「テキストの塊」という印象を与えます。一日数百通のメールを受信する忙しい記者は、こういうメールにうんざりしています。また、製品リリースの日付が曖昧です。**簡潔で、明確**にします。
　メディアに売り込む際、その話が説得力を持つような視点や立ち位置を提案する責任は自分にあります。「X や Y を実行してユーザベースを Z 倍に成長させた方法」などの話を作り上げて、それをうまくプレゼンテーションできれば成功率はかなり上がります。
　適切な視点は読み手の感情に響きます。感情を引き起こせる面白さがないということは、売り込みに値する話を持っていないということです。しかも、読者自身の感情だけではなく、その話を他の人と共有したいと思うだけの感情を引き起こさなければならないのです。ライアン・ホリデイは「満足は、バイラル的ではない感情だ」と述

べています。読者にはただ満足感を感じてもらうだけではなく、読んだ後に何かを実行してほしいのです。

例えば、ライアンは以前、米国の金融業界の暴露本を書いたクライアントと仕事をしていました。高頻度株式取引の技術的な詳細と、その取引が経済に与えるインパクトについて書かれている本でした。しかし、ライアンと著者はその本を売り込む時、株式市場における不正操作をその話の中心に据えました。

この売り込みによって、通常の株式取引に関する書籍よりもはるかに多くの取材を受けました。話の位置付けを記者に任せるよりも、記者が本について記事を書く時の手がかりとなる「取っ手」をつけておいたのです。この取っ手は株式市場が根本的に出来レースであるという事実を知った読者の間で反響を呼び、一大議論を巻き起こしました。

話の位置づけを決めたら、ライアンが提供してくれたメールテンプレートを参考にしてみてください。彼はこのメールで記者への売り込みを成功させました。

件名：記事掲載依頼の件

［記者の名前］様

いつもお世話になっております。

以前、［大量のトラフィックを生み出した、類似したトピック］に関して書かれた記事が大変印象に残っており、今回依頼したい件がありご連絡差し上げました。以下の件は当初は弊社の宣伝担当に任せる予定でしたが、あなたの素晴らしい記事を拝見し、ぜひ独占記事を書いていただきたいと思いました。［我々は広告せずに2ヶ月で 25,000 人の有料顧客を獲得しました／著書は巨大な XYZ スキャンダルの内幕を暴きます／など］。この仕事は、これまで完全に秘密裏に進められています。つまり、あなたがこれを初めて公開することになります。また、必要であれば、詳細をまとめて書面にてご提供できます。ご興味ございますでしょうか？

ご興味をお持ちであれば、［媒体の記事の平均的な文字数］でドラフトを送付いたします。他の方法をご希望であれば、その旨をお知らせください。もし本件がご移行に沿わない場合は、お断りいただいても構いません。最後までお読みいただきありがとうございました。

今後とも、何卒よろしくお願いいたします。

［あなたの名前］

PR 戦略

比較的小規模なブログに記事が掲載されることで、より規模が大きく影響力のあるメディアに対して売り込みができるポジションを獲得できます。それにはまず、**業界に影響力を持つ人の動向を追って、その人たちがリンクを拡散しているブログにコンタクトを取ります**。そのようなブログは大手メディアまで登り詰めるようなニュースの出発点である可能性が高いのです。

売り込みをかける相手は、その先の目標に合わせて選びます。例えば、出資者が必要な場合や、ターゲットユーザがスタートアップ / テック系であれば、売り込み先にはテッククランチや re/code [6] が適しています。それ以外の業界であれば、ターゲットユーザが頻繁に訪問するようなブログやニュースサイトに売り込みをかけます。

小さく始める

前にも述べたように、PR は小さく始めることが最も大切です。最初の一歩として、記者が記事に使う情報ソースを募集する Help A Reporter Out [7] のようなサービスを利用できます。このサービス経由では自分は記事の情報ソースになるだけで、主役になることはありません。しかし、情報ソースとして記事に名前が載り、信頼を得ることができます。また、情報を提供した出版物のロゴを情報提供先の実績としてあなたのサイトやオフィスに飾っておくこともできます。

他には、業界の関連ニュースの解説を記者に提供するという方法もあります。スタートアップ創業者として数多くある仕事のうちの一つは、常に市場トレンドの最先端にいることです。市場の動向を把握していれば、見識のあるニュースについての分析やアドバイスもでき、自分が業界の情報ソースとして活用できることをアピールします。

---

[6]　訳注　Wall Street Journal のデジタル系記事「All Things D」の名物担当記者ウォルト・モスバーグとカーラ・スウィッシャーが中心となって立ち上げたメディア。

[7]　訳注　専門家や経験者からの情報を簡単に集められるようにする報道関係者向けサービス。

ツイッターで記者に直接コンタクトを取ることもできます。ほとんどすべての記者はツイッターアカウントを持っていますが、記者のフォロワー数は比較的少ないことに驚くことでしょう。しかしこれは、あなたにとってのアドバンテージになります。あなたのリプライツイートが相手のタイムラインで目立つ可能性が高くなるのです。また、ツイッターで接触を続けていれば、後に正式なコンタクトを取ろうとする際にも有利です。DuckDuckGo はこれで 2011 年の Time Magazine トップ 50 サイトに選ばれました[8]。

増幅する

話題性のあるネタが完成し、より大きなオーディエンスに拡散できる段階になれば、できるかぎりの注目を集めたいと思うことでしょう。次にその方法をいくつか挙げておきます。

- 多くの読者を持つコミュニティサイト（Digg、Reddit、Hacker News など）に投稿する。
- SNS で共有し、認知を促進する。ソーシャル広告でさらなる増幅が可能（10 章参照）。
- 業界で影響力を持つ人に記事をメールで送り、コメントを求める。送ったうちの何人かは、彼ら自身のオーディエンスに共有してくれる。
- 業界のブログに連絡し、話題になっている記事があることを伝える。喜んでその記事を書くライターが出てくる。

記事が人気を集めたら、なるべく長い間ひっぱります。記事について言及したブログにメールし、オリジナル記事の続編としてインタビューの機会を提案します（同時に、記事に言及していないブログにもコンタクトを取ります）。「我々はそれをこのように実行した」などの追跡インタビューがよく行われます。

資金調達

PR はトラフィックを活発にしますが、同時に資金調達にも大きな影響を与えます。

---

[8] 訳注 http://content.time.com/time/specials/packages/article/0,28804,2087815_2088176_2088178,00.html

ライアン・ホリデイは我々とのインタビューで次のように述べています。

> PRは初期段階にあるスタートアップに大きなインパクトを与えます。（中略）資金調達はもちろんとても重要です。しかし、資金調達とは根本的にギャンブルなのです。「成功するかしないかわからない、まだ結果を出していない人が立ち上げるビジネスのために私の財布から200万ドルを出す価値があり、それが成功しても、それ以上払ってでも買いたいというバイヤーを見つけて売り抜かねばならない」ものです。間違った方向に行ってしまう要素がとても多いのです。

> ギャンブルをする時、人は自分がギャンブルをしている自覚がありません（投資家も同様）。そして、決断を正当化する情報が必要です。自分は正しい選択を行っているはずだ、という社会的証明や前例、そして証拠が必要なのです。投資家は、あなたに投資したいか、したくないかという気持ちはすでに固まっていて、ただそれが正しい決断であるかの確信を持ちたいだけなのです。報道されるということは、その正しさの証明となるものであり、崖っぷちで最後に背中を押すための最も効果的なものの一つです。

元テッククランチのジェイソン・キンケードも、我々とのインタビューで社会的証明としての報道の役割を語っています。

> 資金を調達していない企業の記事より、調達した企業に関する記事を目にする機会がはるかに多い理由は、記者が資金調達について特別な関心を持っているからではありません。ただ、おもしろい記事を書けそうな企業をより簡単に選びだせるからです。

PR エージェンシー

スタートアップが成長すると、PRエージェンシーやコンサルタントを雇うことを検討する機会も巡ってきます。このチャネルにリソースを集中することを選択した場合は、そうなる可能性が特に高くなります。

よいPRエージェンシーは、報道機関との関係において、次のような点で力を発揮してくれます。

- 報道機関に対する最も良いポジショニングを導き出す。
- メッセージに統一性を持たせる。

- プレスとの接触機会を設けるためにとにかく走り回る（特に大規模なメディアツアー[†9] やイベント）。

- テレビやラジオなど、難易度の高いメディアに入り込み、記者やプロデューサーとの関係性を構築する

しかし、PR へリソースの投入を決定する前には十分に注意してください。我々と付き合いのある（印刷媒体の）記者の多くは、PR エージェンシーからの売り込みはほぼすべて無視し、創業者から直接の話は聞く、と述べています。そして PR エージェンシーを使うと、相応のコストも発生します。このチャネルのテストを行う場合は自分自身で実行したほうが早く安く済ませられます。

終わりに

メディアの注目を得ることは、製品をリリースすることに似ています。自分の手で魅力的な話を創り、注目を集めるようにお膳立てしなければなりません。PR が本当にうまくいくと、今日は全く無名でも、明日には市場リーダーとして認知されているでしょう。

まとめ

- 記事はメディアチェーンで「上向きにフィルタ」されることが多い。巨大ニュースメディアは有名ブログから記事の着想を得て、有名ブログは規模の小さいブログやフォーラムなどからそれを得る。つまり、適切な小規模ブログをターゲットとしそこで話題になることで、大手メディアに拾われる可能性が上がる。

- 所属する業界に関する記事を書く記者をみつけて、彼らとのリアルな関係性を築く（彼らが書くものを読み、コメントし、業界情報を提供し、ツイッターでフォローする、など）。

[†9] 訳注　複数のメディア関係者を招待して、自社施設や新製品などを時間をかけて紹介するツアー。ツアー参加記者は記事を書くことが期待されるが、強制的に書かされることは少ない。主催者側は比較的低コストで複数メディアに露出の可能性を得ることができる。

8章
規格外 PR

　ヴァージン・グループの宇宙旅行事業立ち上げの発表の席で、グループ会長のリチャード・ブランソンが宇宙服を着ていたことを覚えていますか？　オールドスパイス男が、ツイートしてくれた人たちに YouTube 動画で返信したことは[†1]？　仕事中一休みしたいと思っている人に Uber がカップケーキと子猫を配達したことは[†2]？これらのように「スタント」を駆使した PR はただ楽しいだけではなく、プレスの報道を誘い、バズを発生させる手法として認識されています。

　規格外 PR は、他のチャネルで直面する、競合との干渉という問題に悩まされることがありません。ほとんどすべての企業は従来型の PR を試行しますが、中にはスタントを駆使して注目を集めるような企業や、他の手法を使ってバズの発生を狙うような企業もあります。小規模ビジネス向けの便利な電話関連サービスを提供するGrasshopper.com と、定期購読や定期購入の請求管理システムを提供する Chargify.com を創業したデイビッド・ハウザーに、このチャネルの活動をシステム化した方法と、そのために二名のフルタイム担当者を雇った理由、そしてこのチャネルがスタートアップの成長に与えたインパクトについて聞きました。

二種類の規格外

　規格外 PR には二つの種類が存在します。一つ目は、一度はどこかで見たことがあるかもしれません。**パブリシティ・スタント**です。

　パブリシティ・スタントとは、メディアに取り上げられることを目的に設計された

---

†1　訳注　Old Spice は P&G の男性用石鹸やデオドラントのブランド。このプロモーションでは、一般応募から選ばれた 186 のツイート・YouTube コメントに対して個別に動画メッセージを返しました。結果 36 時間で 2,300 万ビューを集めた、伝説的なバイラル動画キャンペーンです。

†2　訳注　Uber はタクシー配車サービス。タクシーやドライバーを自前で持たず、オンラインでドライバーと乗客のマッチングを行います。2009 年にサンフランシスコでサービスを開始し、2014 年末時点で東京を含む全世界 200 都市でサービスを提供しています。配車システムを活用したプロモーションをよく行います。

ものや行為です。リチャード・ブランソンはヴァージン・グループが立ち上げるすべての事業についてメディアが取り上げるようにするため、発表記者会見をそれぞれ可能な限り奇妙なものに仕立てあげました（女装する、公道で戦車をドライブする、など）。リチャードは製品リリースを一大スペクタクルにすることにより、退屈になりがちな製品リリースを全国的なニュースに変貌させました。

二つ目は、**顧客への感謝**です。クッキーや手書きのカードを顧客に贈るなどの行動で顧客への感謝を表明し、信用を築き上げ口コミを増加させます。このような小さな行動は、顧客をエバンジェリスト[†3] に変え、有機的な成長を促します。そして強力なブランドを構築するために必要不可欠な要素である、独自のイメージや物語を築き上げます。

パブリシティ・スタント

パブリシティ・スタントを適切に利用すれば、無名のスタートアップがほんの一瞬で全国的な認知を得ることもできます。Half.com[†4] の例をみてみましょう。

Half.com のチームは、製品のリリースに際して全国的な注目を集めるために何か大きなことをしなければならない、と考え、数週間にわたって知名度を得るためのアイデアを出し続けました。そこで、実在の町の名前を付け直すという方法を思いつき、スタートアップによるもっとも有名なパブリシティ・スタントを成功させました。オレゴン州のハーフウェイという小さな町は、一年間だけ「Half.com」と呼ばれることになりました。

Half.com の創業者ジョシュ・コペルマンは The Today Show[†5] でハーフウェイ市の市長と共に Half.com の立ち上げを発表しました。伝統的メディアが好むあらゆる要素がこのプロジェクトに詰まっていました。独創性があり、高い将来性を持つスタートアップの立ち上げ、そして小さい町での雇用創出というストーリーです（実際、Half.com は相当な数の市民を雇用していました）。

このプロジェクトの後、Half.com はニューヨーク・タイムズ、PBS[†6]、ウォールス

[†3]　訳注　特定の企業や製品、サービスについて素晴らしさを熱烈に他人に伝えようとする既存ユーザのこと。24 章で詳しくとりあげます。

[†4]　訳注　アマゾンマーケットプレイスと似た形式の、買い手と売り手を仲介するショッピングサイト。1999 年に創業し、2000 年にイーベイに買収されました。

[†5]　訳注　米 NBC の朝の情報番組。1950 年代から放送されている。

[†6]　訳注　米国の非営利・公共放送サービスで、主に教育・教養関連番組を放送する。日本での NHK の存在に近い。

トリート・ジャーナルを始めとした多くのメディアに取り上げられました。メールとソーシャルメディアが一般的になる前の 1999 年のことです。このキャンペーンはオンライン共有ツールを一切使わずに 4,000 万以上のインプレッションを叩き出し、リリース直後から大量の顧客を運んできたのです。

　Web 決済のスタートアップ WePay も、ペイパルの開発者カンファレンスにおいて有名なスタントを成功させました。通常思いつきそうな方法でペイパルの顧客にアプローチするのではなく、ペイパルが主催するカンファレンスの会場入口にいきなり 300 キロの氷柱を置いたのです。

図 8-1　「ペイパルはあなたのアカウントを凍結します。あなたのお金を解凍しましょう。」

　その当時ペイパルは顧客のアカウントを凍結して利用できないようにすることがよくあり、批判されていました。WePay はこの氷柱を使って「凍結されたアカウント」に焦点を当てたメッセージを発信しました。それも、ペイパル自身が主催するカンファレンスで！　それまで無名だった WePay はこのスタントによって数千の登録ユーザを獲得し、ペイパルの主要な代替サービスとしての地位を獲得しました。

　検索エンジン DuckDuckGo は、プライバシーに関するメッセージを前面に押し出した広告をグーグル本社の地域の看板に掲げました。その広告が USA Today[†7]、

[†7]　訳注　ニューヨーク・タイムズやウォールストリート・ジャーナルと発行部数を競う、米国全土で販売されている新聞。1982 年創刊。

Wired を始めとした多くのメディアで記事となりました。この広告スタントによって、当時の顧客数が倍になりました。

バイラル動画

Blendtec はユタ州の南部に本社を持つ、ブレンダー[8] を製造販売している企業です。2007 年、彼らはブランド認知を向上させる必要があると認識していましたが、マーケティングにはあまり多くの予算が割り当てられていませんでした。そこで、低予算で動画広告を制作することにしました。そうして出来上がった動画シリーズ「Will It Blend?」には Blendtec の CEO が登場し、自社製品のブレンダーを使って熊手やゴルフボール、そして iPhone といったアイテムを次々と粉砕しました。

YouTube にアップされた動画は、公開と同時に大量のアクセスを集めました。iPhone を「ブレンド」した動画は当時 800 万ビューを超え、この何の変哲もないブレンダー製造会社の動画が、シリーズ全体で YouTube 再生回数ランキングのベスト 100 に入りました。

髭剃りの定期配送サービスを提供するスタートアップ Dollar Shave Club も、「Our Blades are F**king Great」というタイトルの動画によって同じくらいの注目を集めました。YouTube で数百万の再生回数を達成し、サービス開始から二日で獲得した 12,000 人以上の新規顧客のほとんどはこのチャネルからでした。この動画はフェイスブックで 31,000 回以上の再生、9,500 以上のコメント、12,000 以上の「いいね！」を獲得し、16,000 回以上ツイートされました。

Dollar Shave Club は、他の面でもこの動画による恩恵を受けました。本書の執筆時にはまだ新規参入したばかりの企業でしたが、「shave」というビッグワードでグーグル検索すると 3 位に登場しました。この驚異の検索ランキングは、1,500 以上の動画にリンクを張ったサイトが大きな要因となっています。動画はフォーブス[9] やウォールストリート・ジャーナル、そして Wired にも取り上げられました。

顧客への感謝

もう一つの規格外 PR は、顧客への感謝をアピールすることです。この種類の PR はパブリシティ・スタントよりも継続的に、そしてより計画的に行われます。「顧客

---

[8] 訳注　粉砕・撹拌を行う調理器具。日本では「ミキサー」という呼称になじみがある方が多いかもしれません。最近は日本でもブレンダーと呼ぶようです。

[9] 訳注　ファイナンスや投資、マーケティングを専門とする有名ビジネス誌。

にとって『魅力的な存在』であれ」という言葉の実践です。

プレゼントを贈る

　RedditとHipmunkを創業したアレクシス・オハニアンが、顧客が彼の会社と恋に落ちるようにする方法を話してくれました。アレクシスが旅行予約サイトHipmunkを立ち上げた際、サイトをツイッターで紹介してくれた最初の数百人に、スーツケースにつけるネームタグと手書きのカードを贈りました。

図8-2　Hipmunkのネームタグ「chipmunk」

　この機能的でかわいい旅行のお供、chipmunkタグを手に入れた顧客は感激し、大量のツイートが発生し、写真が共有されました。Hipmunkは顧客への感謝のしるしとして、その後も様々なノベルティ（Tシャツ、ステッカー、手書きのカード）を贈っています。

　アレクシスはRedditでも同様のことを行いました。サービス開始から間もない頃は、Redditのキャラクター「Redditエイリアン」がプリントされたTシャツを配りました。そしてユーザには、サイトの利用に感謝するメールを個人的に送るなど、ユーザがコミュニティの一部であることに対して感謝の気持ちを伝えるために、彼自身ができることをすべて行いました。

　デイビッド・ハウザーもGrasshopper.comで似たようなアプローチを取りました。彼は過去数年にわたり、顧客に感謝の意を込めてSkittles[†10]、ホームメイドのクッ

---

†10　訳注　M&M'sのように色鮮やかな粒で、食感はグミのような、かわいいお菓子。

キー、スターバックスのギフトカード、書籍、手書きのカードなどをプレゼントしています。この施策はとても喜ばれていて、Grasshopper はこの業務に二人の専任担当者を置きました。

コンテストの開催

コンテストの開催は、大きな予算やパブリシティ・スタントを伴わずに口コミを発生させるための手法です。人気の高い e コマースプラットフォームの Shopify.com は毎年開催する「BUILD A BUSINESS（ビジネスを作ろう）」コンテスト（とその6桁ドルの賞金額）で有名です。2012 年のコンテストでは 1,900 の新規顧客と、350万ドル以上の売り上げを記録しました。

Dropbox も似たような「Dropquest」コンテストを毎年開催しています。頭を使うオンライン借り物競争です。成功したユーザは表彰され、賞品と生涯無料の Dropbox ライセンスをプレゼントされます。コンテスト第一回は 50 万人の参加者を集めました。

Hipmunk も、「Hipmunk 以上に母親を愛する理由」をユーザに話してもらう、「Mother's Day Giveaway（母の日プレゼントコンテスト）」イベントを開催しました。ツイッターで投稿を受け付けて、多数の投稿の中から抽選を勝ち残ったラッキーなユーザの母親に花やチョコレートを贈りました。たった 500 ドルの予算で大きな注目を集め、フォロワーを増やし、既存顧客（やその母親たち）を生涯の顧客に変えました。Hipmunk はこのチャネルを継続して利用し、その後も父の日キャンペーンや、感謝祭で帰郷する人に向けたキャンペーンなどを開催しました。

さらに、イラストレーターを雇い、顧客のフェイスブックプロフィールや興味に応じて「chipmunk 風」フェイスブックプロフィール用イラストを描き上げるプロモーションも行いました。このユニークなプロモーションは一時間も経たないうちに 500以上のリクエストを受け、Mashable などの人気ブログで取り上げられました。ユーザは楽しいイラストを描いてもらうことができ、Hipmunk はユーザとのつながりの強化に成功しました（フェイスブックページの「いいね！」も 350% 以上増加しました）。

カスタマーサポート

「ただユーザを幸せにしたい」と願い努力するカスタマーサポートに出会ったユー

ザは、その素晴らしさはもちろん、製品に関するニュースも広めてくれます。しか
し、あなたの周りでそのような話を聞いたことありますか？　良質なカスタマーサ
ポートは、そのくらい稀なものなのです。

　素晴らしいカスタマーサービスを提供する企業として最もよく知られているのは
Zappos[11] です。Zappos はマーケティングに予算を投入する代わりに、特にサポー
トチームを介して、最高の顧客体験の提供に集中しました。実際、Zappos はカスタ
マーサービスへの投資をマーケティング投資として捉えていて、貧弱なカスタマー
サービスにつながる指標は追いません。例えば、平均電話対応時間は通常は短い方が
よいとされることが多い指標ですが、Zappos ではこの時間が長くても否定的に捉え
ることはありません。サポートチームが素晴らしい仕事をするために必要な時間を
使った結果かもしれないからです。

　Zappos のカスタマーサポート担当者はその持てる力をすべて使って、返品対応、
ピザの注文、トレーニングウェアと揚げ物器の交換（実際に発生しました）などを行
い、顧客を助けます。無料翌日発送や無料返品などのポリシーとともに、顧客の幸せ
に集中するという、普通の大手企業ではほとんど見ることがない姿勢によって、顧客
たちの間で有名になりました。

　TropicalMBA.com の創業者ダン・アンドリューズは、顧客との関わりは、その全
てが極めて重要であると述べています。カスタマーサポートは顧客に好意的な印象を
あたえる機会が繰り返し発生するため、その価値は高いと考えています。

> それはブランドの 4 つ目の次元であり、最も重要な部分です。これまで、ブランド
> はテレビ広告や看板、フットボール場の広告によって形成されていました。現在で
> はそれが Web 上でも起こっています。クールなロゴや上手いポジショニングだけ
> では十分ではなくなってきています。一貫してポジティブかつ信頼できる形で市場
> に存在することが重要です。

コストとインパクト

　規格外 PR の施策はとんでもない ROI（投資収益率）を叩き出す可能性がありま
す。ジョシュ・コペルマンは Half.com において二人の専任担当者と 7 万ドルを使
い、数百の記事を送り出し、4,000 万を超えるインプレッションを獲得しました。

---

[11]　訳注　靴のショッピングサイトとして 1999 年に創業し、現在はアパレル関連商品を幅広く揃えるサイト。
　　　2009 年にアマゾンに買収された。

Dollar Shave Club は 5,000 ドルの短い動画で 12,000 人以上の顧客を獲得しました。Hipmunk は 500 ドルの予算で開催した chipmunk イラストコンテストから何千もの「いいね！」を獲得しました。Blendtec は「Will It Blend?」シリーズの動画を開始してから売り上げを 500% 以上伸ばしました。

　デイビッド・ハウザーはこれらの様々なパブリシティ・スタントが実際にどの程度の価値があるものなのかを語ってくれました。彼は 2009 年、提供しているサービスの名称を Grasshopper.com に変更しました。その際、ただ通常のプレスリリースを発行するのではなく、影響力を持つ 5,000 人にチョコレートコーティングされたバッタ（grasshopper）を贈りました[†12]。また、起業家たちが世界をどのように変えることができるかについて短い動画を制作し、各パッケージにはそのリンクを入れておきました。

　キャンペーンが始まると、Fox News などの主要ニュースメディアに取材され、ガイ・カワサキ[†13] やケビン・ローズ[†14] など、合計すると 100 万以上のツイッターフォロワーを持つ起業家たちにツイートされました。たった 65,000 ドルで Grasshopper は起業家たち（ターゲット顧客）に知られる存在になりました。制作した YouTube 動画は 20 万回以上再生され、150 以上のブログに取り上げられ、ツイッターやフェイスブックからのサイトへの流入数が 3,000% 以上に膨れ上がりました。

　この「Grasshopper 5000 キャンペーン」は行き当たりばったりで思いついたものではなく、シャワー中に偶然ひらめいたものでもありません。Grasshopper が社名変更を検討していた時、デイビッドはメディアから注目を集める手段をチームと共に考えていたのです。

　デイビッドは手紙に何かモノを添えて贈りたいと考えていました。ただメールを送るよりも記憶に残るからです。また、Grasshopper を「ただの電話関連サービス」ではなく、「起業家をサポートするサービス」という、より大きなイメージと結びつけたいと考えていました。これら二つを念頭に置いて、バッタ（本物）を贈るというアイデアをチームで考えついたのです！

---

†12　訳注　その実際の様子と結果の数字は Grasshopper.com の Web サイトに掲載されています。 http://grasshopper.com/5000/ 本物のバッタをチョココーティングしています。

†13　訳注　アップルの「エバンジェリスト」としての活動が有名。「エバンジェリズム・マーケティング」を最初に世に広めたマーケターであると言われています。特定の企業や製品、サービスについて、その素晴らしさを熱烈に周囲に伝えようとするエバンジェリストについては 24 章で詳しく取り上げます。

†14　訳注　ソーシャルニュースとして生まれ、後にニュースアグリゲータサイトに変身を遂げた Digg などの創業者。

しかし、実物のバッタを見て、その強烈な「昆虫感」にショックを受けたチーム
は、印象を柔らかくするため（そして美味しくするため）チョコレートでコーティン
グすることにして、動画へのリンクを記載したカードに添えました。

　Grasshopper チームはここで二つの面白い仕掛けを行いました。一つ目は、メ
ディアが取材に来るようにするために、その当時の流行を利用したことです。この
頃、起業に対する社会的・政治的なサポートがちょうど注目を集め始めていました。
Grasshopper はこのトレンドを有効活用しました。Grasshopper を企業家精神と結
びつける動画を作成することで、「世界を変えようとする起業家たちと共に立つス
タートアップフレンドリーな企業」であると自らを位置づけたのです。これをチョコ
レートコーティングされたバッタと合わせることで、Fox や CBS での報道や何百も
のユーザによる動画による強力なブランド認知につなげました。

　このキャンペーンの成功後、Grasshopper ブランドの周囲にまだ漂っていた興
奮冷めやらぬ空気を使わない手はないと考えました。当時すでにバイラル動画を
YouTube にアップしていましたが、どんどん増加する閲覧回数を見ながら、実はス
タートアップ向けの動画が不足していたことに気が付きました。そこでもう一つのパ
ブリシティ・スタント、「The New Dork」を公開し、その活用に成功しました。ジェ
イ・Z とアリシア・キーズの楽曲「Empire State of Mind」のパロディ楽曲を制作し、
「The New Dork - Entrepreneur State of Mind」を YouTube で公開しました。

　このパロディ動画は 100 万ビューを達成し、アシュトン・カッチャー、Mashable、
テッククランチで取り上げられました。実は、Grasshopper チームはパロディ歌詞
に、人気の高いこれらのメディアを意図的に入れたのです[15]。動画が公開されると、
歌詞に登場したメディアにお知らせを送りました。このアプローチは Grasshopper
のメディアでの露出を増やすと共に、動画に登場しているメディアや個人がそのクー
ルな動画を紹介する理由を与えました。

　デイビッドが立ち上げたもう 1 つのスタートアップ Chargify は、2010 年の
SxSW[16] でパブリシティ・スタントに成功しました。SxSW に 1 ～ 1.5 万ドルのスポ
ンサー料を支払う代わりに、カンファレンス会場の周りに巨大な緑色の牛を走り回ら
せました。

---

[15]　訳注　歌詞は次のページを参照。http://grasshopper.com/resources/videos/the-new-dork-entrepreneur-
state-of-mind/
[16]　訳注　音楽・映画・インタラクティブメディアなどが一堂に会す、毎年開催のイベント。「South by
Southwest」と読む。

図 8-3　SxSW に登場した Grasshopper.com の緑色の牛

　スタントマンを 3,000 ドルで雇い、Chargify のマスコットキャラクターである緑色の牛の着ぐるみを着せて、イベント参加者に Chargify の名前を刷り込みました。

　このカンファレンスまで、Chargify は実質的に無名でした。カンファレンス会場で緑色の牛が参加者にハイタッチをして、バック転を披露し、コルベットを運転して、会場から追い出され、そしてカンファレンスが終わると、Chargify チームは数百の新規顧客を獲得し、ブランド認知は劇的に向上していました。

　もちろん、デイビッドのチームも失敗を経験しています。「March Madness」というプロモーションは見事に失敗し、その他にもチケットプレゼントや踊るバッタの動画など、数多くの失敗作が存在します。

　失敗があっても、このチャネルには価値がありました。デイビッドは、マーケティング予算の大半はスタントや、バズを発生させるための奇抜な何かに使われると述べました。

　また、デイビッドは顧客への感謝もしています。例えば、折にふれて顧客企業を報道機関に紹介しています。メディアからの連絡がある時、そのチャンスを Grasshopper 自身の製品プロモーションに使わずに、その顧客をメディアに紹介します。

　その顧客が小規模な企業であれば、この行為によって、その企業の顧客のロイヤリティや口コミに与えるインパクトの大きさを想像できるでしょう。普通は、電話サービス（Grasshopper は電話サービスを提供しています）を購入すると、おまけとして報道機関に自らを売り込んでくれることを期待する人はいません。だからこそ効果的なのです。

　またデイビッドは地方に出張する際、必ず顧客とディナーを共にします。Chargify

がオースティン（テキサス州）に出張する際にはオースティンの顧客にメールを送り、ディナーに招待します。改善点を直接聞き、顧客をデータベースの単なるデータとして捉えるのではなく、顧客とのリアルな関係性を構築する、最高の交流方法なのです。

まとめ

- パブリシティ・スタントとは、大量の報道を生み出すための行為。常に成功させることは難しいが、そのうち一つでも成功すると目に見える違いを生むことができる。

- パブリシティ・スタントを成功させるには、並外れてクリエイティブであることが求められる。バイラル動画などが繰り返し成功している例もある。

- 顧客への感謝は「顧客にとって『魅力的な存在』であれ」という考え方の実践。この領域で卓越すると、パブリシティ・スタントより継続的なトラクション獲得が可能。

- 顧客への感謝を示す一般的な方法はプレゼントやコンテストの開催、そして素晴らしいカスタマーサポート。

- このチャネルでの成功は予測不可能。ブレインストーミングや実行するアイデアの選択に、しっかりと定義されたプロセスを持つべきである。ただし、すべてのアイデアがうまくいくわけではないという現実も理解しておくべきでもある。

9章
SEM

　SEM（Search Engine Marketing/ 検索エンジンマーケティング）とは、グーグルなどの検索エンジンの検索結果ページに広告を出すことを指します。例えばグーグルの広告プラットフォーム「アドワーズ」では、一日1億ドルの広告費が使われています。

　ところで、このSEMという言葉には、12章で説明するSEO（Search Engine Optimization/ 検索エンジン最適化）を含むこともあります。SEOは検索結果に表示されるランキングを改善するプロセスのことで、有料で行う広告の掲載は含みません。本章では狭義のSEM、つまり有料検索広告のみを対象とします。

　有料検索広告（Pay-Per-Click、検索連動型広告、リスティング広告とも呼ばれます）を出す、ということは、キーワード検索結果に表示される広告を購入することです。例えば「革靴」というキーワードを検索する場合、靴を売る企業は、キーワード検索結果の横や上部に設けられた広告表示枠に対して入札を行います。広告を掲載した企業は、表示された広告がクリックされた場合だけその料金を支払うため、Pay-Per-Clickと呼ばれます。

　SEMは、ターゲット顧客に製品を直接販売したい企業において特に効果を発揮します。問題に対して積極的にソリューションを探す人を掴むことができます。検索エンジンはとても巨大なので、このチャネルは製品開発のどの段階においても有効です。

SEM 技術

　SEMの詳細について説明する前に、知っておくべき検索広告に関する用語を挙げておきます。

- クリックスルー率（CTR/Click-Through Rate）：インプレッション[1] に対するクリック数の割合。例えば、100 人が広告を見て 3 人がその広告をクリックしたら、そのクリックスルー率は 3%（3/100）。

- CPC（Cost Per Click）：広告クリック 1 回あたりの広告料。見込客をサイトに連れてくるために支払える最高額。

- CPA（Cost Per Acquisition）：顧客を一人獲得するためのコスト。

例えば、1 ドルでクリックを購入し、広告をクリックしたユーザの 10% が商品を購入するとします。この場合の CPA は 10 ドルです。

$$\text{CPA} = \frac{\$1}{10\%} = \$10$$

つまり、顧客 1 人を獲得するために 10 ドルかかっているということです。この数式内の 10% は、あなたが望む行動を行うように顧客を「転換（convert）」する確率で、「コンバージョン率」と呼ばれるものです（この場合の「望む行動」は商品の購入です）。

検索連動型広告の場合、CPA は以下のように計算できます。

$$\text{CPA} = \frac{\text{CPC}}{\text{コンバージョン率}}$$

ケーススタディ：Inflection

我々は、家系情報を提供するサービス Archives.com を運営する Inflection の共同創業者兼 CEO のマシュー・モナハンにインタビューを行いました（Inflection は Ancestry.com に 1 億ドルで買収されました）。Inflection では、一ヶ月あたり数千万円を SEM に使っていた時期がありました。

Inflection が持つコア技術は、巨大な公的情報の収集と管理です。SEM は顧客からのフィードバックが早く得られ、様々な機能やメッセージを試すことができるた

---

†1　訳注　広告の表示回数。

め、最初のテスト対象チャネルに選びました。これについて、マシューは次のように
述べています。

> 私が言っておきたいことは、制御および予測可能な手段で初期の顧客データを得る
> 方法として SEM を利用できるということです。利益をあげる見込みがなくても、
> 5,000 ドル（または 1,000 ドルや 500 ドル）を広告キャンペーンに使って、初期の
> 顧客やユーザを獲得しようとすることもできます。ランディングページのコンバー
> ジョン率、メールがどの程度効果的なのかなど、基礎［的な指標］についてとても
> 多くの重要なことを教えてくれます。（中略）もし商品を売るのであれば、顧客 1
> 人あたりの平均獲得コストや顧客生涯価値[†2]がどの程度かも教えてくれます。これ
> らの基礎的指標は次に進むための戦略を編み出し、何に取り組むべきかを決定する
> 際の重要な情報です。

　Archives.com は、製品開発に多額の資金を投入する前に、アドワーズを使ってラ
ンディングページにトラフィックを送り込みました。各ランディングページは製品が
取りうる方向性についてのテストを行うように設計しています。例えば、「国勢調査
データへアクセス」と「あなたの家系にアクセス」という異なる製品アプローチへの
顧客の反応をテストする、といった具合です。それぞれの広告の CTR と広告に対応
するランディングページのコンバージョンを計測することで、見込みユーザが最も良
い反応を示した機能と、これらのユーザが実際に何にお金を払うつもりがあるのかを
見極めました。マシューはこの点についてさらに説明してくれました。

> 我々は可能な限り低コストで可能な限り多くのことを学びたいと考えていました。
> そのため、複数のキーワードセグメントや複数のコンセプトをテストしました。テ
> ストを計画していた初期のコンセプトには「家系を辿って可能な限り多数の先祖を
> 見つけ出す」というものがありました。自分自身にも問いを投げかけました。「我々
> は、何百人もの先祖を見つけられる製品を作りたいのか、それとも例えば 1200 年
> 代まで家系図を遡ることができる製品を作りたいのか。もしくは、セレブや歴史上
> の人物との血縁関係を探りたいと思う人が多いため、そのような家系図や系統を狙
> うべきなのか？」という問いです。

> 我々自身にはその答えがわかりませんでした。そこで、多額の資金を使ってこれら

[†2]　訳注　顧客生涯価値（LTV、Life-Time Value）とは、ある一人の顧客が生涯にわたって企業にもたらす価
　　　値（利益）の合計。

のソリューションを実際に構築するのではなく、シンプルな広告コピーとランディングページでテストを始めました。「たくさんの先祖を見つけ出そう」や「可能な限り昔まで家系図を遡ろう」、そして「セレブと血縁関係にあるかを調べてみよう」などの見出しをシンプルにテストすると、異なるクリックスルー率が計測されることは容易に予測できます。そしてこれを万単位、十万単位のインプレッションでテストすると、何が望まれているのか、統計的に有意なデータをすぐに弾き出せます。

マシューのアプローチは、トラクション獲得と製品開発を並行して進めることによる利点をよく表しています。このような小さなテストを行うことで、顧客を獲得しながら製品を改善できるのです。

そして、顧客が望む製品の明確な形を把握できました。最終的に製品を構築する際、ユーザがほしいと思っているだろうと開発者が考えるものではなく、ユーザが欲しているということを**あらかじめ把握している**ものを構築したのです。マーケティング活動に本腰を入れる時には、その製品が顧客に受け入れられることをすでに知っているのです。

1章で述べたように、リーンのような優れた製品開発メソッドもこのような活動を支えますが、その効果は限定されます。しかし、先ほどのような例においてはトラクション獲得活動によってもう少し深く掘り下げることができました。先ほど紹介したようなテストの実施によって、Inflectionは世の中の人が様々な種類の家系データを望んでいることを知っていました。どの系統のデータが最もトラクションを獲得できるかを知るために、どのような顧客が製品にお金を払いそうか、そして顧客が反応した製品メッセージをSEMを使って調査しました。さらに、トラクション獲得と製品開発を並行させることで、より早い段階でのトラクション獲得が実現しました。Inflectionが単にリーンを実行していたならば、製品開発中に市場からのリアルなフィードバックが届いた時点で方向性が間違っていることに気づき、一度戻ってピボット（方針転換）をしなければならなかった可能性もありました。

また、テストによって新規顧客の獲得にかかるコストが概算できます。製品の価格が10ドルであるのもかかわらず、SEMによって顧客を一人獲得するために40ドルかかるのであれば、トラクションチャネルとしては使えないでしょう。Archives.comの検索連動型広告キャンペーンでは、ほんの数週間ほどで顧客一人あたりの売り上げがCPAとほぼ同額まで上昇しました。

ランディングページや登録フローの最適化を行っていない時点でとてもポジティブ

な結果が出たため、Archives.com にとって SEM は適したチャネルであると結論づけられました。そして実際にその通りでした。Archives.com のビジネスは基本的に検索連動型広告によって支えられています。このチャネルを通じた顧客獲得のために専任の従業員を数名配置し、月間 10 万ドル以上の予算を割り当てています。

SEM を始める

　基本的な SEM プロセスでは、ポテンシャルの高いキーワードを見つけてリスト化し、グループ分けを行い、それぞれのグループで様々な広告コピーやランディングページをテストします。データが入ってくるにつれて、期待通りのパフォーマンスを発揮していない広告やランディングページは取り除き、良いものにはわずかな変更を加えて、繰り返し改善を行います。

　グーグルが検索エンジンのトラフィックの大半を占めているため、グーグルのアドワーズが SEM を行う上でのメインプラットフォームとなります。しかし、Bing Ads（Bing、米ヤフー、そして DuckDuckGo に広告を提供するプラットフォーム）も成長しています。ここではグーグルのプラットフォームを利用することを想定して話を進めますが、コンセプトはすべての SEM プラットフォームに当てはまります。

　SEM 戦略においてコアとなる最初のコンポーネントは**キーワード調査**です。グーグルのキーワードプランナー[3] を使って、自社製品のような何かをターゲット顧客が探す時に使うキーワードを発見できます。このツールにキーワードを入力すると、そのキーワード（とそれに似た言葉）の検索頻度を表示してくれます。KeywordSpy や SEMrush、SpyFu などのツールを使うと競合が使うキーワードを調査できます。

　ベースとなるキーワードと別のキーワードを組み合わせた「ロングテールキーワード（複合キーワード）」を生成し、強力なキーワードリストを作成します。例えば、「国勢調査 データ」を検索する人にリーチしたい場合、「1900 年」というワードを追加して「1990 年 国勢調査 データ」という、絞りこまれた検索キーワードを設定できます。「1990 年 フィラデルフィア 国勢調査 データ」など、さらにロングテールにもできます。ロングテールキーワードは競合が少なく検索ボリュームが小さいので、顧客グループに対して小規模なテストを行いたい場合にも向いています。

　SEM において、競争率の高いキーワードはクリックあたりのコストが高額になることも認識しておかなければいけません。つまり、利益をあげて、コンバージョン率

---

†3　訳注　https://adwords.google.co.jp/KeywordPlanner（アドワーズのアカウントが必要です）

を維持できるキーワードだけを選び抜くことになるでしょう。例えば、Archive.com
のマシューのチームは、最初に 10 万キーワードを用意しました。SEM キャンペー
ンを洗練させていくうちに、利益がでないキーワードを削り、良好なコンバージョン
率を示した 5 万程度のキーワードで最適化された、利益のあがるキャンペーンを展
開しました。

　ターゲットとするキーワードを用意したら、アドワーズで実際にテストを行いま
す。キャンペーンが即座に利益をあげると考えてはいけません。しかし、ほどなく
して（Inflection の場合は 1 〜 2 週間）損益分岐点に到達するようなキャンペーンを
展開できるのであれば、SEM はトラクション獲得のための優れたチャネルとなるで
しょう。

キャンペーンを実施する

　SEM の「キャンペーン」とは、例えば「靴の販売」といった一段高い場所にある
目標を実現するための広告をまとめたものです。最初に広告グループを作ります。例
えば、オンラインショップを経営しているのであれば、各商品カテゴリ（スニーカー、
ローファー、など）の広告グループを作成します。そして、各カテゴリの広告が表示
されるべきキーワードを選定します（例えば、スニーカーの広告グループには「ナイ
キ スニーカー」など）[4]。

　ターゲットとなる広告グループとキーワードを決定した後、最初の広告を作りま
す。原稿を書くときは、目に留まり、記憶に残り、キーワードと関連するものにすべ
きです。そして、少なくとも一回はキーワードそのものをどこかに入れるようにした
ほうがよいでしょう。そして、行動を促す文章（例えば、「注目のナイキスニーカー
を今すぐ激安オーダー！」）で締めくくります。

　広告を用意した後、Google アナリティクス向けの URL 生成ツール[5] を使って、
ランディングページへのリンク先となる URL を作成します。このツールで生成した
URL をリンクアドレスとして使うと、広告のクリック数だけではなく、どの広告が
コンバージョンに結びついているかを測定できます。

　マシューは、このチャネルを初めて使うのであれば、**最初は広告を 4 種類に絞っ
てテストを開始するべきである**と述べています。広告を 4 種類用意することで、様々

---

[4]　訳注　キャンペーンや広告グループなど、アドワーズアカウントの構成についての公式解説ページ（日本
　　　語）。https://support.google.com/adwords/answer/1704396?hl=ja
[5]　訳注　https://support.google.com/analytics/answer/1033867?hl=ja

なメッセージ、デモグラフィック属性、そしてランディングページのテストを行うことができ、さらに SEM 自体のパフォーマンスの基準値も設定できます。

このテストの結果、SEM チャネルに見込みがあると判断できるならば、収益性を高めるためにキャンペーンの最適化を続けます。キーワード、広告コピー、デモグラフィック属性のターゲット、ランディングページ、CPC など、テストすべき変数が多岐にわたるため、スケーラブルな SEM キャンペーンの構築には長い時間がかかります。しかしこの複雑さを克服できれば、他社には簡単に追いつけないアドバンテージになります。

SEM 戦略の全ての要素をテストし最適化すると、大きな利益を得るチャンスを見つられるかもしれません。マシューは次のように語ってくれました。

> ［SEM の改善を］実施している時にはジリジリとしか進まない職人技のようなものと感じられるかもしれませんが、実際にはビジネスの大きな改善を行っているのです。そのため、［SEM は］競争における巨大なアドバンテージであると思っています。例えば、キーワードコストが 15 セントで、一回のクリックで 13 セントの収益をあげる Web サイトを運営しているとします。これはやればやるほど損をするビジネスです。しかし改善して（中略）収益を 13 セントから 16 セントにできたら、いきなり持続可能なビジネスになります。この 16 を 20 にできれば、売り上げからマーケティング費用を引いて 25% もの利幅を得られます。

> 13 セントから 20 セントへの小さな改善は、数字の上では 50% の収益改善ですが、広告能力とビジネスの拡大の可能性にとっては完全なゲームチェンジャーです。そしてその 50% の改善は、そこに存在する様々な項目をすべて最適化することによって得られるものです。

ランディングページ上で A/B テストを実行するためには Optimizely や Visual Website Optimizer のようなツールを使えます。ここまでマシューが語ってくれた SEM へのアプローチは、市場競争が激化した現在の Inflection にもまだ適用できるものなのかを聞いてみました。

> キーワードリサーチ、新たな市場の発見、スプリットテスト、広告テスト、予算管理、損益分岐点に可能な限り近づこうとする努力、常に学ぶことなど、根底にあるコンセプトは（中略）現在でもまだまだ適用可能だと思っています。

これらは新たなキーワードセグメントを構築するときにも有効です。より激しい競争にさらされている場合でも、このアドバイスは変わりません。

広告の品質

アドワーズアカウント全体、そして各広告および広告グループは、それぞれの品質スコアを持っています[†6]。このスコアは広告に対する顧客の反応を計測し評価したものです。CTR や広告クリック後のサイト滞在時間など、多数の要素から計算されています。

高い品質スコアを獲得すると、その広告はより上位に配置され、より有利なクリック価格で購入できます。品質スコアは、グーグルにとって質の高い広告を掲載する広告主に対する報酬手段です。

クリックスルー率は、品質スコアに対して一番大きな影響力を持っています。キーワードに対して広告が妥当かどうかということが実際のクリックスルー率に対して大きく影響するため、広告の内容は可能な限り検索キーワードに合わせるべきです（例えば、アドワーズにはユーザの検索キーワードと一致したキーワードを動的に広告テキストに挿入できる「キーワード挿入機能」があります）。

他の書籍や Web サイトなどによると、アドワーズキャンペーンにおける平均 CTR は 2.0% であり、1.5% に満たない広告にグーグルは低い品質スコアを与えます。広告のパフォーマンスが低い場合は、テキストを書き換えて別の顧客でテストするか、完全に切り捨ててしまってください。Inflection は高い品質スコアの獲得を優先しました。高い品質スコアの確保は、SEM キャンペーンの効率的な運用体制が確立されていない競合企業に対する大きなアドバンテージです。

上級者の SEM

SEM キャンペーンを始めてある程度うまくいくようになれば、より上級者向けのツールや機能を試してみたいと思うかもしれません。そのうちのいくつかを紹介します。

ディスプレイネットワーク

キャンペーンを設定する際、広告掲載先としてグーグルの「検索ネットワーク」

[†6]　訳注　グーグルによる品質スコアの説明 https://support.google.com/adwords/answer/2454010?hl=ja

と、「ディスプレイネットワーク」を選択できます（両方も可能）。「検索ネットワーク」はグーグルや提携検索エンジンの検索結果を指し、「ディスプレイネットワーク」は広告掲載を行う検索エンジン以外の Web サイトを指します。まだ SEM に不慣れな段階や、チャネルをテストしている段階では、ディスプレイネットワークの概念はわかりにくいかもしれません。しかし、検索ネットワークでキャンペーンの収益性を確保できれば、その次には莫大な数の広告配信サイトを持つディスプレイネットワークへの出稿も検討すべきです。

リターゲティング

Google アドワーズや AdRoll、Perfect Audience を使って「リターゲティング（再ターゲティング）[7]」することで一度訪問済みの人をサイトに呼び戻すことを考えてもよいでしょう。リターゲティングを行うと、あなたのサイトを訪問するユーザはあなたの広告をインターネット上の様々な場所で目にすることになります。少なくとも 1 度はあなたのサイトを訪れた見込客をターゲットにしているため、これらの広告のコンバージョン率がより高い場合が多くなります。

例えば、靴を販売するオンラインショップを運営していて、ナイキの靴をショッピングカートに入れたものの購入には至らなかった顧客がいるとします。リターゲティングを使うと、その顧客がカートに入れた靴やそれに関連した広告を見せることもできます。こうした個人向けのカスタマイズは広告をとても効率的にし、3 倍から 10 倍の CTR を生み出すこともあります。

しかし、リターゲティングに使用するデータによっては、顧客が不安を感じる可能性があることは認識しておかなければいけません。最近はインターネット上でユーザを追跡する広告が嫌われる傾向があります。特に、顧客自身のプライベートな行動が反映されるような広告においてその傾向が顕著です。

コンバージョン最適化ツール

上級者用ツールの一つに Google アドワーズ用の「コンバージョンオプティマイザー」があります。コンバージョンを計測したデータを解析し、パフォーマンスを高めるよう広告を自動調整します。しばらくキャンペーンを運用した後にこのツールを導入して、自分で手動調整を行うよりも優れた CPA とキーワードのターゲティング

---

[7]　訳注　グーグルは「リマーケティング」と呼んでいます。

を実現できます。

　コンバージョンオプティマイザを使用する場合は、グーグルがキャンペーンの予測アルゴリズムを構築するために少々時間がかかることを認識しておきましょう。また、全く別の顧客グループをターゲットにした新しいキャンペーンを立ち上げることはできません。しかし長期間運用するキャンペーンを最適化するような場合は、コンバージョンオプティマイザは目標達成に大変有効なツールです。

除外キーワード

　除外キーワード機能を使って、広告を表示したくないキーワードを指定し、その検索キーワードに対して広告を表示させないようにできます。例えば、メガネ（glasses）を販売している場合、ワイングラス（wine glasses）やコップ（drinking glasses）を検索する人のコンバージョン率は低いと考えられるため、そのようなユーザには広告を表示させないようにしたいはずです。そして、CTR が劇的に改善する可能性があります。

スクリプトの使用

　さらに上級者向けの手法として、スクリプトを使った自動広告管理があります。特定のキーワード向けの新規広告の設定や、既存広告の編集にも使えます。大量の広告やキーワードを管理しているのであれば、スクリプトはとても有効です。

　まだスケールアップする段階ではない場合や、このチャネルにリソースを集中することをまだ決断していない場合、ここで紹介したような上級者向け施策の導入は時期尚早です。しかし、SEM を実際に試してみることに関しては、どなたにもお勧めします。比較的単純で、安価に実行でき、ビジネスの分析を行うためのデータを収集できます。

まとめ

- CTR（クリックスルー率）はインプレッションに対するクリック数の率。CPC（Cost Per Click）は広告 1 回のクリックにかかるコスト。CPA（Cost Per Acquisition）は顧客一人の獲得にかかるコスト。

- 検索エンジン広告は、製品のポジショニングやメッセージを伝えるためにも

使える（完成前の製品に対しても！）

- SEM のテストでは早期の収益化を期待しないこと。

- 広告キャンペーンが数週間程度で損益分岐点にたどり着きそうであれば、SEM はリソースの集中に値するトラクションチャネルであると考えられる。キャンペーンは 4 種類程度のテキスト広告で実験できる。

- SEM 広告キャンペーンでテストすべきものには、検索キーワード、広告コピー、ターゲットとするデモグラフィック属性、ランディングページ、そして CPC の額がある。効率的にコンバージョンを計測できれば、これらの項目が収益性に対して持つ効果をテストできる。

- ロングテールキーワードは検索ボリュームが小さいため、競合も少ない傾向がある。したがって、より一般的なキーワードより CPC が低く、より収益性が高い可能性を持つ。ただし、目に見える違いを生むほどの規模にするには大量のロングテールキーワードを束ねる必要がある。

- グーグルの品質スコアに気をつけること。高い品質スコアには、検索結果ページでのポジションを上昇させ、クリックコストを下げる効果がある。最も品質スコアに影響する要素は CTR。

10章
ソーシャル / ディスプレイ広告

　検索連動型広告を除くと、インターネット上でよく見る広告はディスプレイ広告（イメージ広告）でしょう。SNS の利用者とその滞在時間が延びている現在では、ソーシャル広告（フェイスブックのニュースフィードやツイッターのタイムラインに表示される広告）も人気を集めています。

　ロレックスや、American Apparel などの「ビリオンダラーブランド」は消費者にブランドを認知してもらうための広告に毎年億単位の予算を使います。巨大ブランドにとって、ソーシャル広告やディスプレイ広告は大規模なトラクション獲得チャネルです。（米国において）このチャネルには年間 150 億ドルが使われています[†1]。

　大規模なディスプレイ広告キャンペーンは、オフライン広告（11 章）と同じく、ブランディングや認知向上のために使われることが多いです。しかしディスプレイ広告はオフライン広告とは違い、ユーザ登録やニュースレター、製品購入といった顧客の直接的なアクションを引き出すこともできます。一方ソーシャル広告は、オーディエンスを獲得し長期間にわたって関係構築を進め、最終的に顧客に転換するような間接的アプローチに最適です。

ディスプレイ広告

　ほとんどのディスプレイ広告は、ブログなど数千のサイトにまたがる広告スペースを一括して取りまとめて広告主に販売する**アドネットワーク**によって運営されています。広告主は複数のサイトの広告スペースを一箇所で調達でき、スペースを提供するサイト側は一つのプラットフォームとの取引だけでコンテンツをマネタイズできます。

[†1]　訳注　日本では 3,091 億円（インターネット広告媒体費のうち、検索連動型広告や一部のアドネットワークの費用を除いた額。ただしアフィリエイト広告（19 章）やタイアップ広告などを含む。電通・2013 年「日本の広告費」から。）

大規模な広告ネットワーク

（米国における）最大のディスプレイ広告ネットワークはグーグルのディスプレイネットワーク、Advertizing.com（AOL）、TribalFusion、ValueClick、そしてAdblade です。これらのネットワークは、合計で億単位の月間ユニークビジターを持つサイト群を擁しています。デモグラフィック属性でターゲティングできる機能を持ち、テキストや画像、インタラクティブメディア、そして動画など、各種フォーマットに対応しています。

グーグルのディスプレイネットワークだけでも一日 400 億ものページビュー、月間 7 億もの訪問者があり、オンラインユーザ全体の 80% 以上にリーチする巨大なネットワークです。広告分析ツールを提供する Adbeat の創業者マイク・コレラは、ディスプレイ広告は SEM よりも広いオーディエンスにリーチできると述べています。

> ディスプレイ広告の面白いところは、製品を見つけるために、直接的な表現を行う必要がないということです。例えば、ダイエット用の製品を販売している場合、ディスプレイ広告キャンペーンで「体重を減らす」などという言葉を使う必要はなく、栄養や炭水化物といった関連語が使えます。これらの単語に反応する人であれば、体重維持や減量興味を持っていると考えられるからです。

広告を見る人が増えると、広告対象をその一部の範囲に限定してその効果をテストできるようになります。これも、マイクが言及した重要なポイントです。様々な市場で、様々なデモグラフィック属性に向けて、様々な製品ポジショニングの広告をテストすべきだということです。

マイクは 5 つのグループで広告のテストを行い、コンバージョン率が 10% 以下の場所を探します。そのような場所は広告と販売ページのミスマッチが発生している可能性が高いため、大掛かりな変更を行うか、その広告の配信を完全に停止します。また、ランディングページに調査ツールを導入して、広告をクリックした理由をユーザに聞き、その情報でランディングページをさらに改善します。

ニッチな広告ネットワーク

ニッチな広告ネットワークは、「犬好き」や「アップル製品のファン」といった特定のセグメント向けの比較的小規模なサイトに焦点を当てています。そのようなネットワークの一つに、Web クリエイターをターゲットセグメントとする The Deck が

あります。このサイトは掲載する広告を一ページにつき一つに限定しており、広告主はリーチしたオーディエンスを正確に知ることができます。

　BuySell Ads は広告枠を直接購入できるセルフサービスプラットフォームを広告主に提供しています。BuySell Ads ではディスプレイ広告の他にもモバイル Web サイトの広告スペースや、ツイッターアカウント、モバイルアプリ、ニュースレター、RSS フィードなどのスペースを購入できます。柔軟性があり初期費用が低額なので、このチャネルのテストを簡単に始められます。

直接交渉

　ディスプレイ広告の最後のアプローチは、最もシンプルです。Web サイトの所有者に直接連絡して、サイトに広告を出してくれるよう交渉するのです。広告を掲載していないような小規模サイトの訪問者にリーチできます。

　このアプローチに必要なものは何通かのメールと数百ドルです。これは財務状況のトラッキングサービスを提供する Mint のノア・ケーガンが実際に使用した手段です。Mint を便利と感じそうな訪問者を持つブロガーに連絡し、500 ドルでバナー広告を掲載してもらいました。Mint の初期段階では最も多くのトラフィックを生み出し、サービスの開始前後に数千のサービス登録を発生させました。

始めてみる

　ディスプレイ広告を始める前にはまず、自分の業界でうまく行くタイプの広告を理解しなければいけません。MixRank や Adbeat などのツールで競合が運用している広告やその掲載場所を調査できます。そして、Alexa や Quantcast で競合企業の広告が掲載されているサイトの訪問者のセグメントを調査でき、サイトの訪問者がターゲットとして適しているかを判断できます。

　この情報は、訪問者のデモグラフィック構成（年齢、性別、地域、収入など）が似ているサイトをターゲットとする際の参考になります。また、特定のオーディエンスにリーチするためにかかるコストを知った上で、同じサイトをターゲットにもできます。

ソーシャル広告

　検索広告とソーシャル広告の違いは、需要の**刈り取り**と需要の**創出**の違いと捉えて

ください。検索広告では、消費者が検索するとその結果の横に、検索キーワードに直接関連した検索広告が表示されます。例えば「ナイキ 靴 グレー」を検索するような人は、今すぐにでも靴を買いたいと思っている可能性が高いと考えられます。したがって、靴屋はそのような人の目につくところにお金を払って広告を掲載します。これは需要の刈り取りです。商品を探している個人（需要）と、そのような人の注目をあつめるためにお金を払う会社（刈り取り）で構成されています。

　対照的にソーシャル広告は、潜在顧客の興味を引き出すなど、需要の創出に特に適しています。広告を見た人は今すぐに何かを買いたいという衝動に駆られるわけではありません。また、広告主やその製品を全く知らない可能性もあります。しかし、それでいいのです。ソーシャル広告では直接コンバージョンを追求することよりも、認知を高めることを優先する場合がほとんどです。製品の購入は認知が高まってからしばらく後に行われます。

　我々は、ソーシャル広告プラットフォーム Adaptly の CEO 兼共同創業者ニキル・セティにインタビューを行い、スタートアップがトラクション獲得のためにソーシャル広告を活用する方法を聞きました。Adaptly は様々なサイトのソーシャル広告を一箇所で管理できるプラットフォームを提供します。ニキルはソーシャル広告における**インダイレクト（間接）レスポンス**（ダイレクトレスポンス[†2] の対義として）のコンセプトについて語ってくれました。

> ソーシャルコンテキストで議論すべきものは「インダイレクトレスポンス」です。もちろん最終的に売上やインストール、登録などを意識した上での話ですが、その最終地点まで至る方法は異なります。

> 全クリックを計測してコンバージョンの傾向を見るのではなく、特定の製品やサービスに意識を向けさせるような環境をソーシャルコンテキストに作って、そこでロイヤリティを構築し、そうして得たオーディエンスを、時間を掛けてコンバージョン要素に誘導していくものです。

　このアプローチは直感的ではないかもしれません。しかし、ソーシャル広告を行う場合、CTR やコンバージョンを計測してより多くの製品をダイレクト（直接）に売ることを狙うのではなく、オーディエンスを醸成できるという SNS の特徴を活かすことで最大の効果を発揮することを彼は信じています。オーディエンスが醸成して初

---

†2　ダイレクトレスポンス（広告）とは、広告に対する直接のレスポンスを促す広告。11 章にも登場します。

めて、コンバージョンに向けて動かすのです。

　ソーシャル広告を使ったオーディエンスの構築には、おそらく想像を超える価値があります。負債の統合と軽減を行う CareOne はソーシャル広告で獲得した顧客と他のチャネルで獲得した顧客の比較調査を 2011 年に行い、次のような調査結果を出しました。

> ソーシャルメディア経由の顧客は、それ以外の一般顧客よりも 179% 高い確率でコンサルティング申し込みフォーム（リード生成）を記入し、初回支払を行う可能性が 217% も高いのです。特に問題となる、登録フォームに途中まで情報を記入してから離脱した顧客について、ソーシャルメディア経由の見込客は、非ソーシャルメディア経由の見込客よりも 680% も高い確率でフォームに再訪し記入を完了させ、なんと 732% も高い確率で少なくとも初回の支払を行ったのです。

　ソーシャルネットワークサイトのユーザは、エンターテイメント性や他のユーザとの交流を求めてサイトを訪れます。効果的なソーシャル広告戦略は、これらの特徴をうまく活用し、その邪魔にならず、スパムと思われないように、ソーシャルネットワーク上のターゲット顧客と交流する機会をうかがいます。面白いコンテンツを作ることで、今までになくこれを簡単に実現できます。ユーザをただランディングページに送り込むのではなく、その製品を開発した理由や、より大きなミッションなど、売上以外の企業目的を広告に織り込むのです。ニキルが述べているように、ソーシャル広告はこのような場合にとても有効です。

> 自然検索によるリーチが多いコンテンツがある場合、そこに有料広告を配置すると魔法が起こります。コンテンツが良質なので、より多くの人が訪れ、より多くの人がエンゲージします[†3]。（中略）有料広告の価値は広告を掲載するコンテンツの価値で決まり、コンテンツの価値は実際にそれを見る人の数で決まります。

> コンテンツは、その内容を必要とする人がいて初めて効果を発揮します。（中略）ソーシャルでは、普通ではありえないレベルの口コミが発生します。ソーシャル広告に資金を投入するのは、発信したメッセージにすでに火が付いていることがわかっていて、そこに油を注ぎ込むような場合に限定すべきです。火花が発生するかは、発信するメッセージの内容次第です。しかし、スタートアップはいつもこの逆

---

†3　訳注　コンテンツに対して一定以上の積極的なかかわり（時間を使う、クリックする、共有する、など）を行うこと（マーケティング用語）。

を行います。誰も関心がないメッセージをプッシュするために何千ドルもの費用を
無駄にするのです。

ソーシャルプラットフォームにおける成功のカギはプラットフォームではなく、広
告主にあるのです。

ソーシャルメディアで成功した企業は説得力のあるコンテンツを制作しています。
8章で紹介した Dollar Shave Club は、5,000 ドルで制作した動画一つで 60 億ドルの
マーケティング予算を持つ業界の巨人ジレットと同じ人数にリーチしました。その動
画が圧倒的に素晴らしかったので、一度見たら他の人に共有せずにはいられなかった
のです。

ソーシャルメディアで成功する手段の一つは、ハマるソーシャル体験を創り出す
ことです。オンラインでメガネを販売する Warby Parker は上手くこれを実現しまし
た。顧客にメガネを送り試着してもらい、気に入らないものは無料で返却できます。
顧客はメガネを受け取ると、試着した姿をソーシャルサイトに投稿して、友達からの
フィードバックをもらうように促されます。楽しくて使える、そしてハマる要素を持
つプロセスです。

ソーシャル広告はよくコンテンツマーケティング（13 章）と一緒に行われます。
コンテンツの作成に時間とエネルギーを割いたのであれば、それを拡散させるために
もう少しお金をかけようと考えるのは当然です。本書の共著者のジャスティンが成長
コンサルティングをしている Airbrake では、ツイッターやフェイスブックを使って
オンライン決済サービス Stripe の CTO とのインタビューコンテンツのプロモーショ
ンを行いました。ツイッターでの広告に 15 ドルを使うと、数百のリツイートが発生
し、これに伴い数十のフェイスブックの「いいね！」を獲得し、Reddit と Hacker
News にも投稿されました。たった 15 ドルで合計数千のサイト訪問者を獲得できた
のです。ほんの少額の有料プロモーションがコンテンツの自然なエンゲージメントに
火をつけたのです。

このような場合には、Outbrain や Sharethrough といったコンテンツ配信ネッ
トワークを使うこともできます。このタイプの広告ネットワークは、フォーブスや
Thought Catalog、Vice、Gothamist など、ネットワーク上の数百の提携サイトにあ
なたのコンテンツを表示させます。このようなネイティブ広告プラットフォームは、
自分のコンテンツを、ターゲットとなるサイトのコンテンツと同じような見た目にし

主なソーシャルサイト | 107

てくれます[†4]。各サイトは大きなオーディエンスを持っているので、このオーディエンスをターゲットするためにネイティブ広告プラットフォームを使うことで、短時間で多くのエンゲージメントを期待できます。

主なソーシャルサイト

広告を掲載できるソーシャルサイトを挙げておきます。

LinkedIn

LinkedIn には2.5億人のビジネスプロフェッショナルが登録しています。LinkedIn の広告は肩書、社名、業界などのビジネス的パラメータによるターゲティングができます。これは他のサイトでは容易に実現できません。

ツイッター

ツイッターも約2.5億人のユーザを擁しています。ツイッターの広告では、ユーザのフィードに広告ツイートを表示します。また「Website Card」を使うと、オプトインしたユーザのメールアドレスを収集できます。ニキルはツイッターにおける最も効果的なアプローチの一つとして、オーディエンスが関心を持つリアルタイムイベントに合わせて有料広告を打つこと（大きなスポーツイベントの開催中にスポーツウェアの広告を打つなど）を挙げています。

フェイスブック

フェイスブックは、数十億のアクティブユーザを持つソーシャルネットワークです。デモグラフィック属性、ユーザの興味や友達データ、「いいね！」をつけたページなどに基づいてターゲットを絞って広告を打てます。とても小さなセグメントもターゲットに設定できます。本書の共著者ガブリエルは、妻だけをターゲットにし

[†4]　訳注　見た目をホストサイトに合わせるネイティブ広告は「インフィード型」と呼ばれます。他にも、おすすめ記事リストを表示するウィジェットを介してコンテンツを紹介する「レコメンドウィジェット型」などがあり、各ネットワークは広告タイプや配信先セグメントなどで差別化を図っています。

たテストキャンペーンを実際に行ったことがあります[†5]。もちろん絞るだけではなく、フェイスブック上のファンを通じてより大きなセグメントにリーチすることもできます。フェイスブックの広告について、ニキルは次のように述べています。

> フェイスブックでの広告は、ターゲットしたファンよりも大きなセグメントに対して広告しています。言い換えると、ファンのソーシャルグラフ[†6]にもアクセスするチャンスを購入しているのです。適切なインセンティブがあれば、ファンはつながりのある人に対してあなたのブランドを共有し、おすすめしてくれます。

フェイスブックにおいて効果的な広告には、広告自体に「いいね！」を求めるものや、運営するFacebookページに誘導するもの、「いいね！」をするためのインセンティブを与えるページに誘導するものなどがあります[†7]。もちろん、自分のサイトへ誘導しても効果的です。

StumbleUpon

2,500万人以上の「Stumbler」（StumbleUponユーザ）を擁するStumbleUponは、新鮮で魅力的なコンテンツを常に探しているユーザを大量に抱えています。最近のケーススタディでは、ソーシャルメディアトラフィックの流入元となった回数において、StumbleUponはフェイスブックに続く二位を獲得したという結果が出ています。StumbleUponでは、広告がコンテンツを取り囲んでいるわけではなく、広告自体がコンテンツという面白い特徴があります。ユーザはStumbleUponに登録されたページを次々と閲覧します。広告主は有料でターゲットユーザを絞りこみ、そのコンテンツに誘導します。ターゲットユーザに対して表示されたページは、他の（ターゲットされていない）ページとの見分けはつきません。

StumbleUponからのトラフィックの弱点は、エンゲージメントが得られにくいと

[†5]　訳注　2010年のブログ記事でガブリエルがこの様子を書いています（現在は公開されていません）。このキャンペーンを実施した当時のフェイスブック広告はターゲットを十分に絞り込むと「20人未満にリーチする可能性がある」と表示されました。20人まで絞り込めていることがわかると一人まで絞るのは比較的簡単だとガブリエルは述べていましたが、2014年の翻訳時では絞り込みの際の最少表示人数が1000人になっており、一人まで絞り込むピンポイントターゲティングは当時より難しくなっているようです。

[†6]　訳注　ソーシャルネットワークにおける人間関係、つながり。この場合は、広告のターゲットとしたファンだけではなく、そのファンとつながりのある人たち（ファンの友達）に対しても広告が表示される可能性を述べています。

[†7]　訳注　フェイスブックは2014年8月の利用規約改訂において、「いいね！」に対するインセンティブの付与を明示的に禁止しました。

主なソーシャルサイト | 109

いうことです。ほとんどのユーザは訪問した次の瞬間に次のページに移動していきます。つまり、ページが表示された瞬間にユーザを掴まないといけないということです。ブログ記事、インフォグラフィックや動画に向いています。

Foursquare

Foursquare は 4,500 万ユーザを持つ、最大の「位置情報ベース」ソーシャルネットワークです。Foursquare の広告は、ローカルエリアの人をターゲットにしたい場合に有効です。プラットフォームは急速に進化していますが、基本的に広告は特定の場所やそこを訪れたユーザ、似た種類の場所を訪れたユーザにターゲティングされます。

Tumblr

Tumblr は、良質なコンテンツを探す 1 億以上のユーザをサポートしているサービスです。Tumblr の新しい広告プラットフォームでは、ユーザが「リブログ」[†8] しエンゲージできるスポンサー記事の生成とプロモーションができます。

Reddit

Reddit は月間 20 億ページビューを誇る活発なコミュニティで、世界で最も人気の高いコンテンツサイトの一つです。Reddit の広告は、Reddit ページの上部のリンクや、サイドバーのスポンサー広告として表示されます。Reddit で成功する広告は物議を醸し出すようなものか、または単純におもしろいものです。通常の投稿と同じく、Redditor（Reddit ユーザの非公式な呼び名）は広告にもコメントや「upvote」[†9]ができます。また、音楽やゲームといった特定のトピックを扱うサブコミュニティ（「subReddit」）を広告ターゲットにもできます。

YouTube

月間 10 億以上のユニーク訪問者と 40 億時間以上の動画を提供する YouTube は、

---

†8　訳注　他の人が書いた記事をワンクリックで自分の Tumblr ブログに引用転載する、Tumblr の特徴となる機能。

†9　訳注　フェイスブックの「いいね！」とほぼ同様の機能。ただし、Reddit にはその逆の「downvote」も存在します。

世界最大の動画サイトです。YouTube では、動画が開始する前に流れるプレロール広告を出すことができ、特定の動画のスポンサリングやバナー広告の掲載もできます。

その他

他にも BuzzFeed、Scribd、SlideShare、Pinterest など、ソーシャル広告を掲載できる様々な大規模サイトが存在します。これらのサイトは比較的新しいため、著しい成長の可能性を秘めています。ソーシャルゲーム企業 Zynga は、初期のフェイスブック広告プラットフォームで成長を促進しました。

しかし、現在のフェイスブックを使っても、以前のように成長することはほぼ不可能です。成長自体は可能でも、同じレベルの成長を達成するには当時よりかなり高額の予算が必要になります。「次の」フェイスブックを見つけることができれば、低コストでトラクションを獲得できるかもしれません。

終わりに

ソーシャル広告とディスプレイ広告は別物ですが、同じような法則が当てはまります。つまり、オーディエンスの理解に努め、発するメッセージを十分にテストし、人に覚えてもらえるようにアプローチするのです。低額・小規模の広告から高額・大規模な広告まで幅広く選択できるので、小規模なテストを簡単に行うこともでき、大規模に展開することもできます。つまり、どの製品開発フェーズでも活用できるのです。

まとめ

- ディスプレイ広告は、ネット上で見かけるバナー広告。ネット上のほとんどのサイトで掲載可能なので、比較的簡単にとても広いセグメントへのリーチが可能となる。ディスプレイ広告枠を購入する一番簡単な方法は広告ネットワーク。

- （特に初期において）ディスプレイ広告で軽視されている戦略は、小規模サイトに直接コンタクトを取り、比較的安価に広告を出すこと。

- 検索とソーシャル広告の違いは、需要の刈り取りと需要の創出の違い。検索

エンジン広告は現在そこにある（検索キーワードとして現れた）需要を刈り取るためのもの。ソーシャル広告には製品の認知を向上させて需要を創出する効果がある。

- ソーシャル広告の目標はオーディエンスの構築と、その後長期にわたるオーディエンスとの関係維持、そしてその延長線上でオーディエンスを顧客にコンバートすることにある。このインダイレクト（間接的）なレスポンス戦略は、すぐにコンバージョンに導こうとするダイレクト（直接的）レスポンス戦略よりも多くのコンバージョンに結びつくことが多い。

- （周囲に共有したいと思わせる）説得力のあるコンテンツやソーシャル体験は、認知やソーシャルサイトのオーディエンスを構築するための最高の手段である。

- 競合の広告を研究し、A/B テストのアイデアを得ること。

11章
オフライン広告

オフライン広告にはテレビ、ラジオ、雑誌、新聞、タウンページ、看板、ダイレクトメールなど様々な種類があり、地域的なキャンペーンから全国的なものまで、ほとんどの規模において活用できます。ウォルマートなどのビリオンダラーブランドから、ベビーシッターの仕事を探す地元の若者にまで幅広く使われています。現在でも、広告主はオンライン広告よりオフライン広告により多くの予算を投じています。

オフライン広告のテストは難しいことが多いですが、簡単な場合もあります。例えば、300ドル程度でターゲットとする地域のラジオに広告を打ち、その反応を確認できます。看板広告も同様で、場所によっては一ヶ月あたり数百ドル前後、若干ランクが高い場所は数千ドルで看板スペースをレンタルできます。

本章では、オフライン広告の利用に関するいくつかの法則を紹介し、その後、広告の種類ごとの施策を紹介します。

デモグラフィック属性

オフライン広告の購入を検討する際に考慮すべき最重要項目は、各広告媒体のデモグラフィック（場所、性別、人種、年齢層等の人口統計学的な属性データ）です。例えば、新聞のクラシファイド広告[†1] は、新聞を購入するような比較的年齢の高い層に主にアピールできます。媒体のオーディエンスについて考慮すべき点を以下に挙げます。

- 基本的属性（場所、性別、人種、年齢層など）

---

†1　訳注　クラシファイド広告とは、主に個人が他の個人を対象に、新聞・雑誌やフリーペーパーなどに掲載する短い広告や告知。アルバイトの募集や車・不動産などの売買、出会いなど、様々なカテゴリの広告が可能です。日本でも以前は「三行広告」として一般的なものでしたが、現在では一般的利用は減少しています。

- 経済的属性（収入、職業など）
- ターゲットするデモグラフィック属性とどの程度一致しているか

　広告を販売している業者から媒体資料を取り寄せることで、これらの疑問のほとんどが解決します。例えば看板広告の場合、看板がある地域のデモグラフィック情報や一日あたりの交通量、そしておおよそのような人が通る場所であるかなどの情報を得ることができるはずです。

コスト

　一般的に、オフライン広告にかかる費用は、リーチできる相手の数やその質によります。サンフランシスコの中心にあるタイムズスクエアの看板広告は、オハイオのど真ん中のような場所にある看板よりもはるかに多くの人が目にするため、その分高くなります。他の媒体についても同じことが言えます。

　低予算で試したい場合は、**レムナント広告**（売れ残り広告）を探しましょう。レムナント広告とは、現在使われていない広告スペースのことです。例えば印刷媒体の場合、広告スペースが売れ残ると完全な損失になります。そのため、印刷所への入稿期限が迫っている時点で売れ残っている広告スペースが叩き売りされることがあります。これがレムナント広告です。

　ベストセラー『Four Hour Body』『Four Hour Workweek』（共に和書未刊）の著者ティム・フェリスはこれについて次のように述べています。

> 全国誌に広告を出す場合は、通常価格の最大9割引きとなる「レムナント広告」を取り扱い、広告枠の値引き交渉を専門とする Manhattan Media や Novus Media などの代理店を検討することです。彼らに仲介を依頼して、さらなる値引き交渉をしてもまったく問題ありません。

　印刷以外の媒体でもレムナント広告が残ることがあります。場所やタイミングの条件にこだわらないのであれば、レムナント広告在庫の購入を確約しておくことで相当の値引きを受けられることもあります。マスマーケット向けの製品を持っていれば、低予算で多数の人にリーチするための効率的な手段になります。全米のいたるところ

で出くわす「We Buy Ugly Houses」[†2] の看板広告に見覚えがあると思います。この
アプローチを使っていると考えられます。

　様々なオフライン広告媒体が存在することで、予算や製品開発フェーズに合わせて
広告を購入できます。雑誌広告に向いた製品を持っているのであれば、ニッチな雑誌
に小さな広告を出してその効果を試すこともできます。新聞広告の効果を見たい場合
は、地方紙にいくつか広告を出してみましょう。

　オフライン広告が効果的とわかり、継続的に出稿を行う場合は、長期契約を結ぶこ
とでコストを相当削減できます。

測定

　効果測定の手段が用意されているオンライン広告と比較すると、オフライン広告の
効果測定ははるかに難しいものです。オフライン広告効果の測定には短縮 URL[†3] や
特別な URL、プロモーションコードなどが使われます。例えば、チラシを作成する
際、掲載用に特別な URL（例えば、http://tractionbook.com/flyer）を用意します。
この URL のアクセス数を測定することで、チラシからの流入数を推測できます。

　ダイレクトレスポンス広告[†4] 向けにクーポンコードを提供することもできます。例
えば、ある雑誌に広告を出す場合、雑誌の名前（「Wired」など）をクーポンコード
に入れておくこともできます。また、特別な URL に誘導することもできます。

　ソフトウェアのテスト自動化ツールなどを提供する Smart Bear Software を創業し
たジェイソン・コーエンは、雑誌、新聞、展示会（21 章参照）など、ソフトウェア
を販売するためにあらゆるオフライン広告を試しました。オンライン / オフライン
広告キャンペーンの効果を確認するため、新規顧客の登録時に「何をきっかけとして
登録したか」という質問項目を設けました。

　広告を使って書籍のプレゼントキャンペーンを行ったこともあります。例えば「Dr.

---

†2　訳注　全米にネットワークを広げる不動産業者 HomeVestors のブランド。基本的に現状通り、現金取引の
　　　条件で不動産を買い取ります。取引スピードも売りの一つで、最短一週間程度で全ての手続きが終わる場
　　　合もあります。

†3　訳注　手入力するには長すぎる URL を短縮した URL のこと。一般向けのサービスとして bit.ly などがあ
　　　ります。ツイッターやフェイスブックなどは t.co や fb.me などのドメインを使って短縮 URL を生成して
　　　います。

†4　訳注　商品の購入や資料請求など、広告に対する直接的な反応（レスポンス）を促す広告。使用媒体には
　　　関係なく、オンライン広告でもオフライン広告でも直接レスポンスを促すことを目的にした広告のことを
　　　呼びます。ダイレクトレスポンスマーケティング /DRM と呼ばれることもあります。

Dobb's Journal[†5]」に広告を掲載した結果、多数のプレゼントを配布することになれば、このキャンペーンは成功した可能性が高いと考えられます。

印刷広告

印刷媒体の広告には、雑誌や新聞、イエローページ（タウンページ）やチラシ、ダイレクトメールなどが含まれます。様々なオフライン広告の中で、印刷媒体にはテレビの次に大きな広告費が投入されています[†6]。印刷媒体広告は予算やターゲットに合わせて柔軟に広告を出せるという魅力があります。

雑誌

数百万人の購読者を持つような商業誌から、数百人程度の業界誌まで、米国には約7,000の雑誌が存在します。

雑誌には大きく三つのカテゴリに分かれます。一つ目は多数の読者を持つ**一般誌**（駅の売店やコンビニで販売されているようなもの）、二つ目は特定の業界やビジネスカテゴリを扱う**業界誌**、そして三つ目は地元の駅構内や店舗に置かれているような**フリーペーパー / マガジン**です。

雑誌に広告を出す際には、その雑誌の読者層や流通方法、刊行頻度などを把握しておく必要があります。雑誌社に媒体資料を請求するか（Web サイトに掲載している媒体もあります）、Marketing Publishers Association が発行するマガジンハンドブックで、ターゲット市場にアピールできる雑誌を探します。

いくらターゲットを定めても、広告をうまく制作しなければ良い反応を引き出せません。説得力のある雑誌広告には心を掴む見出しや目に留まるグラフィック、そして製品のキャッチコピーや説明が記載されています。

ジェイソン・コーエンによると、Smart Bear Software で成功したすべての広告に Call To Action（行動喚起の要素）が設定されていました。Smart Bear の場合は無料書籍でした。

[†5] 訳注　ソフトウェア開発者向けの月刊誌。1975 年創刊、2014 年 12 月に廃刊。

[†6] 訳注　本文は米国における状況ですが、電通が発表している「日本の広告費」によると、日本においては印刷媒体（新聞・雑誌とプロモーションメディア広告費に分類されている折込広告、DM、フリーペーパー / マガジン、電話帳の合計）がテレビ（衛星メディア含む）の広告費を上回ります（2013 年）。

新聞

　新聞は、多くの雑誌とよく似た特徴を持っています。全国的なものとローカルなものがあり、広告の価格は発行部数に応じて設定され、掲載する広告の種類を選ぶこともできます。

　もちろん違いも存在します。最も重要な点は読者層です。新聞の読者層は30代より上の世代に著しく偏っています。雑誌を購入する若者はまだ多いですが、新聞を購入する若者はそう多くありません。したがって、20代以下をターゲットにした製品を販売する際に新聞広告を出すことはお金を捨てるようなものです[7]。

　新聞に適している広告キャンペーンは、イベントやセールなど時間や時期が決まっているものや、認知広告（複数チャネルにまたがった、大規模マーケティング活動の一部として行うことが多い）、広範囲に行う告知（新製品のリリースなど）などです。

ダイレクトメール

　ダイレクトメールとは、郵便を使って特定のターゲットに対して広告メッセージを含む印刷物（広告、手紙、カタログなど）を直接届けることやその仕組みです。

　初めてダイレクトメールを使う時には、対象顧客を細かくターゲティングできることに驚くに違いありません。自分たちが持つ顧客リストを使うことも、名簿業者からリストを購入することもできます。Webで「ダイレクトメール リスト」を検索するとすぐに業者が見つかります。ただし、名簿業者からリストを購入することは「スパム」であると捉えられる大きなリスクがあり、ターゲットが外れている場合は完全なお金の無駄になることに気をつけなければいけません。

　名簿業者からは、デモグラフィック属性、地理的条件などでグループ化されたリストを購入できます。リストは1,000名につき100ドル程度で販売されていますが、企業のリストや住所を含むリストは価格が高くなる傾向があります。

　ターゲットリストを購入し、広告を印刷し、必要な場合は封入作業や発送まで一括で行うダイレクトメールサービスも存在します。大量に送信する場合は検討に値します。少量であれば自分自身で印刷や宛名書き、そして発送を行うことになるでしょう。

　ダイレクトメール広告で使えるテクニックをいくつか挙げておきます。

---

[7]　訳注　NHK放送文化研究所の調査によると、日本でもほぼ同様の傾向がみられます。(http://www.nhk. or.jp/bunken/yoron/lifetime/「2010年 国民生活時間調査報告書」)

- 相手の興味をそそり、説得力のあるオファーを含める。

- 相手にとってほしい行動を明確にする（Web サイトへ訪問、店舗に立ち寄る、特定の製品を購入する、メーリングリストに登録する、など）

- 郵便でダイレクトレスポンスキャンペーンを行う場合は、返送先の宛名を書いた封筒を封入しておくと、回答率が上がる。

- 宛名を手書きした封筒やはがきは、開封率や中身を実際に読む確率を高める。

- 大量に送信する場合は、割引が適用できるかを確認しておく。

地域広告

　地域広告には地域の出版物（教会の会報、フリーペーパー、クーポン誌など）、チラシ、電話帳、カレンダーなどがあります。これらの印刷広告は比較的安価なため、広告のテストに利用できます。ほんの数百ドルでターゲットエリアの数千人に対して露出できます。タウンページの広告も同様に比較的安価です。

　潜在顧客が訪れるような場所にチラシを提げておくようなちょっと変わった戦略も、初期段階においては驚くほど効果を発揮することがあります。もちろんこれは、ビジネスの成熟期で取るような手法でないことは明らかです。例えば、地元のバザーでイーベイのチラシを見ることはないでしょう。しかし、ビジネスを始めたばかりの段階では、地元で何人かの顧客を獲得できる、簡単な手法です。

　例えば、タクシー情報を提供する InstaCab はサンフランシスコの自転車乗りを雇って、タクシーを呼ぼうとしている人たちにサービス内容を記載したカードを配りました。簡単にタクシーを呼べると助かるであろう人への、上手なターゲティングです。このキャンペーンで InstaCab は噂になり、初期の顧客を手中に収めました。

看板広告

　看板スペースを購入したい場合は、おそらく Lavar、Clear Channel、または CBS Outdoor のどれかを利用することになります。この3社は、58億ドル市場を牛耳る巨人たちです。特定のエリアの物件を参照したい場合は、この3社の Web サイトを訪れて、地域の担当者に連絡します。担当者は、空いている看板スペースや立地条件、通行量やそのセグメントを掲載した媒体資料を送ってくれます。

　共著者のガブリエルは、スタートアップが集中するサンフランシスコの SoMa 地

区の看板に、グーグルと DuckDuckGo のプライバシーオプションの比較広告を出しました。ガブリエルが創業した DuckDuckGo はプライバシー重視の検索エンジンです。

スタートアップ検索エンジンが、業界の巨人のお膝元で強気のメッセージを投げかけ、ケンカを売ったのです。この看板広告は、近くを車で通る人の注目を集めただけでなく、Wired や USA Today、Business Insider、複数のブログやオンラインメディアに取り上げられました。そしてこの月に、なんと DuckDuckGo のユーザ数は倍になりました！

では、その看板には一体いくらの費用がかかったのでしょうか。サンフランシスコ市内の目立つ場所だったので、看板には月々 7,000 ドルかかりました。場所のランクを落とせば月々 700 〜 2,500 ドル程度です。しかし、これがタイムズスクエア周辺になると月々 3 万〜 10 万ドルになります。

看板スペースのコストは看板のサイズ、立地、広告のインプレッション数、そして看板のタイプなどに左右されます。すべての看板は、これらの要素を元に計算された GRP（Gross Rating Points/ 累積広告量）と呼ばれる広告スコアを持っています。潜在的なインプレッションは看板がある地域の人口などをもとに計算されます。スコア 100（満点）は、一ヶ月でその地域の人口の 100% にリーチできるということです。

看板広告の弱点は、広告を見た人が何らかのアクションをすぐに行うことが難しいという点です。運転中の Web サイトの訪問や電話、ショッピングは危険です。しかし、看板広告は、コンサートやカンファレンスなどのイベント会場の周りで認知度を上げるにはとても有効です。ラスベガスでは、数週間後に開催される舞台やミュージシャンの広告がよく見られます。

交通広告

交通広告はバスやタクシー、ベンチやバス停などに表示される広告です。ほとんどの種類の交通広告は否応なく目に留まるため、ダイレクトレスポンスツールとして効果的です。

これに対して、バスの車体広告やタクシーの屋根の広告などは看板広告に近い特性を持っています。ダイレクトレスポンスツールとしては若干効果が弱いかもしれませんが、多くの人の目に触れるためブランドの認知向上には効果的です。

交通広告を検討する場合は、Blue Line Media などの交通広告専門の代理店に相談

することを勧めます。広告を出す場所や記憶に残る交通広告の作成方法、そしてキャンペーン効果の測定や最適化についてのアドバイスを受けられます。

ラジオ広告

ラジオ広告は、CPP（Cost-per-point）ベースで価格が決まります。CPP は、ラジオ局のリスナーの 1% にリーチするためのコストを表しています。CPP が高ければ、広告を出すコストも高くなります。

このコストは広告を出す市場や、流れる時間帯、そのラジオ局で購入する広告枠の数などにも左右されます。ラジオ広告を一週間流すための料金はローカル局でだいたい 500 〜 1,500 ドル、シカゴなど大都市圏であれば 4,000 〜 8,000 ドル程度です。

より広範囲にラジオ広告を流したい場合、衛星ラジオも候補に挙げると良いかもしれません。5,000 万人を超えるリスナーを誇る SiriusXM を使うと、一カ所に広告を流すだけで多くの人にリーチできます。

広告時間を購入するコスト以外にも、制作コストを忘れてはいけません。30 秒の広告スポットで 300 〜 500 ドルかかりますが、プロが広告を制作すると（スタジオや特殊エフェクトなどを含めて）その 3 〜 10 倍程度が必要です。ベストな広告スポットはバラエティトークや、イベント、スペシャルプロモーションの紹介などです。自分の広告が番組のリスナーに関連するものか、あらかじめ営業担当者に確認しておきましょう。

テレビ広告

テレビ広告は主にブランディング施策に利用されます。みなさんもナイキやアップル、ウェンディーズなどの有名な CM を覚えていると思います。90% の消費者がテレビを視聴し、平均的な大人は週に 26 時間をテレビに費やす[8] ことを考えると、考えておくべきオフラインチャネルであることは間違いありません。

テレビ広告はクオリティが最も重要です。役者や撮影機材、編集、音響、撮影などを含めて数十万ドルかかることもあります。実際、ハイエンドの CM 制作には 20 万ドル以上かかるものもあります。

ありがたいことに、TV 広告の制作コストを低く抑える方法もいくつか存在します。

---

[8]　訳注　本文は米国の状況ですが、日本の総務省が行った調査でも、一週間のテレビ視聴時間は平均で 26.2 時間という結果が出ています（2014 年）。

例えば、役者の代わりにアニメーションを使うと、コストを大幅に抑えられます。役者を使いたい場合は、地元の学校の映画学科の生徒などを雇うことも一つの方法です。そして、CM 自体を可能な限りシンプルにすることで、大幅にコストを抑えられます（より少ないテイク数、小規模なセットや人数など）。

　広告の制作費用に加えて、放送枠の購入にも（米国内平均）35 万ドル程度が必要です。多くのスタートアップにとって全国的なテレビ広告キャンペーンは難しいものです。しかしここ数年、あまりコストをかけずにテレビ広告を流すことが可能になりました。

　（米国内に）1,300 局以上存在するローカルテレビ局のスポットは、比較的手ごろかつ効果的に視聴者への印象付けができます。ローカル CM には、視聴者 1,000 人あたり 5 〜 50 ドル程度の 30 秒スポットも存在します。他の多くのオフラインチャネルと同様、視聴者数とスポットの価格についてはテレビ局に直接問い合わせる必要があります。

　テレビ広告には印刷広告業界のような価格表がないので、CM 出稿には多くの交渉が必要で、そのプロセスは不透明になりがちです。規模の大きな媒体を購入する際には、適正価格で適切なスポットを得るために、メディアバイヤーや代理店を通じて広告媒体の管理を行うことになるでしょう。

インフォマーシャル

　インフォマーシャルは少々時間の長いテレビ広告のようなものです。Snuggie[†9] や ShamWow[†10]、包丁や掃除機、トレーニング器具などのインフォマーシャルをみたことがあると思います。インフォマーシャルでは商品や司会者が主役になることが多く、そして驚異の効果をあげることがあります。4 億ドルを売り上げたトレーニングプログラム P90X の主要な成長エンジンはインフォマーシャルでした。

　次に挙げるカテゴリの製品は、インフォマーシャルを使って巨大なトラクションを獲得しています。

- トレーニング器具や DVD など
- ボディケア製品

---

†9　訳注　着る毛布。
†10　訳注　高性能雑巾。

- 日用品（台所、清掃用品）
- 掃除機
- 健康関連の製品（ジューサーなど）
- 在宅ビジネス

　これらの製品についてひと通りの説明を行うためには、それなりの時間が必要です。例えば Snuggie の良さを説明しようとしても、15 秒の CM スポットではほぼ不可能です。しかし、2 分程度が与えられれば、一気に数百万着を販売することも可能なのです。

　インフォマーシャルの制作には 5 ～ 50 万ドル程度かかります。2 分程度の尺の短いものから、伝統的な 28 分枠まで様々な種類が選べます。ほとんどすべてのインフォマーシャルはダイレクトレスポンスです。広告主はインフォマーシャルを見てもらい、そこで紹介するお買い得商品を電話やサイトですぐに注文してもらいます。優秀なマーケターは、先にラジオ広告を打っておくことで、発信するメッセージや Call To Action、そして「視聴者プレゼント」に対する反応を検証します。そこでうまく行った要素を把握してインフォマーシャルに反映させます。

終わりに

　オフライン広告の活用方法は多岐にわたります。広告のパフォーマンスに影響を与える変数も多数存在します。このチャネルが提供するブランディングの可能性、コスト、インパクト、そして柔軟性は、主に製品開発の初期段階を越えた後にトラクションを得るための手段となるでしょう。このチャネルにアプローチする場合は、うまくいくものを正確に予測できる手段はないという理解が大切です。しかし、それでも辛抱強く続ければ、効果的な広告になるかもしれません。ジェイソン・コーエンは次のように述べています。

> Smart Bear で私が学んだことの一つは、何がうまく行くかを全く予測できないということでした。（流通量が少ないため）安っぽい体裁で、絶対誰も読まないに違いないつまらない雑誌だと思っていたら、恐ろしいほど効果的だったことがありました！　このような雑誌には素晴らしい ROI を持つものが存在しました。その雑誌がうまく行くかは、メディアの流通量やタイプに関係なく、予測もできなかった

のです。しかも時間が経過すると状況も変化します。三ヶ月や一年くらいはうまく
いっても、その後徐々に効力が弱まり、最終的に価値は消滅します。予測不能で、
時間とともに衰えるのです。残された方法は、可能な限り全てを試し、何がうまく
行ったか計測することくらいしかありません。

まとめ

- テレビ CM、インフォマーシャル、ラジオ、雑誌、新聞、タウンページ、看
  板広告、ダイレクトメールなど、様々な種類のオフライン広告が存在し、ど
  の製品開発フェーズでも活用できる。

- オーディエンスのデモグラフィック属性は広告媒体によって著しく異なる可
  能性がある。ターゲットに適したオーディエンスを探すこと。

- 激安の広告を探すのであれば、レムナント（売れ残り）広告の在庫を探す。

- 最初にローカル市場をターゲットすることで、低予算でテストを行うことが
  できる。見込みがあれば地域を広げるか、または全国規模に展開する。

- Web サイトの URL にユニークなコードを付与して、各オフライン広告キャン
  ペーンの効果を測定する。

12 章
SEO

　SEO（サーチエンジン最適化）は、検索エンジンにおける自分の Web サイトの表示ランキングを改善し、より多くの人が訪れるようにするプロセスのことです。ほとんどすべてのインターネットユーザは何かを探す際に検索エンジンを使います。人気の SEO ソフトウェアを開発する Moz の創業者ランド・フィッシュキンは次のように話してくれました。

> 基本的に SEO は、コンテンツ戦略と関係ありそうな訪問者を検索エンジン経由で誘い込むことから始めます。検索エンジンが発見しランキングに反映できるよう、コンテンツをスマートにデザインする必要があります。

　他のチャネル（PR、規格外 PR、コンテンツマーケティング）において、すでに実行していることは SEO で効果を増幅でき、検索エンジンからより多くの顧客を誘い込むことができます。競争率は高いですが、SEO はどの段階でも適用可能で、多くの場合は低コストです。

　あなたが SEO 初心者であれば、基礎を学ぶため Moz Beginners Guide[1] を読んでおくことをお勧めします。本章では、このチャネルにおける戦略や施策を扱います。

2 つの SEO 戦略

　SEO には 2 つの大きなアプローチが存在します。「ファットヘッド」と「ロングテール」です。これらは検索需要曲線（図 12-1）の一部につけられた名前です。

---

[1]　訳注　http://moz.com/beginners-guide-to-seo（英語）

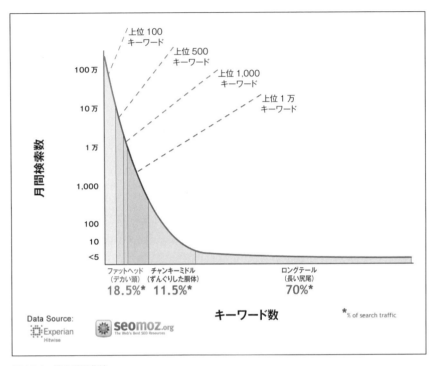

図 12-1 検索需要曲線

　ファットヘッド戦略は、あなたの会社を直接表す検索キーワードでのランク入りを目指すためのものです。例えば、木製の玩具が自慢のおもちゃ屋は「木のおもちゃ」で高いランキングを獲得したいと思うはずです。この戦略は図12-1の「ファットヘッド」や「チャンキーミドル」のあたりを狙うものです。

　一方、ロングテール戦略は検索回数の少ない、より具体的な検索キーワードでのランキングを上げることです。先ほどのおもちゃ屋の例では「木のブロック 有害化学物質」「3歳児向け 木のパズル」などの検索キーワードで上位にランクされるようにしたいかもしれません。このような検索が行われる回数は少ないですが、合計するとインターネットの全検索回数の大半を占めます。

　戦略を選択する際には、検索結果ページでランキングが下がるとクリック率が大幅に低下することを頭に入れておかねばなりません。上位10番目までのリンクが全クリックの90%を占めるため、検索結果の一ページ目の、なるべく上位に掲載されな

ければ意味がありません。つまり、**一ページ目にランク入りできるという実力を持っ
ているか、ということが、SEO 戦略の展開を決定する要因であるべきです。**

ファットヘッド戦略

　自社におけるファットヘッド戦略の価値を見極めるための最も良い方法は、自分の
業界で製品を探すために入力するキーワードを調査し、自社に十分な成長機会を与え
られるほど検索されているかを確認することです。

　グーグルは、キーワードプランナーという便利なツールをアドワーズの一部として
提供しています。自分の製品を表す検索キーワードを打ち込むと、その検索量がわか
ります。競合の Web サイトのタイトルやヘッダなどに含まれているキーワードにつ
いて調査することもできます。

　ファットヘッド戦略では、10% 程度のクリック率でも十分な数の流入を見込める
キーワードを探すべきです。検索回数が月間 200 回程度のキーワードにリソースを
割くべきではありません。

　顧客があなたの製品やサービスについて検索するとわかっているのであれば、特定
のキーワードでのランキングを上げるために Web サイトを最適化することは重要で
す。しかし、あなたの製品が真新しくて、検索するほどの需要がまだないのであれ
ば、ファットヘッド戦略は効果的ではありません。需要を満たすことと、作り出すこ
とはまったく違います。ランド・フィッシュキンはオンラインのタクシー配車サービ
ス Uber を例に挙げて、次のように話してくれました。

　　　Uber における問題は、検索の需要がなかったということです。「携帯で呼べるタク
　　　シー代わり」と検索するような人はいません。そんなものが世の中に存在するとは
　　　思われていなかったのです。そしてこれは、以前には存在しなかったニッチ市場を
　　　ターゲットにするスタートアップが抱える共通の問題です。（中略）単純に、検索
　　　ボリュームが存在しません。

　　　ただグーグルでうまくいきそうなキーワードを探すだけではなく、適切なトピック
　　　や顧客となりそうな人を発見し、誘い込むことができるコンテンツを作るとうまく
　　　行くのです。

施策

　ファットヘッド戦略の実行に十分なボリュームを持つキーワードを探す場合は、ま
ず候補をいくつか選び、グーグルで広告を購入してそのキーワードをテストします
（9章参照）。そこでコンバージョンが発生するようであれば、該当するキーワードを
ターゲットとして SEO を行うことで成長できる可能性があります。**トラクションを
獲得できないキーワードに時間を費やしても意味がありません**。例えば「無料」とい
うキーワードでのランキングが高くても、「無料」の検索を経由してショッピングサ
イトに流入した訪問者は何も買いません。

　ある程度の検索ボリュームを持つファットヘッドキーワードを選び、コンバージョ
ンが発生することを確かめたら、次にターゲットキーワードを数個まで絞り込みま
す。Google トレンド[†2] を使って、直近の検索ボリュームは伸びているか、顧客を探
している地域で検索されているか、などを調査します。Google トレンドは複数の
キーワードの検索ボリューム比較にも使えます。

　キーワード選択における次のステップは、検索結果の上位にランク入りする難易度
の判定です。Moz が提供する Open Site Explorer[†3] などのツールを使って競合が持
つキーワードのリンク数を調べます。このリンク数で、上位にランク入りする難易度
の見当をつけられます。競合が何千何万ものキーワードリンクを張っているのであれ
ば、対抗して多数のリンクを張り、SEO に最適化する必要があるということです。

　例えば「会計ソフトウェア」というキーワードで検索結果の上位にランク入りする
ことは極めて難しいものです。しかし、「美容師向け 会計ソフトウェア」というよう
にキーワードを絞り込むことでニッチなセグメントで上位ランキングを狙うこともで
きます。これは後に説明するロングテール戦略により近いものです。

　こうしてキーワードの選定を終えると、残されたステップは二つです。まず、選定
したキーワードに合わせて自分の Web サイトを変更します。例えば、提供する製品
が会計ソフトウェアで、「中小企業向け 会計ソフトウェア」が主要なキーワードであ
れば、ページタイトルや内容にこのキーワードをちりばめます。

　次に、他のサイトにリンクを張ってもらいます。この時、ランク入りしたいキー
ワードをリンクテキストに使ってもらえれば理想的です。そのようなリンクがより多
い方が有利です。例えば「○○（社名）が**中小企業向け会計ソフトウェア**の新バー
ジョンを発売」（太字の部分がリンク）などをコンテンツに入れてもらいます。

---

†2　訳注　https://www.google.co.jp/trends/

†3　訳注　https://moz.com/researchtools/ose/（無償利用では機能や検索回数が制限されます）

ロングテール戦略

検索エンジンを通じて行われる検索のほとんどは「ロングテール」検索です。ロングテール検索とは、例えば「ペンシルバニア東部 フクロウ」や「プライベート 検索エンジン」など、特殊なキーワードや複合キーワードです。各キーワードの検索数は少ないものの、合計でインターネット全検索数の 70% を占めます。

競争率の高いキーワードでランキング上位に入るのはとても難しいため、スタートアップ初期段階では多くの場合ロングテールキーワードを狙う SEO 戦略が選択されます。このアプローチでは、多数のロングテールキーワードを集めることで十分な数の顧客にリーチします。

ロングテール戦略が効果的なのかを判断する最初のステップは、ファットヘッド戦略と同じく Google キーワードプランナーです。しかし今回は、ロングテールキーワードについてより細かい情報を探さなければいけません。ロングテールキーワードの検索ボリュームを合わせるとどの程度の量になるのでしょうか？ そのキーワードのバリエーションは検索されるでしょうか？

ロングテール戦略の効果を判断する次のステップは、Google アナリティクスや Clicky などの解析ソフトウェアを参照することです。これらのアプリケーションは、自分のサイトを見つけるために入力された検索キーワードを表示してくれます。

ロングテールキーワードでユーザを呼び込むようなコンテンツがないのであれば、選択肢は二つです。一つ目はキーワードを含めたコンテンツをいくつか用意して、どの検索キーワードがより多くの訪問者をサイトに呼び込むかを検証することです。二つ目は、競合の Web サイトを見て、それらがロングテール SEO でトラフィックを集めているかを判断することです。トラフィックを集めている兆候は 2 つあります。

1. 多数のランディングページを用意している。グーグル検索では「site:［サイトのドメイン］」を含めて検索することで、そのドメインのサイトにあるページを参照できる。例えば、Moz がどれだけのランディングページを作ったのかを見たければ、「site:moz.com」を検索して、おおよその数を把握できる。
2. Alexa の検索ランキングをチェックして、競合サイトが何パーセントの訪問者を検索から得ているかを確認する。競合サイトをいくつか確認して、検索流入率が他よりも高い場合、そのサイトでは何か特別な SEO 戦略を練っていると考えられる。

施策

ロングテール SEO を突き詰めていくと、良質なコンテンツの大量生成にたどり着きます。教育向けビンゴカード生成サービス Bingo Card Creator と、重要なアポイントメントのリマインダーを送る Appointment Reminder の創業者パトリック・マッケンジーにこの課題に対するアプローチを聞きました。

一方の口からお金を取り、反対の口からランキングを吐き出すようなマシンを作るのです。例えば、Bingo Card Creator では、フリーライターにビンゴカードのデザインと Web サイトに載せる関連コンテンツの制作を依頼し、その費用を払います。教育向けのビンゴカードは教育出版社にとってはニッチすぎる対象なので、検索結果でのランキングは高くなる傾向があります。

検索キーワード一つあたり 10 ドルから 20 ドルで、Web サイトに掲載しても問題ないレベルの記事を作成できます。多くの SaaS スタートアップにとっては、顧客一人あたりの生涯価値は、数百から数千ドルになる可能性があります。したがって、各［記事やランディングページ］は大量のトラフィックを必要としません。それらをすべて合わせるとビジネスに値する数字になるからです。

私のビジネスが成功している根本的な理由は、SEO 戦略が驚くほどうまく行っているということです。

我々とのインタビューで、パトリックは「Owls of East Asia（東アジアのフクロウ）」ビンゴカードを使った面白い実験について話してくれました。東アジアのフクロウに関するコンテンツを載せたランディングページ[4] を用意し、ビンゴカードのカスタムテンプレートを作成しました。このページは三年間で 60 ドル程度の収益がありました。制作費が 3.5 ドルだったことを考えると、意味のある投資でした。このコンテンツが成功した理由は、インターネット上で「Owls of East Asia bingo」を探す人のためのページが他にほとんど存在しなかったからです。パトリックの場合、この程度の投資額で 60 〜 100 ドルの収益をあげるコンテンツを大量に制作することで大きな利益を生んでいます。

パトリックは、ランキング上位に表示させたいキーワードをターゲットにしたページを多数制作しました。例えば「植物と動物」というビンゴカードのカテゴリ内には

---

[4] 訳注 http://www.bingocardcreator.com/bingo-cards/plants-and-animals/owls-of-asia

「犬の品種のビンゴ」「猫の品種のビンゴ」があり、そしてもちろん「東アジアのフクロウのビンゴ」といったページがあります。パトリックはフリーランスのライターを雇ってビンゴに含む単語をリサーチしてもらい、その結果を使ってランディングページを制作しました。

基本コンテンツとシンプルなレイアウト構造を持つ標準的なランディングページを設計することでこの方法が可能になりました。そして oDesk や Elance などのフリーランサーマッチングサービスを使ってオーディエンスが興味を持ちそうなロングテールのトピックをターゲットにした記事を大量に作成してくれるライターを募ります。

特に地理的条件を含む製品やサービスの場合、選んだキーワードをターゲットに、地理的要素も含んだコンテンツを生成するという施策があります。例えば「競売物件」を検索する人にリーチしたい場合は、地理的要素を含めてランディングページを制作することでより高い効果を上げるでしょう。つまり「最近競売が開始されたニューヨーク、クイーンズ地区の家」のようなランディングページを生成するのです。これらのページは、ターゲット範囲がより広い「最近競売が開始された家」のランディングページよりもランキング上位に表示される可能性が高いでしょう。

自動化

ロングテール SEO に対するもう一つのアプローチは、あなたのビジネスが自然に生み出すコンテンツを使うことです。この施策を実行できるかを確認するために、自らに次のように問いかけてみてください。「他の人が便利と思うようなデータの収集や生成を行っているだろうか?」

Yelp[5]、Trip Advisor、ウィキペディアなどは、ロングテールのコンテンツを自動的に生成することでトラフィックのほとんどを獲得しています。また、自動化は共著者のガブリエルが以前起業した Names Database(1,000 万ドルで classmates.com に売却)における中心的な存在でした。昔の友達やクラスメートを検索すると、その人の Names Database ページに遭遇しました。そのサービスによって自動的に収集されたデータから自動的に別のページが生成されました。そのページが検索エンジンにインデックスされると、ロングテールキーワード(個人名)を検索する人の自然流入を大量に生み出しました。

Names Database はユーザ自身の情報入力を促すため、ログインしないとデータを

---

[5]　訳注　レストランや美容院、病院など、様々なローカルビジネスのレビューサイト。

閲覧できないようにしていました。そのような場合でも、検索エンジンにはデータを見えるようにしておきます。データを整理して便利にするために、常にクリエイティブでなければいけません。

リンクビルディング

　ファットヘッド戦略でもロングテール戦略でも、SEO は結局のところコンテンツとリンクの二つに収束します。コンテンツがターゲットキーワードにマッチしていればいるほどランキングが高くなり、そして、信頼できる様々な種類のソースからリンクが張られることでランキングが高くなります。

　リンクを得るためには外部の人が関わるため、コンテンツの制作よりも難しいことがあります。リンクビルディングの方法をいくつか挙げておきます。

- PR：オンラインの出版物に掲載されると、自社 Web サイトへのリンクが張られる（7 章参照）。
- 製品・サービス：リンクを張りたいと思わせる Web ページを製品やサービスの一部にする。LinkedIn のプロフィールページなどは外部からリンクされることが多く、このケースにあたる。
- コンテンツマーケティング：魅力的で、ビジネスとの関連性が高いコンテンツを制作してリンクを張ってもらう（13 章参照）。
- ウィジェット：Web サイトの運営者が使える便利なウィジェットを配布し、そこにリンクを配置する（15 章参照）。

リンクする価値のあるコンテンツ

　たちまち拡散していく素晴らしいコンテンツの制作と、ロングテールキーワード用のテンプレート記事の作成にフリーライターを雇うことには違いがあります。これらは共に効果を出せる（また同時に使える）戦略ですが、その質には大きな差が存在します。

　ここでの「良いコンテンツ」のポイントは、**リンクを張ってもらうために十分なレベルの記事**を制作することです。ランド・フィッシュキンはインフォグラフィック、スライドショー、画像、調査データなどを使ったリンクビルディングを勧めていま

す。

　最終目的はリンクを張ってもらうことなので、リンクを張ってくれそうな人をターゲットにしたいはずです。製品によってそのセグメントは異なりますが、一般的にはブログを運営しているような人によって大きく拡散するソーシャル共有が行われます。メディアの記者も良いターゲットになります。

　これは、あなたが見てもらいたいコンテンツだということを覚えておいてください。自信を持って友達に送り、共有してもらうようにお願いできるようなものです。新聞などの「格式ある」サイトは、無名のサイトよりも検索エンジンに優遇される傾向があります。SEOの観点では、強いサイトに掲載されることは強いコンテンツを意味し、より強力なリンクを提供し、検索結果でのランキングを上げてくれます。

　まとめると、サイト間のリンクはSEOにおける貨幣であり、ページのランキングを大きく左右する要因です。被リンクの数（リンクが張られている数）とそのリンク元を表示してくれるOpen Site Explorerというツールもあります。このツールで競合サイトのリンク状況を見て、リンク元となるターゲットを探すこともできます。

絶対にしてはならないこと

　SEOには、絶対にしてはならないことがあります。その最たるものは、自分のコンテンツに対するリンク数を増やすためにリンクを買うことです。リンクの売買は検索エンジンのガイドラインに違反し、売買した会社には重い罰則が与えられます。それ以外にも、検索エンジンを何らかの形でだますような行為は重い罰則につながります。

　正しい施策を実施する「ホワイトハット」や、反則スレスレの線を走る「グレーハット」の対義語として、うわべだけのSEO施策は「ブラックハット」と呼ばれます。常に「ホワイトハット」領域の施策を実行すべきです。

　ブラックハットSEOは短期的には効果が上がるため、とても魅力的に見えますが、長期的に持続可能なビジネスを構築することは困難です。検索エンジンはいつかこれに気づき、罰則を与え、その結果トラフィックは大きく減少します。

終わりに

　ランド・フィッシュキンは我々とのインタビューで次のように述べています。

良いアイデアがない、アイデアを実行できない、またはマトモな製品を作れないという理由で失敗するスタートアップをほとんど知りません。スタートアップの90%は顧客にリーチできないために失敗しています。

多くのスタートアップにとってマーケティングが大きな課題であれば（そしてそれは事実なのですが）、狙う市場にリーチしなければならない段階に達するまでは、コンテンツマーケティングの優先順位を上げるべきです。

Mozの顧客の85%は、インバウンドマーケティングチャネル[†6]から訪れます。そして、アウトバウンドマーケティングチャネル経由で訪れた顧客よりも長くサイトに滞在します。

HubSpotのマイク・ボルプは次のように述べています。

我々はマーケティングに30名、そして営業に120名を擁していますが、すべてマサチューセッツ州ケンブリッジのオフィスに所属しています（外回り営業はしていません）。そして毎月45,000から50,000の新規リードを獲得し、そのうち60〜80%は（無料の）インバウンドマーケティング経由で獲得しています。インバウンドのリードのコストは50%低く、有料ルートで獲得したリードの倍の確率で成約します。

私の個人的な経験と業界知識から推測すると、他のSaaS企業はインバウンドマーケティングから10%程度のリードしか得ておらず、月間で獲得するリードは合計2,000から5,000程度です。しかし、我々は70〜80%のリードをインバウンドから得て、月間で合計45,000以上の新規リードを獲得しています。

まとめ

- SEOへの二大アプローチとして、ファットヘッド（ビッグワード）戦略と、ロングテール（より長いワード、または複合キーワード）戦略がある。ただし、どちらかを一方だけを選ばないといけないわけではない。

- SEOを評価するにはまず、ビジネスに目に見える違いを生むことができるだけの検索ボリュームを持つキーワードが存在するかを確認する（そのキー

[†6]　訳注　インバウンドマーケティングとは、顧客が興味・関心を持つと思われるコンテンツを継続して発信することで（ソーシャルメディアなどを介して）顧客自身にコンテンツを見つけてもらい、誘い込むマーケティング手法。企業が伝えたいと考えるメッセージを発信し、自ら積極的に顧客にリーチしようとするアウトバウンドマーケティングとは反対の考え方です。HubSpotがこの考え方を初めて提唱しました。

ワードで高いランクに表示できることを仮定)。

- 狙えそうなキーワードをいくつか発見したのであれば、まず有料検索広告を出してみることで実際にコンバージョンが発生するかをテストできる（9章参照）

- 製品やサービス自体が検索エンジン向けの良質なロングテールコンテンツを自然に生成することもあれば、ロングテールランディングページを生成する簡単な方法が存在する可能性もある。

- ファットヘッドとロングテールのどちらにおいても、SEO はコンテンツとリンクの二つが大切であり、リンクビルディングの方が難しい。

- 質の高いリンクを得る方法の一つは、素晴らしいコンテンツを制作すること（13章参照）

- 検索エンジンのガイドラインに反する「ブラックハット」SEO を避ける。特にリンクの購入は絶対にしてはならない。

13章
コンテンツマーケティング

　最近見た企業ブログを思い出してみてください。ほとんどのブログはあまり更新されておらず、大して面白くもないコンテンツにコメントが若干ついていただけではないでしょうか。

　そのようなブログを、Moz や Unbounce[†1]、OkCupid[†2] といった人気の企業ブログと比較してみましょう。これらの企業では、成長段階での一定期間において、ブログが最大の顧客獲得チャネルでした。数百のコメントが寄せられる記事や大規模な PR に発展する記事、数千回共有されるような記事を掲載しています。そしてこの活動は最終的に新規顧客獲得につながります。

　このトラクションチャネルにおける成功体験があり、チャネルの利用方法における方向性が異なる 2 人の経営者にインタビューを行いました。Unbounced の創業者兼 CEO のリック・ペローは、Unbounce がアプリケーションの開発を開始したその日からマーケティングプラットフォームとしてブログを使い始めた経験を話してくれました。なんと彼らは製品をリリースする一年も前からブログを始めていたのです！Unbounce のブログは、オンラインマーケティング業界における Unbounce のポジションを確立させ、現在においてもトラクション獲得の主要ソースなのです。

　その対極として、OkCupid のサム・イーガンにもインタビューを行いました。この人気のオンラインデーティングサービスは 2004 年にスタートしましたが、OkCupid が本格的にブログを始めたのは 2009 年のことでした。初期段階では他のチャネルにリソースを集中していましたが、コンテンツマーケティングに舵を切ってから飛躍的な成長が始まりました。

---

†1　訳注　ランディングページ制作ソフトウェアや A/B テストツールなどを提供。
†2　訳注　ニューヨーク発のデーティング（出会い系）サイト。

ケーススタディ：Unbounce

3章で言及しましたが、多くのスタートアップはプロダクトトラップ[†3] に陥ります。ディストリビューションを考える前に製品を構築し始めてしまいがちです。シンプルなランディングページ制作ソフトウェアを開発する Unbounce は、この反対を行いました。創業者リック・ペローが最初に雇った従業員はフルタイムのブロガーでした。Unbounce は文字通りその創業初日から製品の特徴を企業ブログに書き出していたのです。

Unbounce のターゲットユーザはオンラインマーケターです。そしてオンラインマーケターたちはオンラインでアクティブに活動します。そこでリックは、潜在顧客を獲得するためにはブログが理想的な手段であると考えました。彼は次のように語ってくれました。

> 最初から我々が行ったような形でブログを始めていなければ、Unbounce は今日ここには存在していませんでした。（中略）我々のコンテンツは今でも顧客を動かします。2010 年の 1 月に書いたものが、今日でも顧客を動かすのです。広告費を使ったのはその月だけであるにもかかわらず、です。これ以上支払いの必要はありません。コンテンツに投資すると、グーグルに拾われます。そして見つけた人が共有し、ほぼ無限に顧客を連れてきてくれるのです。
>
> 2010 年の夏に製品をリリースする頃には、ブログにはすでに月間 2 万のユニークビジターがありました。（中略）製品リリースまでほぼ 1 年間、休むことなく稼働していました。
>
> そして今、我々のブログは最も重要な顧客獲得ソースです。Unbounce について記事を書く人もいれば、我々が書いた記事をツイートで拡散する人もいます。（中略）このブログは我々のマーケティング活動の中心を担っています。

この「最初からブログ」アプローチによって、製品のリリース時には 5000 通以上の案内メールを送信できました。スタートアップの製品リリースにおいて、リリース時にこの規模の案内ができることはなかなかありません。

Unbounce ではブログに読者を誘導する手段として、ソーシャルメディアを頼りにしていました。記事を書くと、ツイッター上で影響力を持つユーザに必ずフィード

---

†3　訳注　「キラープロダクトさえ作れば顧客が殺到する」と考えてしまう傾向。

バックやコメントを依頼しました。また、Quora などのターゲットを絞った Q&A サイトに使えるアドバイスを書いておくことで、見込客とのつながりを強化しました。このような努力によって、コンテンツが自然に拡散するために十分な量のオーディエンスを確保しました。ビジネスの規模が拡大しても継続できる施策ではないかもしれませんが、コンテンツが自然に拡散するような流れを作るためのものなので、それでもよいのです。

Unbounce はブログ初期において、ブログに対する興味を喚起することとトラフィックの増加に対して投資を行いました。インフォグラフィックや「ランディングページを最適化する 101 の方法」といったホワイトペーパーを無料でリリースし、メーリングリストを拡大していきました。そして、製品のベータ版をリリースした時にこの投資が実を結びました。顧客がどっと押し寄せてきたのです。

ここまで到達することは、見た目ほど簡単ではありません。オンラインマーケティングについての素晴らしい記事を隔週でブログに投稿していても、ある程度の結果が出るまでに 6 ヶ月もかかりました。しかし、一度オーディエンスを掴むと、二度と後ろを振り返ることはありませんでした。

ケーススタディ：OkCupid

OkCupid は米国で最も人気のあるオンラインデーティングサイトで、推定 5,000 万ドルで Match.com に買収されました。OkCupid のブログへのアプローチは Unbounce とは異なります。サービス開始後五年で初めてそこにリソースを集中投入したのです。

OkCupid の創業者サム・イーガンは、ブログを立ち上げる前に他のチャネルをいくつか試しました。その施策の一つとして、PR エージェンシーを使い、OkCupid で集めたデータを活用しておもしろいニュース記事を制作し配信しました。ガソリン価格と直接相手に会う意欲の関係性や、女性がトム・ブレイディよりもイーライ・マニングにより魅力を感じる理由[4] などです。

残念ながらこの試みは失敗しました。しかし、同じような記事を自社のブログに投稿すると、うまくいきました。まず自社ブログに投稿し、それからその記事をメディアに投げる方がはるかに効果的であることを発見しました。自社で記事を書くことで、普通の PR エージェンシーは執筆を避けるような微妙なニュアンスを持つトピッ

---

[4] 訳注　トム・ブレイディとイーライ・マニングはアメフトのライバルチームの主力選手。

クも扱うことができました。

OkCupidがトラクションチャネルとしてブログに集中し始めたのは2009年のことでした。それ以前はバイラルマーケティングやSEOといった他のチャネルにリソースを投入していましたが、その時点ではビジネスを変えるほどの力がなくなっていました。

コンテンツマーケティングへの集中は見事に実りました。ブログを立ち上げる前の成長は緩やかなものでしたが、立ち上げてからは急激に成長しました。図13-1で実際に見てみましょう。

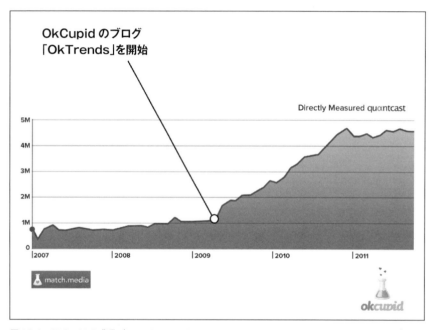

図13-1　OkCupidの成長（http://www.slideshare.net/digiday/okcupid-13463737 のスライド）

ブログの初期段階には二つの目標がありました。一つは、オンラインでの存在感を高めることでした。オンラインデーティングサイト市場は競争が激しく、そこで目立つにはユニークな取り組みが必要でした。もう一つは、オンラインデーティングサイトを日常的な話題にすることでした。当時はオンラインでの出会いは嫌われる傾向にありました（現在もまだこの傾向は残っています）。この空気を打ち破ることで、オンラインでの出会いを話題にできる雰囲気を提供したかったのです。

Unbounce と同じく、OkCupid でもブログがマーケティング活動の中心でした。トラフィックやバズを生み出すために、メッセージのやりとりに人種が与える影響、といった、意図的に物議を醸し出すような記事を書きました。会員の利用パターンの調査やデータ収集が伴うため、記事一本の執筆に一ヶ月かかりました。

OkCupid は無料で利用できるサイトなので、顧客獲得にあまり大きなコストをかけることはできませんでした。実際、有料の広告を一切行ったことがありません。つまり、ユーザ獲得コストが発生しないようなチャネル（PR やコンテンツマーケティング、SEO、バイラルマーケティング）を駆使して成長を促す必要がありました。

面白いことに、ブログを始めてからは、PR エージェンシーと組んでいた頃よりも多くの PR 機会に恵まれました。CNN、Rachel Ray[†5]、ニューヨーク・タイムズなどのメディアが記事の内容に興味を示したのです。

ブログはまた、SEO の観点でも大きな利益をもたらしました。ブログを始めた当時、「オンライン デーティング」というキーワードで OkCupid が検索結果の上位に表示されることはありませんでしたが、一年後にはその競争率の高いキーワードでトップに表示されるようになりました。

強力なコンテンツを制作する

コンテンツマーケティングにおける最も高いハードルは「ライターズブロック[†6]」です。これを克服するには、ターゲットとする顧客が直面している問題について何かを書いてみることです。あなたは業界について、見込客よりも多くの知識があるはずです。つまり、見込客が興味を持つテーマについてより深い洞察ができて当然なのです。

どの業界にも、解決したい問題は存在します。Unbounce の場合は、ランディングページ最適化、有料検索広告（Pay-Per-Click、検索連動型広告、リスティング広告とも呼ばれます。9 章参照）コンバージョンなどについて、見込客の問題解決に役立つ記事を書きました。OkCupid の記事は「初めて送るメッセージには何を書けばいいか」といった、オンラインデーティングのユーザにとって気になるトピックを楽しく、時には議論を巻き起こすような表現を使って紹介しました。

Unbounce は通常のブログ記事にミニチュートリアル、ホワイトペーパー、インフォグラフィックなどを絡め、多くの場合は読者のメールアドレスと引き換えにこれ

---

†5　訳注　米国の人気トークショー。
†6　訳注　なぜか突然文章を書けなくなってしまう状態に陥ること。

らの付録を配布しました。インフォグラフィックは通常の記事の20倍シェアされ、他のオンラインメディアにピックアップされる確率も高くなることがわかりました。実例として、Unbounceは2012年に「オンラインマーケティング初心者ガイド」というインフォグラフィックをリリースし[†7]、数万のダウンロードと数千の有料顧客を生み出しました。リリース一年後でもツイッターで一時間に一回のペースで共有されていました。

リック・ペローとサム・イーガンは揃って、質の高いコンテンツの制作に近道はないと述べています。制作したコンテンツが役に立つものでなければ、ツイッターで拡散させようとしても拡散されることなく無駄に終わります。

ブログを成長させる

ブログを開始して間もない頃は、たとえ記事の質が良くてもブログに大量のトラフィックが流入することは少ないでしょう。Unbounceでも、コンスタントに記事を掲載していたにもかかわらず、最初の6ヶ月の訪問者数は月間800未満でした。それが月間2万まで成長するにはかなりの時間を要しました。

ありがたいことに、成長を加速させる方法があります。Unbounceはオンラインマーケティング関連のフォーラムに積極的に参加し、できる限りの貢献をしました。そこでツイッター上で影響力を持つユーザに声をかけることができました。そのようなマーケティング業界の「ミニセレブ」をフォローして、自分たちのブログ記事へのフィードバックを求めたのです。

読者を増やす最も良い手段の一つは、他のサイトに記事を投稿する**ゲスト投稿**です[†8]。オーディエンスがほとんどいないブログ初期においては特に有効です。Unbounceはブログをはじめてから三ヶ月後に、他の人気ブログでゲスト投稿を始めました。

ブログを書き進めるとともに、ソーシャルメンション[†9]の計測や解析ツールで、注目を集めるタイプの記事かどうかを判断してください。多くのブロガーがその解析結

[†7]　訳注　http://unbounce.com/noob-guide-to-online-marketing-infographic/
[†8]　訳注　グーグル検索エンジンのスパム対策チームのリーダー、マット・カッツは2014年1月に「SEO目的のゲスト投稿は終わった」という記事を発表しました。ゲスト投稿に限った話ではありませんが、SEO目的の濫用は12章「絶対にしてはならないこと」で紹介した「ブラックハット」と判断される可能性があります。
[†9]　訳注　インターネット（主にソーシャルネットワーク）における自社や自社ブランド・製品などについての言及（メンション）を指します。

果に驚きます。何がオーディエンスにウケるのかを予測することは非常に困難なのです。そのため、継続的にコンテンツを制作しリリースすることが重要です。コンテンツ執筆のカレンダーを管理して、定期的に行うようにします。

読者の役に立つブログ記事を書く

ここで思いつくまま、三人のベンチャーキャピタリストを挙げてみてください。または友達に聞いてみてください。多くの人がフレッド・ウィルソン[10]、ブラッド・フェルド[11]、マーク・サスター[12] のいずれかを挙げるはずです。なぜでしょうか？それは、人気ブログを運営しているからです。そして彼らはもちろん、ベンチャーキャピタリストとして大成功を収めています。輝かしい経歴を持つベンチャーキャピタリストは数多く存在しますが、彼らに並ぶほどのブランド認知を持った者はいません。

このトラクションチャネルでは、特定の業界やセグメントにおけるリーダーとしてのポジションを獲得できる可能性があります。Unbounce と OkCupid は、競合がひしめく業界の中で人気ブログを運営することによってリーダー企業として認知されるに至った好例です。

業界リーダーとして認知されると、大規模カンファレンスでの登壇や、ニュース記事へのコメントを求められるなど、業界の方向性に対して影響を与えるような機会が発生します。その結果、より一層自分のコンテンツが共有されるという効果があります。

Unbounce にとって、強力な企業ブログによるもう一つの成果は、パートナーシップ締結の機会を得たことでした。ブログを始めたばかりの頃は、他の有名企業にパートナーシップ契約（17 章参照）を持ちかけても、プレゼンテーションが相手に響くことはなく、良い結果を残すことはありませんでした。しかし、ブログの読者が増えるにつれ状況は変化しました。今ではセールスフォースなど有名プラットフォームとのインテグレーションを含む無数のオプションを用意できるようになり、パートナー契約を結びたいと考える企業が列をなしています。

---

†10 訳注 ベンチャーキャピタル Union Square Ventures の共同創業者であり、ブロガー（http://avc.com/）。ツイッター、Tumblr、Foursquare、Zynga、Kickstarter などに投資実績がある。

†11 訳注 コロラド州のベンチャーキャピタル Foundry Group のパートナー。ブログは http://www.fcld.com。

†12 訳注 スタートアップに関するブロガー（http://www.bothsidesofthetable.com/）であり、Upfront Ventures のパートナー。

終わりに

　強力な企業ブログは、少なくとも8つのトラクションチャネル（SEO、PR、メールマーケティング、ブログ広告、コミュニティ構築、オフラインイベント、Webサイト等、ビジネス開発）に良い影響を与えます。うまくいくと、魔法のように顧客を誘い込みます。

　リック・ペローは次のように述べています。

> ［我々のブログは］検索をさせて、口コミを起こします。ブログはそのファネル（漏斗）の一番上の注ぎ口です。ブログを発見した人は、我々のWebサイトに愛着を持つようになります。ブログ自体についてマーケティングを行うわけではありませんが、週に数回コンスタントに記事をリリースすることで、その記事が共有され、ブログに読者を送り込みます。

まとめ

- 企業ブログは、軌道に乗るまでにかなり長い時間がかかる可能性がある。このチャネルにリソースを集中するのであれば、小規模のテストが終了してからも少なくとも6ヶ月は専念しなければならない。

- 初期段階では、記事の共有を個人的にお願いするなど、規模拡大後には費用対効果が著しく失われてしまうようなことを実行してもOK。記事が勝手に拡散を始めるようになるまでの助走期間と割り切る。

- このチャネルで成功するためには、良質のコンテンツを制作しなければならない。特効薬は存在しない。ターゲット顧客が抱える問題について書くことが適切なアプローチとなる。他のアプローチとしては、何らかの実験を通じて得たデータや、会社が持つ情報を使って、他では書けない濃い内容の記事を制作すること。もちろん、これら両方のコンテンツを書いてもよい。

- （ツイッターなどで）影響力のある業界リーダーと知り合う、最近のニュースイベントについて書く、共有可能なインフォグラフィックを制作するなどはすべて、オーディエンスの成長率を上げるための素晴らしい手法。

- コンテンツカレンダーを制作しておくと、頻繁かつ定期的に記事を書くための役に立つ。記事トピックのアイデアをリストにしておくことで「ライターズブロック」に陥らないようにする。

14章
メールマーケティング

　あなたの受信トレイには、我々と同じく、クーポン・紹介・販促などのプロモーションメールが大量に入っているかもしれません。これがメールマーケティングです。グルーポンや Fab[†1]、Jackthreads[†2]、Thrillist[†3]、Zappos など多くのオンライン小売業者がメールマーケティングを使って販促、割引、そしてニュースレターを配信しています。

　このトラクションチャネルでは、顧客の行動に基づいたメールを簡単に送信できるようにするスタートアップとして知られる Customer.io の創業者兼 CEO、コリン・ネダーコーンにインタビューを行いました（Customer.io は取引関連メールや顧客ライフサイクル管理のメールサービスでも知られています）。コリンは、メールが現在でも最高のマーケティングチャネルである理由を我々とのインタビューで明かしてくれました。

> リアル（オフライン）ビジネスを展開しているのであれば、［メールは］あなたの製品や Web サイトに興味を示した人に広くリーチするための最も効果的な方法です。これに並ぶものは存在しません。

　メールマーケティングはパーソナルなチャネルです。あなたの会社から発信したメッセージが、受け取る側では友達や家族からのメールと同じ場所に並びます。したがって、メールマーケティングはパーソナライズを行った時に最大の効果を発揮します。メールは顧客のアクションに応じて用意できるため、すべてのメッセージが顧客の興味に応じたコミュニケーションとなります。

---

†1　訳注　デザイングッズのオンラインショップ。
†2　訳注　男性用アパレルの会員制オンラインショップ。2010 年に Thrillist グループに買収された。
†3　訳注　世界のさまざまな都市の食と旅の記事を提供するメディア。

メールマーケティングは、顧客のライフサイクルの全てのステージで活用できます。顧客の獲得、見込客との信頼関係の構築、コンバージョンへの誘導、既存顧客の維持などです。本章では、それぞれの状況に応じたメールの利用方法を紹介します。

顧客発見

さて、メールマーケティングについて詳しくお話する前に、一つ注意しておきます。名簿業者からメールアドレスのリストを買って一方的にメールを送りつける会社があります。**これはスパム**です。スパムメールは受信者の怒りを買い、その後のメール配信に関係する全ての努力を水の泡にし、会社に長期的な損害を与えます。我々はこのような行為を推奨しません。

しかし、顧客のメールアドレスを「合法的に」入手する方法は多数存在します。メールマーケティングを行うかどうかにかかわらず、様々なマーケティング活動を通じて獲得した見込客のメールアドレスはリストとして整理しておくべきです。このリストは将来にわたって利用可能な財産です。

メールアドレスのリスト構築には、SEO（12章）やコンテンツマーケティング（13章）のようなトラクションチャネルが役立ちます。単純に、**ブログ記事やランディングページの終わりに、メールアドレスを聞けばよい**のです。多くの企業は動画やホワイトペーパーなどのプレミアムコンテンツへのアクセスにメールアドレスを要求します。Unbounce のリック・ペローとのインタビューでは、この方法がアドレスの収集に一番効率的な方法であると述べていました。

もう一つのアプローチは、自分の得意分野に関する短い無料のトレーニングコースを提供することです。潜在顧客に対して製品そのものやそれが解決できる問題についての内容です。このコースの終わりには製品のニーズに合わせて次の行動につながる要素（Call to Action）を用意しておきます。例えば、製品の購入や、無料のトライアルの開始、もしくは友人への共有を促すことができます。

自分でリストを構築しない場合は、製品と関連性のあるニュースレターに広告を出すことや、他のチャネル（SEM、ソーシャル／ディスプレイ広告など）の利用を考えましょう。多くのニュースレターは広告枠を用意しています。枠がないようであれば、発行者に直接依頼してもよいでしょう。

顧客エンゲージメントを高める

　顧客を発見して Web サイトに誘導するということは、意味のある目標です。しかし、これはトラクションを獲得するための最初のステップにすぎません。本当に欲しいものは、**アクティブな顧客のメールアドレスが詰まったリスト**です。

　成功する製品にとって、ユーザアクティベーション（登録だけではなく、実際に製品を利用開始すること）は重要でありながら、見過ごされがちです。この「アクティベーション」が実際に意味するところは場合によって異なります。例えばツイッターにとってのアクティベーションは、ユーザが一回ツイートをすることか、五人をフォローすることです。Dropbox にとっては、アプリケーションのインストールに成功し、ファイルを一つアップロードすることです。

　ご想像の通り、アクティベーション率の向上はビジネスに大きな影響を与えます。顧客があなたの製品を「愛用」することで、全てが良い方向へ向かいます。製品に価値を感じていないユーザがお金を払うところや友達に勧めるところを想像できるでしょうか？

　メールマーケティングは初期の顧客のエンゲージメント[†4] を高めるための素晴らしい手段です。よく行われるアプローチは、製品の主な機能を何回かに分けて紹介するメールを送ることです。一度に全てをまとめて送りつけるのではなく、登録から五日ほど後に「こんにちは！　この製品にはこのような機能があることをご存知ですか？」などのメールを送ることができます。

　ターゲティングメール[†5] を使って、アクティベーションを完了していない顧客にリーチします。顧客登録時に始まり、その顧客がアクティブになるところで送信を終了するようなメールを設計します。このように、顧客ライフサイクルの特定のステージにおいて、次のアクションにつながるメッセージを発信するメールは**ライフサイクルメール**と呼ばれます。コリン・ネダーコーンはライフサイクルメールを使って顧客エンゲージメントを維持しています。

> 　ユーザがトライアル登録する際、ライフサイクルメッセージを利用してそのユーザにとって理想的な体験を創り出します。そして、理想的な体験に至らないユーザが辿る可能性のある全ての経路を把握しておきます。そこにもメールを用意しておいて、道から外れてしまいそうなユーザを掴んで、［理想的な］経路に戻れるように

[†4]　訳注　コンテンツに対して一定以上の積極的なかかわり（時間を使うこと、クリック、共有など）を意味するマーケティング用語。

[†5]　訳注　ユーザの属性やサイト上で取った行動履歴に基づきターゲットを絞って送信するメール。

支えるのです。

Dropbox の場合、アカウントを作成したもののその後ファイルをアップロードしていなければ、そのユーザはアクティブではありません。登録は行ったかもしれませんが、忙しくて忘れてしまったのかもしれません。その場合、Dropbox はファイルアップロードのリマインダーメールを自動的に送信します。このようなターゲティングメールを活用して、ユーザがアクティベートする確率を上げました。

これがコリンの言う「そのユーザにとって理想的な体験を創り出す」の意味です。ユーザが製品を使いこなせるように、後ろからそっと、少しずつ押してあげます。これらのメールを企画する際には、製品の**利用価値を引き出すために絶対必要となるステップ**だけを入れます。そして、ライフサイクルメールを制作し、ユーザがそれらのステップを完了できるようにします。最初のステップを失敗して離脱してしまった人たちに自動送信するメッセージも作っておきます。ユーザが離脱する可能性のあるすべてのステップにこの仕組みを用意しておくと、アクティベーションプロセスを完了するユーザの数が飛躍的に向上します。

Vero や Customer.io のようなツールを使うと、特定のユーザセグメント向けにカスタマイズしたメッセージを作成できます。例えば、無料トライアルの登録から三日以内にアクティベーションを行っていないユーザにメールを送信できます。ツイッターではサービス開始から間もない頃、少なくとも五人をフォローしているユーザは、それ以下の場合よりも積極的に利用を続ける確率がはるかに高いことを発見しました。ツイッターはこのデータをもとに登録フローを組み立てました。顧客からフィードバックを得るためにライフサイクルメールを使うこともできます。コリンは Customer.io の新規顧客の登録から 30 分後にパーソナライズされたメールを自動送信します。そのメールは以下のような内容です。

件名：ご利用にあたってお困りのことはありませんか？

［顧客のファーストネーム］さん、こんにちは。Customer.io CEO のコリンです。ご利用の開始にあたって何かお困りのことがあれば、いつでもお気軽にご連絡ください。

コリン

このメールへの返信率はなんと 17% にのぼるそうです。自動送信メールへの返信率としては抜群の数字です。このメールでコリンと顧客との間にコミュニケーションチャネルが開き、製品に不足する部分を顧客から学び、製品の品質向上につながりました。

顧客維持

ライフサイクルメッセージは顧客を維持するためにも利用されます。多くの場合、メールマーケティングは顧客をサイトに再訪させるための最も有効なチャネルです。

ツイッターを例に挙げます。あなたがアクティブなツイッターのユーザであれば、誰かがツイートであなたのことをメンション[†6] したという通知、友達が新たに登録したという通知、または見逃したかもしれない人気ツイートの週間ダイジェストなどのメールを思い出してください。これらのメールはすべて、あなたをツイッター上でアクティブにしておくためのものです。

自分の製品やサービスのために送るメールの内容は、その製品の性格に依存します。ソーシャルネットワークサービスであれば、最終ログインから二週間以上経ったユーザにシンプルなメールを送ってもよいでしょう。オンラインデーティングサービスであれば、おすすめのプロフィールや、未読メッセージのお知らせなどが考えられます。よりビジネス的な性格が強い製品では、リマインダやレポート、製品の使用状況やその有用性に関する情報などを送ります。

製品の性質上、使用機会がそう多くないものは、メールマーケティングが顧客維持の主要なチャネルになる可能性が高くなります。財務状況のトラッキングサービスを提供する Mint は、収入と支出のレポートを毎週送信します。これにより、ユーザがたとえ長期間ログインしていなくても、意識の片隅に Mint が常に存在します。クレジットカードの不正利用を監視するサービスを提供する BillGuard もレポートを毎月送信します。

メールマーケティングは、顧客に楽しみとサプライズを贈るための最高のチャネルでもあります。フリーランサーのためのプロジェクト管理ツール Planscope のブレナン・ダンは毎週の売り上げレポートを顧客に送信します。そのようなメールがいらない顧客がいるでしょうか？　顧客の調子の良し悪しを伝えるようなコミュニケーションはうまく行く可能性がとても高いものです。パトリック・マッキンジーはこれ

---

†6　訳注　ツイートに @ で始まるユーザ名を含めて、そのユーザ宛にツイートすること。

を「あなたは最高！メール」（"you are so awesome" email）と呼んでいます。

製品を過去に利用したことを思い出させるようなメールを送る企業もあります。例えば、ちょうど一年前に撮影した写真を送るような写真管理サービスがあります。このメールは二つの目標を達成します。顧客の感情や気分を向上させることと、顧客をサイトに引き戻して、さらなるアップロードを促すことです。

売上を狙う

あらゆるトラクションチャネルの最終的な目標は、顧客を獲得して売上をあげることです。メールを銀行口座のキャッシュに変える方法が数多く存在します。他のチャネルと同様に、適切なターゲティングと状況に合ったオファーをタイミング良く行うには、まずテストが必要です。

本書でも以前にも述べたように、数百億円にも達する売上を生み出すために多くの企業がメールを使います。SEO（12章）で紹介したパトリック・マッキンジーによると、メールマガジンの購読者は、有料オンラインコースを購入する確率が他のチャネル（ブログ広告、SEO、コンテンツマーケティング）経由の顧客よりも 70 倍高いと述べています。

メールマーケティングで売上を上げる方法として、アップセル[†7] を狙ったライフサイクルキャンペーンがあります。例えば、WordPress（ブログシステム）のホスティングを行う WP Engine はライフサイクルキャンペーンを使ってプレミアムプランへの乗り換えを促します。

WP Engine は、WordPress ブログの URL とメールアドレスを入力するとそのサイトのパフォーマンスを計測してレポートする無料のスピード計測ツールを作りました[†8]。ツールを利用してから一ヶ月の間、WP Engine は WordPress のスピードとスケーラビリティについてのコースをツール利用者にメールします。「サイトスピードを向上させる 3 つの方法」「ホスティングサービスはビジネスにとってなぜ重要なのか」などのトピックです。このミニコースが終了に近づくと、WP Engine はそこでプレミアムホスティングサービスへのアップグレードを促します。

この連続メールによるコンバージョン率は、ただの販売用ランディングページに誘導するよりも高いものでした。WP Engine のような企業の多くは、見込客を販売まで直接誘導せずに、まずメールアドレスを求めるランディングページに誘導するよう

---

†7　訳注　対象顧客が以前購入した製品よりグレードの高い製品を販売すること。

†8　訳注　http://speed.wpengine.com

に広告を打ちます。その後、収集したアドレスを使って、一ヶ月程度の時間をかけて売り込みを行います。

WP Engine は、見込客がコンバージョンには時期尚早と判断した場合、その顧客をメールの頻度が少ない別の定期送信リストに入れます。これらの見込客がWordPress のプレミアムホスティングサービスを実際に検討する段階に入った時に、どこを検討対象にするかは容易に想像できます。

リターゲティングも売上のために使えるツールです。例えば、ユーザがショッピングカートに品物を入れたまま離脱した場合、一日～二日経ってから、カートに入っている品物のスペシャルオファーを載せたターゲティングメールを送ります。このメールは、脈絡なく購入を促すメールよりもまちがいなく高いコンバージョン率を計上します。

機能ベースで課金を行うフリーミアム製品[†9] では、顧客がまだ利用していないプレミアム機能について説明するメールのコンバージョン率が高くなる傾向があります。デーティングサイトにおいて、プレミアムプランにアップグレードするとより多くの出会いの可能性につながることも説明できます。購読タイプの製品の場合は、お得な年間購読にアップグレードするように促すこともできます。

同様に、アカウント数や人数によってプランを分けるようなビジネスモデル（例えば5ユーザで月9ドル、10ユーザで月15ドルなど）では、プランの上限に達しそうなタイミングでアップグレードを促すメールを用意できます。例えばスカイプは、ユーザのクレジット（前払い分）が底をつきそうになると、クレジットの追加や月額プランへのアップグレードを促すメールを送ります。

紹介を促す

メールはパーソナルであるという特性を持っているため、顧客から見込客への紹介を促す用途に適しています。新製品を楽しんでいるというメールを友達から受け取ると、フェイスブックのニュースフィードに一瞬だけ流れた商品よりも、実際に試してみる確率ははるかに高いでしょう。

グルーポンは、ディスカウントクーポンを友達に紹介するユーザにインセンティブを与えることで、紹介を活性化させました。グルーポンは一定数の人が購入しないと割引が適用されません。そのため、例えば Cheesecake Factory の 50% オフのクー

---

†9　訳注　無料で基本機能を使用でき、より高度で便利な機能を使う場合にだけ有料になるような課金モデル。

ポンが欲しい場合は、クーポンを成立させるために喜んで友達に紹介するのです。

このような紹介プログラムは Dropbox でも成功し、その成長を促進させました。より大きな無料ストレージをゲットするために、ユーザは Dropbox の紹介メールを友達に送ります。その友達が Dropbox に登録すると、その友達と紹介したユーザの両方に無料の追加ストレージが与えられます。この友達紹介プログラムは、数千万人の新規ユーザ獲得につながりました。

消費者向けのアプリや、場合によっては Asana [10] のような B2B 企業でも、ユーザのアドレス帳を読み込ませて友達にサイトを紹介するサービスがあります。このマーケティング施策はバイラルマーケティングでありメールマーケティングでもあります。そして、極めて良好な結果につながる可能性があります。多くの有名なバイラル製品（Hotmail、フェイスブック、LinkedIn）はこの手法を賢く使って成長しました。

施策

デリバラビリティ [11] はメール配信において鍵となる要素です。多数の技術上の理由のため、メールは受信者まで意図した通りに届かないことがあります。ほとんどの企業は MailChimp や Constant Contact といったメールマーケティングプロバイダを使ってメールを送信します。プロバイダがデリバラビリティを高めてくれるからです。デリバラビリティの確保はとても複雑で、容易ではないのです。

他のトラクションチャネルと同様、施策の効果を最大化するためにはこのチャネルでもテストが必須です。効果的なメールキャンペーンは、件名、フォーマット、画像、配信タイミングなど、すべての要素について A/B テストを行います。

開封率を高めるために、配信タイミングの検討が特に重要です。多くのマーケターは顧客の時間帯の朝 9 時から 12 時の間、または顧客がメーリングリストに登録した時間帯（つまり、午後 8 時にリスト登録したユーザには、午後 8 時に送信）にメールを送信することを推奨しています。製品によって効果が異なる可能性があるため、これも自分で試すべき変数です。

メールの強みの一つは、顧客からのフィードバックを得る手段でもあるということです。コリン・ネダーコーンは、返信を受け付けないメールアドレス（noreply@example.com など）を送信元としたメールは送るべきではないと述べています。代わりに、そのメール送信の機会を使って個人アドレスを送信元とした自動配信メール

---

[10] 訳注　オンラインプロジェクトマネジメントツールを提供。
[11] 訳注　送信したメールが実際に受信者に到達する見込み。

を送り、受信者が疑問や課題を直接返信できるようにしておきます。これはサポートや新機能リクエスト、既存顧客への営業アプローチにとても適しています。

最後に、メールの件名や内容が良くなければ、すべてが台無しになります。コピーライティングはそれ自体が特殊技術ですが、Copyhackers[†12] が提供するリソースや情報を参照することをお勧めします。メールキャンペーンは言葉遣いやヘッドラインをほんの少し変えるだけで単なる時間の無駄から非常に儲かるキャンペーンに変貌します。

まとめ

- メールマーケティングはパーソナルなトラクションチャネル。友達や家族からのメールに混じって受信トレイに配信される。したがって、パーソナライズされているメールキャンペーンほど効果は高くなる。

- メールマーケティングは顧客獲得、登録、維持、そして売上と、全ての段階で利用できる。

- このチャネルにリソースを集中するかどうかにかかわらず、潜在顧客のメールアドレスリストを作成しておくことを推奨する。

- 特に効果的なメールマーケティングのテクニックは、見込客に対して連続した自動送信メールを用意すること（「ライフサイクルメール」）。見込客の慣れを誘い、あるポイントで特定のアクションを行うように促すような場合に最も効果を発揮する。

- オンラインツールを使ってデリバラビリティを確保し、メールキャンペーンのテストと最適化を行う。

[†12] 訳注　コピーライティングについてのブログを運営し、コピーライティングのトレーニングやコンサルティングを提供。

15 章
エンジニアリングの活用

あなたのチームのエンジニアリングスキルを利用してより多くの人にリーチできる
ツールやリソースを構築することも、トラクション獲得の手段になります。我々はこ
のトラクションチャネルを「エンジニアリングの活用」と呼びます。「○○計算機」
やウィジェット、教育用のマイクロサイト[†1] などのツールを開発し公開することで、
潜在的な顧客に企業や製品をアピールします。また、リード[†2] を獲得して、顧客ベー
スの拡大につなげます。

すべての企業がこのチャネルを効果的に活用しているとは言えません。本章では、
このチャネルを上手に利用して急成長を遂げた HubSpot や RJ Metrics などの例を紹
介します。

マーケティングにおけるエンジニアリングの効果的活用

マーケティング自動化ソフトウェアを開発する HubSpot は、ほんの数年で数千万
ドルの売上を達成しました。成功に至った鍵の一つは、エンジニアリングチームが開
発した「マーケティング・グレーダー」というマーケティングレビューを行ってくれ
る無料ツールでした。

マーケティング・グレーダーに Web サイトのアドレスを入力すると、オンライン
マーケティングで必須となる施策を行っているか(ソーシャルメディア対策、ブロ
グ記事のシェア、基本的な SEO 対策など)を確認できるカスタムレポートを出力し
ます。このツールは無料ですが、価値ある情報が得られます。このツールは同時に、

---

†1　訳注　マイクロサイトとは、特定の目的のために作られた、比較的小規模な Web サイト(もしくは単一
　　ページ)。「マイクロではない」サイトとの違いについて明確な定義は存在しませんが、単一の製品や製品
　　シリーズ、イベントなどを個別に紹介するために制作されます。メインサイトに掲載されているコンテン
　　ツを異なる切り口や角度から紹介することもあります。
†2　訳注　「見込客との接点」を表す営業用語。本書内で出現する「リード生成」は見込客との接点を得ること、
　　「リードの養成」は接点を大きくして見込客を顧客に変えやすくする、といったイメージです。

訪問者が HubSpot の潜在的な顧客となりうるのか判断するための情報も収集しています。結局のところ、自分の Web サイトのマーケティングがうまく行っているのか判断したい人全てが HubSpot のマーケティングツールの潜在顧客であり、質の高いリードです。

我々は、マーケティング・グレーダーについて HubSpot のダーメッシュ・シャアにインタビューを行いました（インタビュー当時、ツールの名称は「ウェブサイト・グレーダー」でした）。彼の話は、エンジニアリング活用のアイデアがどこから浮かんでくるものなのかを教えてくれます。

> 立ち上げ当時のウェブサイト・グレーダーにまつわる話はとても面白いものです。その頃、HubSpot にはたった三人しかいませんでした。共同創業者と私はいつも「営業」していました（初期の頃の営業電話はほとんど友人やその知り合いにかけていました）。営業プロセスでの最初のステップの一つは、相手企業の Web サイトがインバウンドマーケティング[†3] にとってどの程度有効なのか感触を掴むことでした。共同創業者（ブライアン・ハリガン）は、常に我々の顧客の候補となりうる Web サイトを見つけてはその都度目を通すようにと送ってくれました。

> 数日これを続けていると、この手動の作業（Alexa 検索し、ページタイトルを見て、ドメインを見て…）にうんざりしました。そこで、この一連のプロセスを自動化するアプリケーションを作りました。これに関連して、その頃ちょうどエンジェル投資家としての活動を始めていたので、投資する対象として候補に挙がったスタートアップのマーケティングに対する理解度を判断する上で同じプロセスを利用していました。このアプリケーションを実際に開発してみると（最初のバージョンは数日で完成しました）他の人にとっても役立つと思い、websitegrader.com ドメインを取得してアプリケーションを公開しました。やがてアプリケーション上でメールアドレスを収集するようになり、バージョンアップを重ねていきました。

マーケティング・グレーダーは公開以来、300 万以上のサイトを分析しました。ダーメッシュによると、月間 5 万を超えるリードの大半はこのツール経由で獲得しているそうです。

マーケティング・グレーダーはターゲットユーザのニーズを正確に捉えた、とても

---

†3　訳注　顧客が興味・関心を持つと思われるコンテンツを継続して発信することで（ソーシャルメディアなどを介して）顧客自身にコンテンツを見つけてもらい、誘い込むマーケティング手法。企業が伝えたいと考えるメッセージを発信し、自ら積極的に顧客にリーチしようとするアウトバウンドマーケティングとは反対の考え方です。HubSpot がこの考え方を初めて提唱しました。

強力なトラクション獲得ツールです。HubSpot の営業ファネルにリードをするりと誘い入れます。このツールは HubSpot の製品自体を補完する存在だったため、エンジニアリングの活用が特に効果的でした。

マーケティングのためのエンジニアリングの有用性を世間に広めたもう一つの企業は、SEO ソフトウェア業界のリーダーである Moz です。無料で利用できる SEO ツールのうち、Followerwonk と Open Site Explorer は数万のリードを獲得しました。どちらもマーケティング・グレーダーと同様、Moz が想定する顧客が持つ問題を解決するものです。Followerwonk はツイッターのフォロワー解析を行い、オーディエンスを増やすためのヒントを与えてくれます。Open Site Explorer は Web サイトのリンク元（バックリンク / 被リンク）情報を参照できるツールです。SEO 施策を行う際にとても価値のある情報です。

これらのツールの特徴は、簡単に使えることです。ツールのページを開いて、ツイッターのユーザ名やサイトのドメイン名を入力するだけで結果が表示されます。潜在顧客がツールを利用すると、その情報をもとに営業やメールマーケティングといった他のチャネルを通じてアプローチを開始できます。

潜在顧客をコンバート

WordPress（ブログシステム）のホスティングサービス WP Engine もこのチャネルを使って成功しています。数百の企業がひしめくホスティング市場はすでに飽和状態に達していますが、WP Engine はハイエンド WordPress ホスティングにおける支配的な地位を獲得しました。これには、WordPress サイトの読み込み時間を計測する無料ツールが大きく寄与しています。

WP Engine スピードテストツールは、メールアドレスを提供するだけで任意の Web サイトの速度に関するレポートを生成します。その際に、ブログの速度を向上させるためのミニトレーニングコースに無料でオプトインできます。そうしてメールアドレスを入手すると、14 章で紹介したように、WP Engine はサイトスピード向上のためのテクニックの最後に宣伝文句を添えて送ります。

ダーメッシュはこのスピードテストツールを、一度きりのブーストを発生させるための広告ではなくマーケティングのための**資産**であると考えています。

> 私は無料ツールを、たとえそれがインタラクティブであっても、「コンテンツ」であると考えます。HubSpot は、一回制作・構築すると、永久に価値を生み続けるよ

うな高いレバレッジを持つマーケティングチャネルの存在を本気で信じています。そのため、我々はとてもギーク的で、分析的なアプローチでマーケティングを行います。コンテンツの部品（ブログ記事、アプリ、動画など）をマーケティング資産として考えており、この資産はリターンを生み出します。多くの場合、半永久的に。

これを、全くスケールしない広告の購入と比較してみます。広告を出す場合、その注目度は予算額に比例します。より多くのクリックがほしいのであれば、より多くのお金をかけます。コンテンツの制作費用が比較的安定しているインバウンドマーケティングでは、予定の 10 倍のリードを獲得しても、その限界費用[†4] はほぼゼロです。しかも、広告（アウトバウンドマーケティング）では通常、支払いを止めるとトラフィックも止まります。インバウンドマーケティングでは、新しいコンテンツの制作をやめても、古いコンテンツが継続して訪問者やリードを獲得する可能性があります。

　エンジニアリングリソースをマーケティングに利用する場合は、作成したツールを資産として捉えると、強力な存在であることが理解できます。ツールは継続的なリード生成のための武器となり、常にトラクション獲得の可能性を秘めています。

施策

年次のプロモーション

　このトラクションチャネルに投入したリソースを開花させる方法の一つは、周期性のある施策を展開することです。2012 年に公開された Codecademy[†5] の「Code Year」サイトの例を見てみましょう。多くの人がプログラミングを学びたいと宣言したものの、最後までやり切った人はあまりいませんでした。この問題に対処するため、Code Year はメールアドレスを登録するようユーザに促し、登録したユーザには2012 年のあいだ毎週プログラミングの無料レッスンをメールで送りました。これにより 45 万人以上のユーザが新規登録し、当時の Codecademy のユーザ数が倍増しました。

　Bingo Card Creator のパトリック・マッケンジーも同様に、ハロウィンやクリスマスなどのホリデーシーズンをテーマとしたマイクロサイトを立ち上げました。これ

---

†4　訳注　生産量が増加するに連れて上がる生産費用の増加分。限界費用がゼロだと生産増加分の収入がすべて利益になり、作れば作るほど際限なく儲かります。

†5　訳注　様々なプログラミング言語を無料で学べるオンラインプラットフォーム。

らのサイトは、想定よりかなり長期にわたって期待以上の効果をあげました。ホリデーシーズンは毎年到来するので、Bingo Card Creator はこのコンテンツを毎年繰り返し使えます。

Code Year はその名称から設定期間が一年で区切られているように見えますが、実際は一年中いつでも登録できて、その日から毎週レッスンを受けられる仕組みになっています。

マイクロサイト

共著者のガブリエルがインターネット検索のプライバシーに関するブログ記事を公開すると、読者から大きな反響がありました。ソーシャルメディアチャネルでのコメントのやりとりから、このトピックは多くの人の共感を得られることが明らかになりました。ガブリエルは、検索プライバシーに対して抱える心配をマイクロサイトで解決し、同時に彼の検索エンジン DuckDuckGo をより多くの人に広められるかもしれないと考えました。

2011 年、ガブリエルは DontTrack.us というマイクロサイトを立ち上げました。このサイトは、グーグルがインターネット検索でユーザの情報をどのように追跡するのか、また、それがどのように自分にどのような害を及ぼす可能性があるのかを説明し、公開後に口コミで拡散しました。このサイトを訪れた読者は、検索プライバシーについて学ぶと同時に、検索エンジン DuckDuckGo はユーザの個人情報の保存や追跡をしないことを知りました。

公開以降、当初の報道とユーザの波が一段落した後も、このマイクロサイトは役立ちました。NSA による盗聴など予期していなかったニュースやイベント、Data Privacy Day などの定期的なイベントが起こるたびに、このマイクロサイトにトラフィックが発生します。そして、DuckDuckGo のユーザが検索プライバシーについて友達や家族に説明する場合にも利用されています。この戦略が成功したので、DuckDuckGo は現在 4 つのマイクロサイトを運営しており、新たなサイトを計画中です。

ウィジェット

ウィジェットは、ブログなど、自分の Web ページにコンテンツの一部として（ほとんどの場合はコピー＆ペーストだけで）埋め込むことができる小さなプログラムで

す。フェイスブックの「いいね！」ボタンや、コメントが、フェイスブック以外のサイトに埋め込まれていたり、ツイッターのようなインターフェイスを持つツイートが個人のブログに埋め込まれていたりするのを見たことがあるかもしれません。これがウィジェットの例です。

ブックマークサービス Delicious、Half.com でビジネスデベロップメントを指揮した経験を持つクリス・フラリックは、ウィジェットを作ったことで Delicious の提供するソーシャルブックマークサービスのユーザ数が三倍に増えたと述べています。

ウィジェットは、エンジニアリングリソースをマーケティングのために活用した結果として生み出されるものです。各ソーシャルプラットフォームにおけるトラクションの獲得や、Web サイト（とその運営者）のエンゲージメント、そこからのトラフィックおよびトラクションの獲得を促進します。

ケーススタディ：RJMetrics

e コマース解析を行うソフトウェアサービス RJMetrics の創業者ロバート・ムーアに、このトラクションチャネルを利用して RJMetrics における大半のリードと売上を獲得した方法について聞きました。ロバートは顧客獲得のために創業時から自身のエンジニアスキルを活用していました。

例えば、ツイッターや Tumblr、インスタグラムや Pinterest といった人気ソーシャルメディアでのトレンドを発見するために彼ら自身の製品を使用します。「知ると間違いなく幸せになる、カニエ・ウエストに関する 12 の事実」のような記事に入る数字とアクセス数の関連を解析して、記事にもしています。BuzzFeed[†6] にも投稿されました。

これらの記事は掲載時に大きなトラフィックスパイクを発生させました。しかしそれだけではなく、時間が経過した後もロングテールの機会を多数発生させました。ロバートは、有名な出版社の記者からデータの提供を何度も打診されたと述べています。13 章で紹介したように、オンラインデーティングサイトの OKCupid も似たような施策を展開しています。エンジニアリングがコンテンツマーケティングを支えています。

そして RJ Metrics は、オンラインツールやマイクロサイトの構築を開始し、本格的にこのチャネルを利用するようになりました。cohortanalysis.com や

---

†6　訳注　米国のバイラルメディア。2006 年創業。

querymongo.com のような独自ドメインを取得し、RJ Metrics の潜在顧客が検索するであろうキーワードを盛り込んだコンテンツを作成しました。

querymongo.com は SQL クエリを MongoDB[7] の文法に変換するツールです。SQL に詳しい開発者やプロダクトマネージャが MongoDB を使ってみたい時に役立ちます。データ分析を行う人は RJ Metrics の主要製品の潜在顧客といえるため、RJ Metrics のリード生成にも役立っています。querymongo.com は RJ Metrics のマイクロサイトの中で最も多くのトラフィックを発生させており、月間数百のリードを生成します。

ロバートは、エンジニアリングが費やす時間の ROI を高くする方法を常に探っています。エンジニアリングが二日程度の時間を使うことで毎月数百のリードを獲得できるのであれば、エンジニアの空き時間を使って実現できる投資案件となります。

終わりに

エンジニアリングの活用は、長期的に成長のエンジンとなる資産を生み出します。コンバージョン最適化のコンサルティングやサービスを行う Optimozo と Conversion Voodoo の創業者ザック・リンフォードは、ツールの構築によって、製品の価値を明確に定義しつつ PR や SEO をどのように補えるかについてインタビューで語ってくれました。

> ターゲットオーディエンスにとって利用価値があり注目度の高いツールの構築は、堅実なトラクション獲得方法であると同時に SEO 対策にもなり、さらなる利益を生み出します。この技術戦略を実行するためのシンプルなロードマップには以下の項目が含まれます。

- 本当に価値のあるものを、無料かつ無条件で提供する。
- 提供するものを自分自身のコアビジネスと強く関連付ける。
- 価値をなるべく早く証明する。

見込客に対して価値のあるツールを構築すると、ターゲットユーザが持つ問題を解決しつつ、より多くのリードや強いブランド力、そしてより高い認知度を得られま

---

[7] 訳注　2009 年に最初のバージョンがリリースされた NoSQL データベースソフトウェア。従来のデータベースソフトウェアで使用されている SQL とはデータ管理のコマンドが異なります。

す。

ダーメッシュ・シャアは、あまり多くの企業がエンジニアリングを活用していない状況に特に価値があると述べています。

> 私はエンジニアリング的なアプローチをマーケティングに利用すべきだと確信しています。ただし、私自身がエンジニアであるため、この意見には多少の思い込みも入っています。他にも多くのマーケティングチャネルが存在しますが、その中でもアプリケーションの開発というチャネルは特徴的な投資対効果を持っています。人気を集めるアプリケーションの開発自体が相当難しいことから実行する人はあまりいないので、「無料アプリ」チャネルは他のチャネルと比較すると競争相手は少なくなります。
>
> このマーケティングモデルを一番効果的に利用できるのはソフトウェア企業です。自分たちの製品を補うアプリ、またはその一部機能を切り出したアプリを無料でリリースできます。これは集客するための価値を創造するだけではなく、自分たちの主力製品を広める機会でもあります。

企業は、製品開発以外でのエンジニアリングリソースの利用に苦心しています。何か製品以外のものに使うということは、高額なエンジニアリングリソースを無駄にしているように見えます。その結果、スタートアップ創業者やプロダクトマネージャは、ユーザの獲得が難しい製品に新機能を追加するため、エンジニアリングリソースを投入するのです。同じ間違いを繰り返さないよう、目に見える違いを生むツールの構築のためにエンジニアの時間の一部をあてることも検討しましょう。

まとめ

- エンジニアリングを活用する場合は、見込客が簡単に製品と触れ合える方法を創造し、自分の主力製品に自然とつなげることを目標とするべき。

- 予算をかけずにこのトラクションチャネルをテストする方法は、小さなツールやサイトを開発し公開すること。自分のために作ったツールは、見込客も使いたい可能性が大きい。特に人気のあるブログ記事を「マイクロサイト」に転換するという方法もある。

- ツールはなるべくシンプルにすること。明らかな問題を一つだけ解決するようなツールがベスト。自分のWebサイト上の、ユーザがすぐにわかる場所

に置いておき、検索エンジンが読み込めるようにもしておく。

- エンジニアリングリソースをマーケティングに利用するような場合は、比較的少量の投資で開発したツールが長期的に効果を発揮する資産となると強力。

16章
ブログ広告

　ターゲットを絞ったブログ広告は、初期の顧客を掴むために最も効果的な方法の一つです。当然、大量のトラフィックを持つブログの数は限られているため、このトラクションチャネルを成長期や成熟期までスケールさせることは困難ですが、それでいいのです。すべてのトラクションチャネルが無限にスケーラブルというわけではありません。実際は、スケールしないチャネルを使うことこそが最初の顧客を掴むために最も適した手段である可能性もあります。スタートアップ支援を行うベンチャーファンド、Yコンビネータの創業者ポール・グレアムは次のように述べています。

> 何かを始める時に、スケールせず面倒なことを行わないといけないということは宇宙の真理であると言ってもほぼ差し支えないので、スタートアップのアイデアを単なる数値に変換してそれを元に判断するようなことはあまり良くありません。そうではなく、これから開発する製品と、起業して最初に行うべき「スケールしないこと」の組み合わせであると考えるべきです。

　我々は、財務状況のトラッキングサービスを提供するスタートアップ企業 Mint（2009年に1.7億ドルで Intuit に買収された）の元マーケティングディレクターで、AppSumo の創業者であるノア・ケーガンに、Mint のサービス開始前にこのチャネルを使ってどのように2万人以上のユーザを獲得したのかお話を伺いました。

ブログを見つける

　ニッチなコンテンツを持ち、さらに広告の掲載に値する小規模なブログを見つけ出すことは困難な作業かもしれません。ここでは、業界で影響力のあるブログを発見するためのツールをいくつか紹介します。

- **検索エンジン**：単純に「○○ ブログ」などで検索する。

- **動画共有サイト**：製品に関するキーワードを使って YouTube 検索をおこなうと、業界で最も人気のある動画が現れる。そのような動画は、ブログを持つインフルエンサー（周辺の人間に対して高い影響力を持つ個人）が関連していることが多く、動画を紹介することで後にそのインフルエンサーと関係を持つきっかけにもできる。Vimeo や Dailymotion など、他の動画サイトでも同様。

- **ソーシャルブックマーク**：Delicious では、他のユーザが保存したリンクをキーワード検索でき、新たなブログの発見につながる。

- **ツイッター**：ツイート検索もニッチなブログを見つける便利な方法。Followerwonk や Klout を使って業界トップのツイッターアカウントを特定することもできる。

- **Social Mention**：socialmention.com を使って、キーワードを持つ頻度が高いサイトを特定できる[1]。

- **人に聞く**：ターゲットオーディエンスがオンラインで何を読んでいるのかを知る最も有効な方法は、直接人に聞くこと。

ケーススタディ：Mint

Mint のストーリーは印象的です。2007 年にシンプルな家計簿サイトを立ち上げ、それから 2 年経たないうちに業界大手の Intuit に 1.7 億ドルで買収されました。その間に Mint は 150 万以上のユーザを獲得していますが、そのうちの 2 万は Mint のサービス開始よりも前にユーザ登録を行っています。そして、サービス開始後わずか 6 ヶ月で 100 万ユーザを超えました。

最初の 6 ヶ月でこれほどの成長を遂げる企業はほとんどありません。Mint の元マーケティングディレクターでその後 AppSumo を創業したノア・ケーガンが初期の Mint でマーケティング活動を指揮しました。彼がインタビューで話してくれた通り、初期の目標は、6 ヶ月で 10 万ユーザを獲得することでした。

この数値を達成するために、ノアは定量的情報をまとめた次のようなマーケティングスプレッドシートを作りました。

---

†1　訳注　翻訳時（2015 年初頭）、日本語のキーワード入力には対応していません。

流入元	トラフィック量	CTR	コンバージョン率	ユーザ数	状況	確認	確認済みユーザ数
テッククランチ	300000	10%	25%	7500	友人	済	7500
デイブ・マクルア	30000	10%	25%	750	友人	済	750
Mashable	500000	10%	25%	12500	メール済	未	0
Reddit	25000	100%	25%	6250	アレンジ済	済	6250
Digg	100000	100%	25%	25000	アレンジ済	済	25000
グーグル(自然検索)	5000	100%	15%	750	進行中	済	750
グーグル(有料広告)	1000000	3%	35%	10500	購入済	済	10500
ポール・スタマショー	50000	5%	50%	1250	友人	済	1250
パーソナル・ファイナンス・スポンサーシップ	200000	40%	65%	52000	アレンジ済	済	52000
Okdork.com	3000	10%	75%	225	自社サイト	済	225
合計				116725			

図 16-1　ノア・ケーガンが記録したスプレッドシートの例

　このスプレッドシートには、潜在顧客を掘り出すためのトラクションチャネルが
リストアップされています。次に、トラフィック、クリックスルー率（CTR）、コン
バージョン率（ここでのコンバージョンはアカウント登録）の値をそれぞれ推測し、
チャネルで獲得できる可能性のあるユーザ数を計算しています。

　そして、見込みのありそうなチャネルのテストを行い、リソースを集中すべきチャ
ネルを選別しました。ノアはブログのテストのために、あらかじめ分類しておいた顧
客セグメントの代表者を選び出し、その人物にコンタクトを取って Mint の記事の執
筆を依頼しました。これは本書の最初に紹介したブルズアイ・フレームワークのプロ
セスと同じものです。つまり、トラクション獲得目標を達成できるチャネルをシステ
ム的に判断しているのです。

　この一連のテストでブログ広告は高いコンバージョン率を弾き出し、目標達成のた
めに十分な数のリーチを確保できることが判明したため、Mint はこのチャネルにリ
ソースを集中すべきと結論づけました。次に、ターゲットとするブログを大量にリス
トアップし、各ブログの運営者にコンタクトし、ゲスト投稿や取材依頼、Mint のバ
ナーをサイトに置いてもらうなどについて交渉しました。そして、リソースを集中さ
せる過程において、このチャネルで獲得できるトラクションをさらに増加させるため
の施策を発見しました。VIP アクセスとスポンサー活動です。

VIP アクセス

　Mint はサービスに対する認知と開始前の期待感を高めるために、それまでに他の
スタートアップが行ったことがないことを実行しました。サービス開始前の予約リス

トの登録者に対して、Mintを友達に薦めることを条件にサービスへの優先的なアクセスを約束したのです。

　ユーザは、登録プロセスの一部として「I want Mint」バナーを自分のブログやフェイスブックなどのWebサイトに埋め込むことができました。これらのバナーを使って他の人にも登録を促すユーザは、他のユーザよりも早い段階でのVIPアクセスの権利が与えられました。

　このようなバナーが成功するための鍵は、共有や埋め込みの作業を簡単にすることです。YouTubeが各動画ページに埋め込みコードを用意しているように、Mintも単純にコピー&ペーストするだけでバナーを埋め込めるコードを提供しました。多くのユーザは早くサービスにアクセスするために喜んで自分のWebサイトにバナーを設置しました。こうしてMintは600ブログにバナーを配置し、このバナー経由で5万ユーザが登録しました。この施策によってmint.comへの数百のリンクが生成され、高いSEO効果という嬉しい副作用も発生しました。

スポンサー活動

　Mintが使った革新的な方法の二つ目は、ブログのスポンサーになることです。スポンサーされた各ブログは、小さなMintの広告を一定期間ブログページに配置します。Mintはその広告を通じて各ブログの影響力やユーザ登録数などの指標を追跡します。このアプローチは1万の予備登録ユーザ獲得という目に見える効果をあげましたが、それだけではありません。どのようなセグメントのユーザがMintのサービスに興味を持っているかということを、チーム全体で理解できたのです。

　読者に対して強い影響力を持っているブロガーは多数存在しますが、ブログ記事の執筆そのものから収入を得ることはあまりありません。そこでMintは、ブログの読者に魅力的な新サービスを紹介でき、さらにお金を稼げる方法を提案したのです。ノアは「今から500ドル送ってもいいですか？」という件名でメールを送り、簡単な製品紹介とともに、Mintが何を目指しているかを伝えました。メッセージを送ったブロガーのほとんどは、便利な製品を自分の読者に紹介してお金を得られることに喜びました。

　MintはまたMint、個人投資サイトThe Motley Foolをはじめ、より大きなサイトと相互にコンテンツを提供するパートナーシップを結びました。このような契約によって、Mintは製品に興味を持つ可能性が高いと思われる読者300万人に対して製品を

紹介することができました。このパートナーシップはサービス開始後に行われました。ブログ広告にビジネス開発（17章参照）の要素を加えたものです。そして、もちろん大成功を収めました。

ノアはその後、自身で立ち上げたソフトウェア販売スタートアップの AppSumo[†2] でも、このトラクションチャネルを活用しました。最初のトラクションを獲得するために、ブログやカンファレンス（SxSW など）向けの無料ソフトウェアバンドルを作成して提供しました。

AppSumo の最初のソフトウェアバンドルは、ライフハック[†3] をテーマとする人気ブログ・ライフハッカー向けの特別なバンドルでした。ライフハッカーに AppSumo を売り込む際、担当者にコンタクトを取る前にライフハッカー向けのソフトウェアバンドルをあらかじめ用意しておいたのです。ライフハッカーは自身のサイトのユーザに対して用意されたソフトウェアバンドルを魅力的と考えました。ライフハッカーは次のように述べています（引用は日本語版 lifehacker.jp による日本語訳）。

> 米 Lifehacker も、ライフハッカー［日本版］も、無料ソフトを愛しています。しかし、より優れた機能を得るために、時にはお金を払うこともあります。現在、ウェブサイト「AppSumo」では、使える生産性向上ウェブアプリの詰め合わせを、驚きの低価格で提供しています。

このソフトウェアバンドルはライフハッカーの読者に響き、AppSumo における初期のトラクション獲得につながりました。ノアは、Mint でも行ったように、AppSumo プレゼントキャンペーンの開催のために多数のブログのスポンサーにもなりました。AppSumo は現在では 80 万以上のユーザを持つ、収益力の高いビジネスに成長しています。

ソーシャルニュースサービス

他のユーザとのリンクの共有は、大規模ソーシャルニュースサービスにおける中心機能です。代表的なものには Reddit、Hacker News、Inbound.org、Digg などがありますが、この他にもリンクを共有することに対してなんらかの報酬が付帯するニッ

---

†2　訳注　ソフトウェアや Web サービスをバンドルして低価格で提供するサービス。例えば「起業家向けソフトウェアのバンドル」として CRM やメール送信ツール、財務ツールや名刺作成ツールなどのサービスをまとめて販売し、それらを個別に購入するよりも低価格で提供します。
†3　訳注　より快適な生活や仕事を追求することで編み出された手法や仕事術などを指す。

チなコミュニティやフォーラムが多数存在します。

　画期的なオンラインストレージを提供するスタートアップ Dropbox は、ソーシャルニュースサービスを初期のトラクション獲得ターゲットに据えました。Hacker News で動画を共有することで、1 万件を超えるユーザ登録が行われました[†4]。その後すぐに Digg でも人気を集め（当時の Digg は現在よりも活発なコミュニティでした）、さらに登録数を積み上げました。

　Quora、Reddit、Codecademy、Gumroad[†5] も Hacker News の投稿から Dropbox と同様の成功を収めました。Hacker News のユーザはこれらの製品との相性がぴったりでした。開発者のためのファイル管理ツールを提供する Filepicker.io もアーリーアダプターに狙いを定めた基本機能のデモを Hacker News に投稿しました。この投稿は 3 時間近くも上位をキープし、次のような数字を叩き出しました。

- 4 時間でサイトへの訪問数 1 万
- 460 ユーザの同時訪問
- 一日で 1.2 万人以上がデモ機能を使用
- 500 以上の開発者が登録
- 5,000 以上のファイルが管理される

終わりに

　本章の例からもわかる通り、ブログ広告はまとまった数の初期ユーザを獲得するための良い手段です。ユーザにとっての選択肢が無数に存在するオンライン環境では、ユーザが過ごす場所を見極めて、そこで潜在顧客にリーチすることがトラクション獲得のための近道です。

まとめ

- ブログ広告は、まとまった数の初期ユーザを獲得するための最も効果的な方法の一つ。

[†4]　訳注　https://news.ycombinator.com/item?id=8863 動画は削除されていますが、当時の Hacker News ユーザの反応が残っています。

[†5]　訳注　ネット上でのコンテンツ（画像や文章など）を簡単に売買できる決済サービス。

- 動画共有サイト、ソーシャルブックマークサービス、ツイッター、検索エンジン、Google アラートや Social Mention など、影響力の高いブログの発見に利用できる様々なツールが存在する。

- 複数の小規模ブログを使ってテストすることで、どのようなタイプの読者があなたの製品やメッセージに最も共感するのかを理解できる。

- 小規模なブログ（特に個人）のスポンサーシップは効果的な施策になりうる。また、影響力のあるブロガーに製品への早期アクセスの権利を与えることや、Web 上で共有することと引き換えにその権利を提供できる。

- 製品のリリース時には、ソーシャルニュースサービスがトラフィックやフィードバック、そしてバズを発生させるための効果的なツールになる。

17章
ビジネス開発（パートナーシップ構築）

　ビジネス開発は営業と似ていますが、決定的に異なる点があります。営業の主な目的は製品の対価としてお金を得ることですが、ビジネス開発の場合はパートナーシップによる価値の交換です。営業では顧客に直接販売しますが、ビジネス開発では顧客にリーチするためにパートナーシップを組み、相互に利益を得ます。

　AOL、Half.com、イーベイ、Delicious においてビジネス開発担当シニアエグゼクティブを歴任し、現在はシードステージのベンチャー企業支援を行う First Round Capital のパートナーを務めるクリス・フラリックにインタビューを行いました。クリスには、各企業でどのようにビジネス開発を成功させたのかを聞きました。

　Delicious をはじめ、ビジネス開発でトラクションを獲得した企業が多数存在します。グーグルの初期における成功は優れた製品力のみに起因すると言われることが多いですが、実は、転換点となった二つのパートナーシップから初期のトラクションの大半を獲得しました。1999 年、グーグルはネットスケープとパートナーシップを結び、当時人気だったブラウザ「ネットスケープ・ナビゲータ」で既定の検索エンジンの座を獲得しました。グーグルは当時最大級のインターネット企業だった米ヤフー（現在でも最大級ですが）ともパートナーシップの合意に至り、オンライン検索エンジンを提供しています。この二つの取引は、グーグルが世界最大の検索エンジンとしての成功を収める過程において、決定的な役割を果たしました。

パートナーシップの種類

業務提携

　業務提携は、契約を結んだ企業が互いの特徴を利用して、一方または双方の製品の質を向上させます。有名な例としては、アップルとナイキの提携により生み出された、運動中に iPod や iPhone で音楽をかけながら運動の結果をトラッキングする

Nike+ が挙げられます。

ジョイントベンチャー

　ジョイントベンチャーでは、全く新しい製品を創りだすために複数の企業が協業します。この取引形態は複雑で、大きな額の投資や長い期間、そして（まれに）株式交換などが必要になることがあります。スターバックスのボトル版フラペチーノやダブルショットエスプレッソ[†1]を購入したことがあれば、それはスターバックスとペプシの 10 年にわたるジョイントベンチャーの成果です。

ライセンス供与

　新しい製品やサービスに使いたい強力なブランドを他の企業が持っている場合、ライセンス供与が有効です。これもスターバックスの例ですが、アイスクリーム製造業者がそのブランドを借りてスターバックス味のアイスクリームを販売しています。また、Spotify や Grooveshark などの、音楽ストリーミングサービスを提供するスタートアップは、そのビジネス特性から必然的にライセンス契約を結ばなければなりません。コンテンツの権利を保有するレコード会社からライセンスの提供を受ける必要があるのです。

販売店契約

　販売店に製品やサービスを販売し、販売店が持つ顧客ベースに間接的にアクセスを行う形式の契約です。グルーポンのコアビジネスは販売店契約を基盤として構築されています。レストランやショップと販売店契約を結んでグルーポンの顧客に対して割引を提供しています。

　オンライン旅行サービスを提供する Kayak の創業者ポール・イングリッシュは、AOL と販売店契約を締結してその旅行検索エンジンを提供しました。すぐに大量のトラフィックが流入し、初期のトラクション獲得の重要なソースとなりました。

供給パートナーシップ

　この種のパートナーシップは特定の製品に必要とされる供給源を確保するために有

---

†1　訳注　米国で販売されている、スターバックスブランドのビン・缶コーヒー。

効です。後ほど本章で紹介しますが、Half.com はオンライン書店の開設にあたって十分な量の商品を確保するために様々な供給パートナーシップ契約を結びました。他にも YouTube とパートナープログラム参加者の関係や、ウォルマートなどの小売業と供給業者の契約のようなものがあります。

戦略的ビジネス開発

ビジネス開発はめざましい効果を発揮する可能性を秘めています。しかし、このチャネルからトラクションを獲得するには、スタートアップがあまり得意としていないものが求められます。それは、戦略的思考です。

ビジネス開発で成果をあげるためには、自分自身の企業目的を明確に捉えていなければいけません。成功の確率を最大化するためには、どの指標を追う必要があるのでしょうか？　パートナーシップを使ってどのように目標を達成できるのでしょうか？ **企業戦略と製品戦略を一致させ、最も重要な製品の開発と販売計画の達成に集中できるようにするものが良い契約です。**このような契約は、成長、売上、製品関連のいずれにおいてもキーとなる指標を追跡するために役立ちます。

Half.com では、成功の鍵を技術、在庫、流通の三点と定義しました。クリスはこれを念頭に置いて、成功確率を高めるための戦略的パートナーシップを結びました。

> Half.com の場合、サービスを開始する上で重要なことが三つありました。一つ目は、問題なく動作する Web サイトです。まだアマゾンのクラウドサービスが存在していなかった時代に、お客様が問題なくサイトを使えるようにするための技術パートナーが必要でした。
>
> 次は在庫の問題です。「100 万点の品揃え」という、顧客に十分印象付けることができる、膨大な数の書籍や映画を販売することを決めました。そのため、私やチームメンバーは、それだけ大きな棚に収めるだけの商品をどのように調達するかを考えました。サービス開始前に在庫を確保してサイトに掲載するのは我々の仕事でした。
>
> 三つ目は流通です。我々は最も早くアフィリエイトプログラムを創設した企業の一つであり、その他にも様々な販売店契約やマーケティングパートナーシップを結びました。

Half.com のサービス開始時には、図 17-1 のようなネットワークが構築されていま

した。

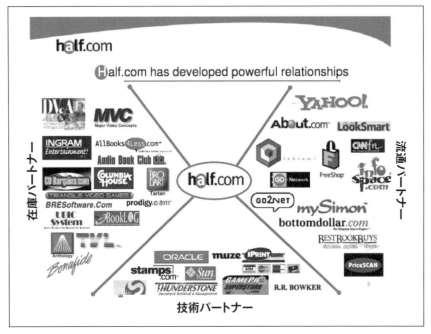

図17-1　Half.com サービス開始時のパートナーネットワーク

　目標を明らかにして、当時最大級の書籍・映画を取り扱う店舗をオープンするための様々なパートナーシップ契約を結ぶことができました。

適切なパートナーの選定

　パートナーの目的を理解することは、相互に有益な関係を築くための大切な要素です。スタートアップは自分たちの事情やニーズを考えるが、パートナーになるかもしれない人や企業が自分たちとパートナーシップを構築すべき理由については考えないことが多い、とクリスは指摘しています。

> 直接電話をかけたりメールを送る前に、相手のビジネスに関してリサーチし学び、理解することです。相手がどのような状況に置かれているのか、彼らの問題は何なのかを理解しておかなければいけません。

我々は、半額で手に入り、かつ大量に在庫のある書籍が必要でした。そこで、大量の中古品の在庫を探すために文字通りあちこちに電話をかけ始め、どのようにビジネスを運営しているのかを聞きまわることから始めました。出版社から Borders[†2] まで商品がどのように流れ、売れなかった時にはどこに返却されて山積みになっているのかがわかりました。その場所を突き止めて、パートナーシップ契約を結びました。私自身もアトランタに飛んで、一日古本屋で働いたこともあります。

　潜在的なパートナーが、自分と組んでビジネスをしたいと思う理由を理解しなければいけません。相手にとってのインセンティブは何でしょうか？　**あなたが自分の基準でパートナー候補を評価するように、相手もまた同じようにあなたを評価します。**また、前向きに考えるパートナーを探すべきです。大手企業の中で存在感がある人や、過去にスタートアップとの取引があるような企業がパートナーに適していることが多いです。

　クリスは現在 First Round Capital で、スタートアップ企業家とともに、ビジネス開発をどのように活用できるかを考えています。彼はその企業家に「12ヶ月後の資金調達用のプレゼンテーションは、どのような内容にしたいですか？」と質問します。これに答えるためには到達すべきマイルストーンについて考えぬき、そこから逆算して必要なパートナーシップや販売店契約を考えることになるのです。

パイプラインの構築

　すべてのパートナーシップがうまくいくわけではありません。したがって、**取引パイプラインを構築しておく必要があります。**ベンチャーキャピタリスト Brooklyn Bridge Ventures でパートナーを務めるチャーリー・オドネルは、常にパートナー候補のリストを準備しておくことを推奨しています。

　　すべてのパートナー候補を網羅的にリストアップしておくことです。思いつくすべての出版社をリストアップする前にいきなりコンデナスト[†3]をリストアップしてはいけません。シンプルなスプレッドシートを作成して、企業名、パートナーのタイプ（出版社、運送業者、リセラーなど）、担当者の名前とメールアドレス、企業規模、妥当性、使いやすさ、そして主観的な優先順位スコアを記載しておきます。**網羅的にリストアップしなければいけません。**

---

†2　訳注　米国の大型書店。
†3　訳注　雑誌を中心とした最大手出版社。日本でも VOGUE などを出版。

その契約が販売契約であっても、売上やPRにつながる契約であっても、または単に競合を出し抜くためでも、常時50社や100社のパートナー候補をパイプラインとしてリストアップしておき、電話やメール、外回り営業で積極的に契約を探さない理由はありません。その中でも特に、外回り営業は活用されていません。業界のトップ50に自分を印象づけることができれば、競合が同じような契約を結ぶことはさらに難しくなります。あなたはすでにそのカテゴリのリーダーであると認識されているからです。

　パートナー候補のリストを作成したら、そのリストを投資家、友達、アドバイザーなどに送り、ツテがあれば紹介してもらいます。

　クリス・フラリックは属性ごと、例えば売上額や流通ネットワークの規模、供給能力を基準に候補を分類しておくことを勧めています。そして、優先的ターゲットとして10 〜 20社を選んでおきます。クリスは次のように述べています。

> 人には「それは有名な企業なのか？」と相手の名前にとらわれる傾向があり、より重要かもしれない他の要素より重要視します。しかしそうではなく、その企業の特徴を考えることをお勧めします。「○○というブランドを探したい」ではなく「IR 500（インターネット小売業のトップ500）で50位から250位にいるような企業を探したい」と言うのです。このレンジに入る企業の売上額はだいたい予測でき、eコマース担当のディレクターがいると推測できるからです。

　クリスはソーシャルブックマークサービス Delicious に在籍していた間、各所に様々な売り込みをかけました。そして、ワシントン・ポスト、Mozilla、ウィキペディアに Delicious のタグを統合する契約を担当しました。

　Delicious は、相手企業が自社とのパートナーシップ契約から得ることができる利益を明確に理解した上でパートナー候補にアプローチしました。ワシントン・ポストに提案する価値は明確でした。Delicious のソーシャルブックマークを使ってソーシャルメディア向けにコンテンツを最適化できる、ということです。ワシントン・ポストはすぐにパートナーシップ締結を決定しました。導入に必要な作業がシンプルだったので、ワシントン・ポストにとってマイナスとなる要素がほとんど存在しなかったのです。メディアのリーダー的存在であるワシントン・ポストとのインテグレーション後、Delicious の拡張機能に興味を持つサイトの数が飛躍的に伸びました。これが引き金となり、Mozilla Firefox ブラウザとのインテグレーションも実現しま

した。

> Mozilla とのパートナーシップが Delicious にさらなる変革をもたらしました。Mozilla は Firefox ブラウザのバージョンを 2.0 にアップデートする際に、Delicious 拡張機能をかなり大々的に宣伝してくれました。ユーザの多くがブラウザをアップデートする際に最初に目にしたものが Delicious 拡張機能だったことが効果的でした。このパートナーシップのおかげで、ユーザベースは以前の三倍になりました。

　クリスは**取引がすべて成立するわけではなく、むしろそのほとんどは成立しないと確信してよい**と強調しています。Delicious はウィキペディアとの連携も狙っていましたが、失敗しました。それでもこのチャネルから大きなトラクションを獲得したのは、潜在的な取引先のパイプラインを多数用意していたからです。

ビジネス開発のプロセス

　パートナー候補となる数社に狙いを定めたら、次に実行に移ります。パートナーシップを組むメリットをまとめ、価値提案を持ってアプローチを開始します。候補は大企業であることが多いです。NBA のインタラクティブサービス部門のシニアバイスプレジデントを務めていたブレンダ・スプーンモアは次のように述べています。

> あなたは（大企業が）必要なものを何か持っているでしょうか？　あなたは大企業よりも、一つの専門的なことに集中しています。アイデアがあり、問題を解決できます。これまでに開発したコンテンツや技術があり、高い専門性を持っています。どれも、大企業ではとても難しいものばかりです。

　このような取引を成功させるには、まずターゲットとなる企業の適切な担当者を見つけます。パートナーシップを担当するビジネス開発部門を持つ会社もありますが、状況によっては製品担当役員や CxO レベルが最適かもしれません。

　その連絡先を手に入れたら、可能であれば仲介者を見つけて直接紹介してもらえるよう手配します。仲介者が先方に簡単に転送できるよう、提案の概要を送っておきます。そして、フォローアップや次のステップの期限設定を忘れないようにします。クリスの場合は、打ち合わせや電話を可能な限り近い日程に（時にはその日のうちでも）設定することで成功したと述べています。

提案段階を越えると、次はタームシート[†4]の交渉です。タームシートでは、契約期間、独占の有無、支払いが発生する場合はその条件、パートナー間のコミットメントレベル、保証、レベニューシェアの合意などが特に重要な条件です。

クリス・フラリックとブレンダ・スプーンモアは揃って、タームシートを可能な限りシンプル（場合によっては1ページ程度）にして、交渉をシンプルに行うことを勧めています。タームシートをシンプルにすることで相手と密に協力でき（関わる弁護士の数を削減でき）、パートナーシップ締結がより簡単になります。

技術的なパートナーシップの条件は特にシンプルにまとめることをお勧めします。エンジニアの時間はとても貴重なので、候補ができるだけパートナーとして協力しやすいように取り計らいます。Deliciousは、ワシントン・ポストの読者がブックマークを投稿するためのカスタムインターフェイスを作りました。インターフェイス提供のためにパートナーのITリソースを巻き込むことなく設定できるようにしたのです。

取引が完了したら、新しいパートナーとの良好な関係を維持します。そして、その取引が実現した理由を理解しておくことも重要です。

クリスは「どのように取引を行ったか」を記録しておくことを勧めています。マイルストーンに到達するまでにかかった時間や、鍵となったコンタクト先、難航した点、パートナーシップに値すると思わせた要因は何かなど、取引の完了に影響を与えた要素のまとめです。この記録でプロセスの改善可能な部分を抽出します。

今後のビジネス開発

これまでのビジネス開発は、個人間の関係性が鍵となるハイタッチプロセス[†5]でした。相手に連絡すること、相手のニーズを理解し条件を交渉することは、すべて従来のビジネス取引の一部です。しかし、最近はよりロータッチ[†6]のビジネス開発に変わりつつあります。ロータッチのビジネス開発は、APIやフィード、クローラなどのツールを活用し、コードを埋め込むことで新たな流通経路にリーチし、影響力を拡大します。価値提案を標準化し、より多くの取引を行えるようになります。

しかしながら、最初に少数の従来型取引をハイタッチで行い、徐々にロータッチ

[†4]　訳注　契約に先立って契約条件の要点を記載した書類。日本語では条件概要書とも呼ばれます。以降の契約プロセスはこれをもとに進めます。

[†5]　訳注　代理店を通さず、相手企業と深い関係を築いて直接販売を行う方法。

[†6]　訳注　自動化などにより、取引相手との対面接触を最低限に抑えて販売する方法。対面接触を全く行わない販売をノータッチセールスと言うこともある。

のパートナーシップ構築へ移行することも効果的です。Delicious におけるワシン
トン・ポストや Mozilla とのパートナーシップは従来型の方法で締結されました。
Delicious はこのパートナーシップによって大きなトラクションを獲得できたので、
インテグレーションを望む他のサイトにも API を公開しました。多少の初期投資（エ
ンジニアのリソース）が必要でしたが、Delicious を利用したいと考えていた何千も
のサイトがインテグレーションを行えるようになりました。

　他の企業もロータッチのビジネス開発を同様の方法で行っています。SlideShare
はすべてのスライドショーを埋め込み可能にし、Disqus はインストールが簡単なコ
メントシステムを開発、そして SoundCloud はその音楽ライブラリに自由に接続で
きるようにしました。簡単なインテグレーションは成長を促進し、潜在的パートナー
の数を大きく増加させます。

　しかし、素晴らしい API を構築しても、それだけで皆がそれを使ってくれるわけ
ではありません。そこで数社のパートナーを得られる幸運に巡りあえたのであれば、
パートナーシップに価値があると判断されたことを意味します。パートナーシップの
需要が高まれば、契約プロセスや技術的インテグレーションの標準化や単純化を行っ
てもよいでしょう。

終わりに

　まさに今から始めるにしても、すでにユーザ数が 100 万に達する規模でも、ビジ
ネス開発によってビジネスを大きく変えられます。本章で紹介した Kayak がその良
い例です。最初のユーザベースは AOL とのパートナーシップを通じて獲得しました。
その後ホテルチェーンやレンタル業者などとのパートナーシップを次々と締結し、顧
客セグメントを拡張しました。適切な取引を適切な時に行うことで、次の段階への成
長が可能になるのです。

まとめ

- ビジネス開発とは、相互に利益が発生するパートナーシップを追い求めるこ
  と。一般的なパートナーシップでは、参加企業がそれぞれの特徴を発揮し協
  業することで、一方もしくは双方の製品をよりよいものにする。
- ビジネス開発の取引形態には、他にもジョイントベンチャー、ライセンス供
  与、販売契約、供給パートナーシップなどがある。

- よい取引は、自社の企業戦略や製品戦略に沿って、戦略商品の開発や販売目標の到達をサポートできる。このような取引は、成長や売上など、スタートアップの主要な指標を達成することに集中するべきである。

- パートナーシップを考える際は、潜在的パートナーが自分と組みたいと思う理由、そのインセンティブは何かを理解する必要がある。自分が自分の基準で相手を評価するのと同様に、相手も自分を評価する。

- ほとんどの取引は失敗に終わる。これは、一定数の取引のパイプラインを維持することが重要な理由でもある。最初のテストでは、初期段階におけるパートナーシップへの興味を計測するために様々な候補に声をかける。

18章
営業

　営業とは、リードの獲得、その分類と識別、そして顧客への転換を行う一連のプロセスです。このチャネルは、エンタープライズ向けや高額商品など、購入前における担当者レベルの関係性が重要視される製品に適しています。そのような場合、本当の顧客になってもらうためには見込客への対人サポートが必要だからです。そのための効果的な方法の一つが営業です。

　このチャネルを使って規模を拡大するためには、反復実行が可能な営業モデルを設計し、構築しなければいけません。本章では、最初の顧客を獲得する方法、セールスファネルの構築方法、そして一般的な営業で使用されるコールドコールなどの施策を紹介します。

最初の顧客の獲得

　コンシューマ向け製品では、最初の顧客をSEOやSEM、ブログ広告など、営業以外のチャネルを通じて獲得することになるでしょう。しかし、大手の法人顧客を狙う場合、最初の重要となる数社との成約は著しく難しいものになります。

初期段階における見込客との会話

　我々は顧客開発・営業コンサルティングファームSKMurphyのオーナーである、ショーン・マーフィーとのインタビューで、スタートアップが最初の顧客と契約するために行うことについて、営業コンサルタントの立場から話をしてもらいました。

> ほとんどの場合、[最初の顧客は]クライアントもしくは我々（営業コンサルタント）のどちらかがすでに知っている人です。クライアントは、開発した技術を携えて、自分たちが知っている市場に向かいます。

我々は、クライアントのこれまで全てのプロジェクトと、仕事に関連するすべての人物や企業のリストの作成を手伝います。クライアントはこのリストを使って「今こんなことをしています。興味がありそうな方をご存知でしょうか？」と各所に声をかけます。

実戦を経験してある程度の営業ノウハウを持っているクライアントはだいたい、［顧客候補との］最初の打ち合わせまでこぎつけます。ちょっとしたお茶や、ランチなどを兼ねた打ち合わせです。一方、そのテクノロジーが別の市場でも応用が効き、より高い価値を示せることがわかれば、新たな市場にシフトするよう［クライアントに］勧めることもあります。

最初のコンサルティング項目の一つに「ランチプレゼン」と呼ぶものがあります。一枚の紙に5〜10項目が箇条書きにしてあり、これに図を添えることもあります。見込客が抱える問題に対する理解度を確認でき、会話の方向性を逸らさないための図です。初期段階におけるクライアントとの打ち合わせは、見込客が持つ問題と悩みの種の把握に費やします。

　見込客の問題を引き出すことは、営業戦術だけではなく製品開発にも必要です。保険会社向けソフトウェアを開発する Guidewire Software の共同創業者ジョン・ラーギンは、最初の見込客に対するアプローチについて語ってくれました。

潜在顧客や保険会社を訪問し、オペレーション評価を行うための短い無料のコンサルティングセッションを行うことを提案しました。だいたい7〜10人日を費やしてオペレーションを理解し、最後に他社［のオペレーション］との比較をまとめて、その概要のプレゼンテーションを行いました。

この作業への対価として、彼らのニーズを満たすシステムを作るにはどうすべきかという意見を要求しました。こうして、40社以上の保険会社と仕事をするようになりました。我々は、行動の真意や目的を常に正直に説明し、質の高いアウトプットを提供するよう努めました。

　営業トークの構成方法については、ニール・ラッカムが著書『大型商談を成約に導く「SPIN」営業術』（海と月社）で説明しているアプローチを推奨します。10年間で35,000件を超える電話営業の分析を元に開発した、見込客との商談に利用するSPIN と名付けられたフレームワークです。以下の4つの質問で構成されます。

状況質問（Situation question）

　見込客の購入状況を知るのに役立つ質問です。典型的な例は「御社には何名の従業員がいらっしゃいますか？」「どのような組織構成でしょうか？」といったものです。

　状況質問は、引き換えに何も得ることなく情報を出しているだけと相手に感じさせます。そのため、この質問が多くなるほど契約成立の可能性は低くなります。そのため、打ち合わせ一回あたりの質問を一〜二回に限定します。多忙な役員級の意思決定者の場合はこの傾向が顕著に現れるため、相手に見込みがあるかを判断するために必要な数だけ質問を行うようにします。

問題質問（Problem question）

　購入者の悩みの種を探る質問です。「あなたは現在のソリューションに満足ですか？　どのような問題をお持ちですか？」などの質問です。

　状況質問と同様に、控え目にすべき質問です。相手の問題を素早く定義し、それが示唆する点を読み取り、自分のソリューションでどのように解決できるかを判断するために全力を注ぎます。

示唆質問（Implication question）

　見込客が直面する問題が原因で生じる可能性のある事柄に気づかせるための質問です。問題質問への回答で得られた情報をもとに行います。質問には、次のようなものがあります。

　　この問題は生産性を低下させますか？

　　この件は何名の従業員に対して影響がありますか？

　　また、どのような影響がありますか？

　　どの程度の従業員の離職率や顧客離反率を見込んでいますか？

　相手が考えているよりも問題が深刻で緊急性が高いと思わせる質問にします。例えば、相手は使いにくいイントラネットソフトウェアはビジネスの必要経費であると思っているかもしれません。そのような場合は、示唆質問でこのソフトウェアによっ

て引き起こされる問題を表面化させます。非効率な方法での仕事を強いられる従業員の残業につながっていないでしょうか？　全体的な仕事の質を落としていないでしょうか？　従業員の転職に影響を与えていないでしょうか？

このような質問によって、その問題が見込客の心の中でより大きな位置を占めるようになります。そして、最後の質問を行います。

解決質問（Need-payoff question）

あなたが提供するソリューションに焦点を当て、それまでに行った示唆質問によって明らかにされた問題に対処することの利点について相手に考えさせる質問です。次のようなものです。

このソリューションはどのように役立ちますか？

数ヶ月以内にこの機能が使えるようになれば、ビジネスにどのようなインパクトを与えるでしょうか？

この問題が解決すれば、誰かの生活が改善しますか？

また、どのように改善しますか？

SPIN の会話はごく自然な過程を辿ります。まず相手が潜在顧客であることを確認してから話の口火を切り（状況質問）、相手が抱える問題について話してもらいます（問題質問）。そして、その問題に含まれる全ての要素を表面化させます（示唆質問）。最後に、あなたが提案するソリューションがどのように問題を解決できるのかを聞き出します（解決質問）。

コールドコール

最初の顧客をどのように獲得しますか？　IT コンサルティング・プロジェクトマネジメントを行う SECA（大手通信会社 MCI が買収）の元 CEO スティーブ・バルシュは、我々とのインタビューで「最初の顧客は、電話をかけて獲得するもの」と述べています。運がよければ、知り合いに連絡するか、友人を介して紹介してもらうこ

ともあるでしょう。しかし、場合によってはコールドコール[†1]や見込客へメールして最初の顧客を獲得しなければならないかもしれません。

我々は、20年経験を持つ法人営業プロフェッショナルであるトッド・ボルマーに、コールドコールを行う際のアプローチについて聞きました。彼は、実際にコールドコールをやり抜くためには、日ごと、または週ごとにアウトバウンドコール[†2]における目標を設定すべきで、目標さえあれば、（相手に断られることなどによって）気分が晴れなくても、前に進むことができると述べました。

コールドコールを行う場合は、相手の立場をよく考えます。役職を持たない人へのコールドコールを行うことに対する心理的な負担は、役職者に対して行う場合と変わりない上に、成功の確率はかなり低くなります。役職を持たない人は総じて決定権を持っておらず、業界知識にも乏しいからです。営業コンサルタントのショーン・マーフィーは、最初の連絡相手として、ある程度の権限を持つものの、役職が高すぎない人を推奨しています。

> 通常は、組織の下から一〜二レベルほど上の人を相手に選びます。そのレベルだと、組織や問題について十分な見識を持っており、組織に変化をもたらすために何が必要とされているかを理解しています。彼らのような人を捕まえて話を進めていくうちに、シニアレベルの人を紹介してくれる可能性もあります。

> 相手が小規模企業の場合を除いて、最初から役員級の人にコンタクトすることはありません。ただし、小規模企業ではCEOや役員にコンタクトする必要があります。他の誰も決定権を持っていないからです。

潜在顧客が抱える問題を理解して、あなたのソリューションがその解決に役立つと判断したら、取引をまとめるように話を持っていきます。PNAMEと呼ぶ以下の5つの領域について、具体的な回答を得ます。

- **プロセス（Process）**：どのようにそのソリューションを購入するか

- **ニーズ（Need）**：そのソリューションをどの程度必要としているか

- **決定権（Authority）**：誰が購入決定権を持っているか

---

†1 訳注 初めての相手に事前のコンタクトなしにいきなり営業電話をかけること。

†2 訳注 顧客に対して（外向きに）かける電話。顧客から（内向きに）かかってくる問い合わせ等の電話はインバウンドコール。

- **お金（Money）**：十分な購入資金があるか、またその問題によってどれだけのコストが発生するか
- **タイミング（Estimated Timing）**：購入予算や購入を決定するタイミングはどのようなものか

　トッドは、最初のコールドコールの成功後に、その日に話した問題や次のステップなどを書いたフォローアップのメールを送ることや、**メールの文章を「この契約締結スケジュールに問題はないでしょうか？」といった直接的な質問で締めくくる**ことを推奨しています。

最初の顧客

　最初の顧客には、お金をかけてでもすぐに解決したい問題を抱えているような企業を迎えたいものです。しかし残念ながら、多くの起業家は最初の顧客について十分に考えを巡らせません。選択を誤ると、時間やリソースの無駄に終わる可能性もあります。ショーン・マーフィーは最初の顧客を探す際に避けるべき落とし穴について次のように述べています。

> 見込客に呼ばれて訪問する際に、問題が発生します。（中略）その見込客は、既存製品や開発を予定している製品には全く興味がありません。ただ、新しい技術領域や問題領域について学びたいだけなのです。（中略）他にも、時間の無駄になる場合があります。相手が自らを「変革者」と宣言するような場合です。その人物はあなたの製品が巨大なインパクトを持っていると主張します。例えば、この製品はゼネラル・モーターズを根底から変えてしまうに違いない！　といったようなことです。この人の要求を聞く前に「今までに、他の技術を導入したことがありますか？」と聞いてみましょう。大抵の場合「いえ、その経験はありませんが、なにせご存知の通り私はここにまだ6ヶ月しか在籍していません。この案件は私に大きなチャンスを与えてくれるのです」と答えてくれることでしょう。

> つまり、無料のコンサルティングを行うだけで終わってしまうか、自分を「変革者」と呼ぶくせに実現させるためのアイデアを持っていない人と話をするという、無益な時間を過ごすことになります。

　最初の顧客はいくぶん進歩的で、あなたと密に仕事することを厭わない人がよいで

しょう。製品がまだ開発段階であれば、そこに関わってもらうのも得策です。最初の「適切な」法人顧客の獲得は重要です。製品開発において、様々な機能の重要性についての道標となるからです。

　最初の顧客と強力な関係を築くことは大切です。次に説明するセールスファネルの設計を行う際に、自社の信用を高めるためのリファレンスやケーススタディに最初の数社の顧客を使わせてもらうこともできるからです。

セールスファネルを設計する

　セールスファネル[†3]を使って多くの見込客と商談を開始し、そこから有望な見込客を選び、そのうちのいくつかに対してソリューションを売り込みます。我々はMatrix Ventures のパートナーであり、以前に5つの企業を立ち上げた（うち三つは上場、一つは買収）経験を持つデイビッド・スコックにインタビューを行い、利益を生むセールスファネルについて話を聞きました。

リード生成

　まず、リードを獲得してファネルに流し込みます。一般的には、他のトラクションチャネルを利用して製品を認知してもらうことを意味します。最初の顧客にリーチするためにはコールドコールやメールも有効な手段になりえますが、「反復可能な」営業モデルの構築にはあまり効果的ではないとデイビッドは確信しています。

　　私は、何らかのマーケティングチャネルを通じてトラクションを獲得し、営業は[そのリードに]クロージング[†4]をかけて実際のビジネスにするためのコンバージョンツールとして扱うことにしています。コールドコールにはとても大変な費用がかかるので、良質の見込客をマーケティングで獲得し営業を行うプロセスと比較してそこまで効果的でもありません。

リード選別

　セールスファネルの次のステージは、リードの選別です。ここでは、それぞれの見込客の購入可能性や、そこにリソースを追加投入すべきかなどを判断します。例え

---

†3　訳注　6章で登場したコンバージョンファネルと同じく、セールス（営業）の各ステップをファネル（漏斗）になぞらえたもの。各ステップで離脱や選別などが行われるため、先に進むほど細くなる。
†4　訳注　営業プロセスにおいて、顧客に最終決断を促す行為を指す。

ば、多くの企業はサイトのコンテンツ（ホワイトペーパーや電子書籍など）へのアクセスを認める代わりにメールアドレスや勤務先情報などの入力を求めます。

この情報を利用して、どの見込客に対してより多くの時間を割り当てるべきかを判断します。1万ドル以上するオンラインマーケティング自動化ソフトウェアを販売するHubSpotでも、このようにリードを選別します。例えば、Etsy[†5]やイーベイといったプラットフォームを使って小規模なビジネスを運営しているようなリードは、オンラインビジネスを副業としている場合もあるため、対象顧客となる可能性は比較的低くなります。そのため、そのセグメントのリードにはあまり時間を割り当てない、という判断をすることがあります。

Upfront Venturesのパートナーで二つの企業を立ち上げたマーク・サスターはリードを三つのカテゴリに分類するシンプルなアプローチを提唱しています。カテゴリAとカテゴリB、そしてカテゴリCです。

> 私は、「カテゴリA」を3ヶ月でのクロージングを現実的に狙うことができるようなリード、「カテゴリB」は3〜12ヶ月、そして「カテゴリC」は12ヶ月ではクローズしそうにはないようなリードと定義しています。

> 営業担当者は、「カテゴリA」のリードに大半の時間（66〜75%程度）を費やすべきです。残りの時間は「カテゴリB」に費やします。営業は自分のパイプラインを構築しなければならず、大規模な取引には時間がかかります。

> そしてスケーラブルな営業モデル構築する鍵として、営業は「カテゴリC」のリードに一切時間を費やすべきではありません。ここはマーケティング部門が担当するべきカテゴリです。

多くの組織において、マーケティングチームはリード生成とその初期段階の選別を担当し、営業チームは次の段階の選別とクロージングを担当します。営業チームが選別されたリードだけに集中できるようにすることがマーケティングチームの役割です。マークはマーケティングと営業のタッグについても述べてくれました。

> 営業担当者とタッグを組むマーケティングチームの主な仕事は二つあります。

---

†5　訳注　ハンドメイド商品を販売する店舗だけが出店できるオンラインモール。

A. 知識武装させること。営業が契約を効果的に勝ち取るために必要となるすべての情報を与えます。プレゼン資料やROI計算、競合分析などがこれにあたります。

B. 狙いを定めること。営業が集中的に取り組むべき目標を定めます。緊急性の高い見込客とそれ以外を分類します。

クロージング

　最後のステップは、購入までの計画の作成と、実際に見込客に購入してもらい「顧客」にすることです。トッドは、それぞれの見込客に対するすべての行動予定を洗い出し、そのスケジュールを具体的に設定し、見込客にはっきりと決断（購入または見送り）を下してもらうべきであると述べています。

　このステージでは「我々は二週間以内にこの機能を実装します。これがあなたの要求を満たす事ができれば製品を購入しますか？　それともしませんか？」のように、明確なイエス／ノーの回答をもらうことで、取引が成立する可能性の高い商談により多くの時間を投入できます。まだ購入準備が整っていない見込客に対して時間を割くことはありません。

　クロージングには様々な方法があります。製品によっては最初から最後までインサイド営業[6] が行うこともあります。インサイド営業は、選別されたリードへの電話、Webセミナーや製品デモの実施、そして購入に至るまでのメールのやり取りなどを行います。営業プロセスにかかる時間やその複雑さによっては、実際に見込客を訪問するフィールド営業[7] が必要となる場合もあります。

セールスファネル戦略

　営業チームがどれだけ優秀であっても、実際に購入を決めるのは顧客であることを忘れてはいけません。したがって、セールスファネルを設計する際は常に顧客の立場で考えることが重要です。購入を簡単に決断できる状態にしておくべきなのです。デイビッドは我々とのインタビューで次のように語ってくれました。

　　見込客は、購入を決定する前に解決しておきたい様々な問題や疑問点があることを理解しておかなければなりません。「これが一番良い製品なのだろうか？」「十分な

---

†6　訳注　顧客先に出向かず、社内から顧客とのコミュニケーションを行う営業。内勤営業とも呼ばれる。
†7　訳注　顧客を訪問する営業。外勤営業とも呼ばれる。

投資対効果が得られるのだろうか？」「今動いているシステムと問題なく統合できるのだろうか？」などです。

多くの企業は、営業サイクルを設計する際に、**自分自身**が思い描くプロセスをベースに考えます。私は、通常行われるように自分の立場から顧客の方を向くのではなく、顧客の立場から自分の方向を向いて設計しなければならないと強く信じています。

顧客の疑問点を明らかにした後は、その全ての疑問点に効果的に対応するプロセスを設計し、なにかしらの対応を行う必要がある事項を認識しておきます。疑問点については、Web サイトで処理できれば理想的です。顧客からメールを受け取ったら、次の仕事は購入に関する全ての疑問点に答え、購入する理由を生み出すことです。

　セールスファネルから離脱する見込客も計測できます。離脱者が多数出現する場所は**阻害点**と呼ばれます。営業プロセスの複雑さによっても離脱することがあるので、購入プロセスは可能な限りシンプルにします。阻害点を小さくするために、次のような施策も利用できます。

- SaaS を使って、IT 部門が関与する必要性をなくす
- 無料トライアル（オープンソースソフトウェアを含む）を提供する
- チャネルパートナー（販売代理店）を通す
- デモ動画を提供する
- FAQ を提供する
- 既存顧客の推薦やケーススタディを掲載する
- メールキャンペーン（見込客の教育）を行う
- Web セミナーや製品デモを提供する
- インストールが簡単で使いやすい製品にする
- 導入費用を低めに設定する（中小企業向けでは月 250 ドル以下、大企業では月 1 万ドル以下が目安）
- 見込客の社内の委員会等による、阻害要因が多い意思決定を回避する

ケーススタディ：JBoss

　オープンソースのミドルウェアプロバイダ JBoss は、設立からたった二年で 6,500万ドルの売上を叩き出すセールスファネルを作りました（後に 3.5 億ドルで RedHat に買収されました）。

　JBoss はまずリード生成を重点的に行いました。JBoss が SourceForge（人気の高いオープンソースソフトウェアの登録サイト）で提供する無料ソフトウェアは 500万回ダウンロードされましたが、JBoss はこの大量の見込客のコンタクト情報を全く持っていませんでした。しかし、何らかのリード生成の手段を必要としていたので、ソフトウェアの有料ドキュメントを、連絡先情報と引き換えに無料で提供することにしました。

　この試みはうまくいきました。JBoss ソフトウェアのドキュメントを手に入れたい見込客にとって、自分の連絡先情報はそのドキュメントの対価としては些細なものでした。しかし、JBoss にとっては、それはとても有益な情報でした。これで見込客に有料製品の紹介ができるようになったのです。この施策で月間 1 万のリードを生成しました。

　すると今度はリードが多すぎることが問題になりました。この数の見込客一人ひとりに直接連絡することは実質的に不可能です。そこで JBoss はマーケティング自動化ソフトウェアの Eloqua を使用して、ドキュメントのダウンロードを行う前に訪問したページやクリックしたリンク情報をもとに、購入の可能性が高いと思われるリードを抽出しました。例えば、サポートページの閲覧に時間を使っていた訪問者は、サポートサービスの売上に貢献する可能性が高い、大切な顧客候補です。

　JBoss のマーケティングチームは抽出したリードに直接電話して取引の可能性があるかを具体的に判断し、もう一段階踏み込んだ絞り込みを行いました。取引の意向がある場合はその見込客を営業チームに引き継ぎました。このセールスファネルの最終ステージでは、インサイド営業チームが見込客にコンタクトします。ここでようやく電話、デモ、ホワイトペーパーの提供といった通常の営業プロセスが始まります。

　リード選別を徹底したおかげで、営業チームは見込客の約 25% と契約を成立させました（業界平均は 7 〜 10%）。営業に引き継ぐには時期尚早として選別で外れたリードは、「リード養成キャンペーン」に回しました。ニュースレターや Web セミナーへの招待を送信し、ブログの購読を勧めます。メールのリンクのクリック、Web セミナーに二回参加する、といった一定の行動をとった見込客は改めて営業のパイプ

ラインに入り、営業からコンタクトを行います。

　JBoss は素晴らしいセールスファネルを構築し、大成功を収めました。その理由は、顧客の立場に立ってファネルを設計したことです。顧客が求めるドキュメントを無料提供することで、低予算でリードを生成しました。それを徹底的に選別し、最後にインサイド営業に任せることにより、平均で1万ドルを超える商談を成立させたのです。

まとめ

- 営業は対人サポートが必要となる法人向け、高額製品の販売に適している。

- 最初の顧客として適切なのは、問題に対処する必要性を持ち、あなたの提供する問題解決アプローチに興味を示し、積極的に密に一緒に仕事を進めてくれる顧客。

- 特に、初期の顧客を獲得する段階においては、営業アプローチからコールドコールを外すべきではない。

- 営業の目標は「反復実行が可能な」営業モデルを構築すること。効果的なセールスファネルは見込客を獲得し、リードを選別し、効果的にクロージングをかける。

- 効率的に取引を成立させるには、特定のアクションや決断を行うスケジュールに関して、顧客に同意してもらうこと。それぞれのポイントで予定通り取引成立に向かっているかを確認できる。

- セールスファネルの設計は常に顧客視点で行うことを強く頭に叩き込んでおく。特に、購入プロセスの複雑さを減らすことを考える。

19章
アフィリエイトプログラム

　アフィリエイトプログラムとは、個人や企業による特定のアクションに対して支払いを行うという取り決めです。支払い対象となるアクションには、紹介による売上の計上や特定の基準を満たすリードの生成といったものがあります。例えば、ブロガーが商品を紹介し、そのブログ経由で売上が計上された場合は、その売上に対して決められた額の支払いを受けます。アマゾンや Zappos、イーベイ、Orbitz[1]、ネットフリックス[2] などの企業がアフィリエイトプログラムを提供しており、売上に大きく貢献しています。特に e コマースや情報製品、メンバーシッププログラムなどにおいて中心となるトラクションチャネルです。

　このチャネルについては、2009 年にイーベイに買収されたアフィリエイトネットワーク Pepperjam の創業者クリス・ジョーンズにインタビューを行いました。クリスは、Pepperjam を世界で四番目に大きなアフィリエイトネットワークに育て上げました。当時、このネットワークを使って年間 5,000 万ドルを稼ぎだす広告主も存在しました。

一般的なアフィリエイトプログラム

　アフィリエイトプログラムは小売や情報製品、そしてリード生成でよく利用されています。

小売

　小売業界のアフィリエイトプログラムは製品の購入を促進し、年間 20 億ドルを超える売上に関与しています。中でもアマゾン、Target、ウォルマートが最大級のア

---

†1　訳注　旅行予約サイト。
†2　訳注　オンライン DVD レンタルおよび映像ストリーミング配信サービス。

フィリエイトプログラムを運営しています。どのプログラムも、アフィリエイトによって発生した売上の一部をアフィリエイト参加者に支払います。アマゾンのアフィリエイトプログラムは、月間の売上によって一回の購入につき 4 ～ 8.5% を支払います。

　アマゾンやイーベイなどの大手事業者はアフィリエイトプログラムを自社運営していますが、このようなケースは稀です。アフィリエイトプログラムは参加者の募集や管理、そして多数の参加者への支払を行う必要があるため、ほとんどの企業にとってはあまりに複雑で高コストです。オンライン小売業者がこのチャネルを利用する場合は、既存ネットワークに参加するのが近道です。

　Commision Junction、Pepperjam、Linkshare などのアフィリエイトネットワークは、製品のプロモーションだけで生計を立てられるだけの力があるアフィリエイト参加者を抱えています。ウォルマート、アップル、スターバックス、ノースフェイス、ホーム・デポ、ベライゾン、ベストバイなど小売業界の有名企業もこのようなネットワークを利用しています。

　アフィリエイトプログラムには様々なタイプがありますが、一般的には次に挙げるカテゴリのどれかに当てはまります。このようなプログラムに登録している人たちが、自社のアフィリエイトプログラムに顧客を呼び込んでくれます。

- **クーポン情報サイト**：RetailMeNot、CouponCabin、BradsDeals、Slickdeals などはサイト訪問者に割引を提供し、その売上の一部を収益とします。例えば「Zappos discount」で検索すると、RetailMeNot のページが検索結果の上位に現れるはずです。そこで RetailMeNot のページを訪問すると Zappos のクーポンコードを入手できます。このコードを利用して買い物をすると、RetailMeNot が売上の一部を受け取る仕組みです。

- **ロイヤリティプログラム**：Upromise や Ebates は、登録メンバーがサービスを通じた商品の購入に対してキャッシュバックを行うプログラムを運営しています。例えば、Upromise のメンバーが Olive Garden [†3] のギフトカードを購入すると、Upromise はそのギフトカードによる売上の一部を広告主から受け取ります。そして、その収益の一部をメンバーに還元します。

- **アグリゲータサイト**：Nextag や PriceGrabber など、小売業者から集めた製

---

†3　訳注　全米に展開するイタリアンのファミレスチェーン。

品情報を整理し、製品のレーティングや価格比較など独自の情報を追加して
配信します。

● **メールマガジン**：アフィリエイトプログラムの多くは、おすすめ製品を紹介
するメールマガジンの配信用に大規模なメーリングリストを管理していま
す。メール購読者が商品を購入すると、その売上の一部を受け取ります。

● **業界情報サイト**：（子育てやスポーツ、家電など）特定の業界に興味を持つ
オーディエンスを大量に集める（個人ブログを含む）サイトも多数存在しま
す。

情報製品

情報製品には書籍や音楽、そして現在急成長中の教育に関するソフトウェアやデー
タなどがあります。ソフトウェアのコピーにはコストが掛からないため、アフィリエ
イトプログラムを利用した販売が活発に行われています。制作者は製品のプロモー
ションのために、売上のうち比較的大きな額をアフィリエイト参加者に支払います。

本書執筆時において、情報製品に関する最大のアフィリエイトネットワークは
ClickBank です。ClickBank は 10 万人のアフィリエイト参加者を抱え、数百万点の
製品を扱っており、そのコミッションは 75% にのぼることもあります。

リード生成

リード生成は 260 億ドルの市場規模の業界です。特に保険会社や法律事務所、モー
ゲージブローカー[†4] などは獲得したリードに相当な金額を支払います。業界によりま
すが、基準を満たすリードは通常、有効なメールアドレス、自宅の住所または電話番
号などが含まれるリードを指します。クレジットスコア[†5] などのより具体的な情報を
含む場合もあります。

アフィリエイトプログラムは顧客一人あたりの価値が高い金融サービスや保険業界
の企業でよく利用されています。自動車保険や医療保険に年間いくら使っているかを
考えてみてください。保険会社は Google アドワーズの出稿額でもトップクラスに位
置しており、一クリックあたり 50 ～ 100 ドルを支払っています。

このような企業は自身のアフィリエイトプログラムを運営しているか、Affiliate.

---

†4　訳注　ローンを扱う金融機関と消費者を仲介する業者。
†5　訳注　個人の信用力を表す数値。クレジット履歴から計算される。

com、Clickbooth、Neverblue、Adknowledge といったリード生成ネットワークを利用します。

アフィリエイトプログラム戦略

アフィリエイトプログラムを活用して得られる成果は、顧客を獲得するために広告主が喜んで支払える金額に依存します。結局のところ、このチャネルではリードや売上と引き換えにお金を支払うことになるのです。

アフィリエイトネットワークを使う

我々は、まず既存のネットワークの利用を検討してみることをお勧めします。Commission Junction、Pepperjam、ShareASale などの一般的なアフィリエイトネットワークに加えて、対象製品を絞り込んだネットワークが存在します。ネットワークにはすでに多数のアフィリエイト参加者が登録しているため、参加者の募集が簡単で、すぐに利用を開始できます。既存ネットワークを使わない場合はアフィリエイト参加者を自力で募集しなければならず、お金と時間がかかります。

既存のネットワークでのアフィリエイトプログラムの設定は比較的簡単ですが、前払い料金が発生します。Commission Junction の場合、その額は 2,000 ドルを超えます。しかし、すでに登録しているハイパフォーマンスな参加者を自社のプログラムに参加させることができれば、あっという間に元が取れます。

自社アフィリエイトプログラムを開発する

既存ネットワークに頼らず、自社でアフィリエイトプログラムを構築することもできます。このプログラムをベースに既存顧客から参加者を募るか、リーチしたい顧客セグメントへのアクセスを持つ参加者を募ります。

このアプローチの利点の一つに、アフィリエイト参加者に対する報酬を必ずしも現金で支払う必要がないということが挙げられます。つまり、製品自体や製品の機能の一部を対価として還元することもできます。例えば、フリーミアムモデルのビジネスを行っている場合、有料機能を無償で提供するか、契約期間を無償で延長するなどといった手段を取ることもできます。6 章（バイラルマーケティング）では、Dropbox が自社で展開した紹介プログラムで無償の追加ストレージを提供した例を挙げました。他にも、ペニーオークションサイト大手の QuiBids も同様の方法を利用し、新

たなユーザを紹介した既存ユーザに無料入札権を与えるプログラムを実施しています。

アフィリエイトプログラムの施策

アフィリエイト参加者を探すべき最初の場所は、既存顧客です。すでにブランドや製品に親しみを持ち好意的である（と思われる）ので、比較的簡単に参加してくれます。

顧客がアフィリエイトプログラムに参加し始めたら、ブロガーや出版社、ソーシャルネットワークで影響力を持つ人やメールマガジンの管理者など、様々なコンテンツ制作者にコンタクトを取ります。ブログは収益化しづらいケースが多いので、コンテンツ制作者は常に収益をあげる方法を探しています。

我々は、人気ブログ HackTheSystem を運営するマネーシュ・サティにインタビューを行い、アフィリエイトプログラムを提供する企業と彼のような立場にいる人との関係構築について議論しました。マネーシュは、個人的にも使用している製品をアフィリエイト参加者としてブログの読者に紹介しています。対象製品には SEO テクニックを教えるプログラムも含まれています。彼はそのプログラムを気に入ったので、その運営企業にコンタクトを取り、新規の送客でコミッションを受け取る契約を結びました。契約後、自身のメールマガジン用に管理するメーリングリストを使って、その SEO テクニックが彼のブログをグーグル検索結果の上位にランクインさせるために役立ったことを説明するメールを送りました。この契約だけで、二年間に 3 万ドル近い収益をあげました。

マネーシュは、生産性を高める時間管理アプリケーション RescueTime のアフィリエイトプログラムにも参加しました。トップクラスのプログラム参加者の一人として、これまでに 3,000 人以上の新規顧客を紹介しました。RescueTime はマネーシュを介すことで、マーケティングに大規模な予算を投入することやコンバージョンの見込みがないリードに対応しなくても、新たな見込客にリーチできました。

彼のような人に近づくための最も良い方法は地道な関係構築である、とマネーシュは述べています。例えば、コンテンツ制作者の手伝いやゲスト投稿を行うこと、製品への無料アクセス権を与えることなどです。そうすることで、アフィリエイト参加者たちは（それが本当に素晴らしい製品であれば）喜んでプロモーションを引き受けます。

報酬

　アマゾンやネットフリックスなど、業界で不動の地位を確立したアフィリエイトプログラムでは、参加者に支払う額はアクションの種類別にきっちりと計算されています。スタートアップの立場としては、ビジネスについて不確定要素が多いので、**シンプルなアプローチで始めるべきです**。最もシンプルなアプローチは、コンバージョン一回に対して定額（何かを購入した顧客一人につき 5 ドル、など）、または売上の定率（購入額の 5% など）を支払うことです。

　歴史のあるアフィリエイトプログラムは、製品カテゴリなどの条件による報酬額の調整や、成績のよいプログラム参加者に他よりも手厚く報酬を与えるなど、より複雑なルールを設けています。イーベイは、アフィリエイト参加者が紹介するカテゴリの製品の購入に使用できるクーポンコードを報酬として提供します。大規模なプログラムでは段階制料率が定められていることもあります。参加者は各取引に対して特定の率の報酬を受け取りますが、料率は取引の数に応じて変化します。より多くの取引を成立させると料率は上がり、報酬額も上昇します。

大規模なアフィリエイトネットワーク

　ここでは、（米国で）最大級のアフィリエイトネットワークと、比較的小さい技術的投資で自分のアフィリエイトプログラムを構築できるソフトウェアツールを挙げておきます。

- Commission Junction：大規模なインターネット小売業者が広告主としてプラットフォームに参加しています。そして、製品の販売を開始するまでに 2,000 ドル程度の費用が発生します。広告主とアフィリエイト参加者の両方を厳しく審査しているため、高い費用に見合った質の高いネットワークを提供しています。

- ClickBank：デジタルメディアをオンラインで販売したいアフィリエイト参加者にとって優れたプラットフォームです。製品を登録するまでに 50 ドルを支払えばよいだけなので、比較的低コストで開始できます。

- Affiliate.com：アフィリエイト参加者の審査をとても厳格に行っており、広告主に質の高いトラフィックを届けます。

大規模なアフィリエイトネットワーク | 201

- eBay Enterprise Affiliate Network：（以前は Pepperjam Exchange）モバイル、ソーシャル、オフラインの小売、出版など、複数のチャネルを持っています。手厚いカスタマーサポートと運用の透明性がセールスポイントで、登録には 1,000 ドルが必要です。本章でインタビューを行ったクリス・ジョーンズが創業しました。

- ShareASale：2,500 を超えるアフィリエイト参加者を擁するネットワークで、広告主は報酬額を柔軟に設定できます。登録には約 500 ドルが必要です。

- Adknowledge：アフィリエイトプログラムの他にも、広告購買サービスも行っています。モバイル、検索、ソーシャルメディアやディスプレイ広告にも掲載でき、一つのプラットフォームでアフィリエイトとクリック課金型ディスプレイ広告にアクセスできます。

- Linkshare：アフィリエイト参加者の獲得とリード生成プログラムを提供します。Macy's（百貨店）やエイボン、Champion（スポーツウェア）などがこのプラットフォームでアフィリエイトプログラムを管理しています。

- MobAff：クリック課金型と成果報酬型の両方に対応したモバイルアフィリエイトネットワークです。Mobaff は広告主のコンバージョンを促すツールとして、SMS やプッシュ通知、電話番号表示広告[†6]、モバイルディスプレイ、モバイル検索を使用します。

- Neverblue：広告費に月間 20,000 ドル以上使う企業をターゲットとしたサービスです。また、広告パートナーと協力して広告やキャンペーンの制作も行います。グルーポンや eHarmony、Vistaprint を顧客に持っています。

- Clickbooth：Clickbooth は検索、メール、そして多数の Web サイトを使って DirecTV、Dish Network や QuiBids などのブランドプロモーションを行っています。

- WhaleShark Media：このメディア企業は、RetailMeNot や Deals2Buy.com など、世界でも有数のクーポンサイトを所有しています。WhaleSharkと組むことでクーポンベースのアフィリエイトプログラムを用意できます。アフィリエイトページはグーグルで「製品名 クーポン」を検索すると上位にランクされます。

---

†6　訳注　電話番号リンクを表示させて、クリックで直接電話をかけることができるタイプの広告。

終わりに

クリス・ジョーンズは、もっと多くのスタートアップがこのトラクションチャネルを有効活用すべきであると述べています。

資金にあまり余裕がないため、単純に検索連動型広告アカウントを開設して闇雲に広告を出せないスタートアップにとって、アフィリエイトマーケティングは、論理的にはマーケティングの出発点として正しいチャネルだと思います。

Google アドワーズで 10,000 ドルを使っても、それ以上の収益をあげられるという保証はどこにもありません。アフィリエイトマーケティングと検索連動型広告を比較すると、検索連動型広告の場合、リスクを引き受けるのは**広告主**です。質の悪いテキスト広告や十分な検討を行っていないキャンペーンをアドワーズで展開すると、くだらない広告であろうが、コンバージョン率が悪かろうが、クリックごとにお金を使わなければいけません。

アフィリエイトマーケティングでは、取引やコンバージョンを自分自身で定義でき、クオリティの低さをある程度カバーできるツールも揃っています。例えば、アフィリエイトプログラムの参加者が e コマースに顧客を送ったものの、クレジットカード支払いが拒否された場合、アフィリエイトのコミッションは発生しません。

リードの情報が送信されてきても、そのリードが設定した基準に満たない場合（また、偽のメールアドレスや住所が提供された場合など）もコミッションを支払う必要はありません。そのリスクは負わなくてもよいのです。

まとめ

- アフィリエイトプログラムとは、個人や企業が特定のアクション（売上やリードの獲得）に対して支払うという取り決めのこと。例えば、ブロガーは製品を紹介して、それによる売上の一部を報酬として受け取る。

- アフィリエイトプログラムは小売や情報製品などの業界やリード生成の分野で主に使われている。特に、金融サービスやデーティングサイト、Web ホスティング、ダイエットなどで成功している。ポーカー場も使っている。

- 一般的なアフィリエイトには、クーポンサイト、ロイヤリティプログラム、アグリゲータサイト、マールマガジン、ニッチ向けサイトなどが存在する。

- アフィリエイトプログラムを効果的に活用できるかどうかは、顧客を獲得するためにどの程度の報酬を用意できるかによる。結局のところ、リードや売上に対して報酬を支払うことになる。

- 多数のアフィリエイト参加候補者が登録している既存のアフィリエイトネットワークを利用することで、プログラム参加者の募集が簡単になり、チャネルをすぐに使いはじめることができる。ネットワークを利用しない場合は、まず自分で参加者を募集しなければならない。

- アフィリエイトを募集する際、最初に検討すべき場所は既存顧客リストである。

20 章
Web サイト、アプリストア、SNS

慣れ親しんでいる Web サイトやアプリ、SNS もトラクション獲得に活用できます。これらのうち、大規模なものは数億のユーザを持っています。このカテゴリには、アップルのアップストアや Google Play、Mozilla や Chrome のブラウザ拡張機能、フェイスブックやツイッター、Pinterest などの SNS プラットフォーム、そして Tumblr や Snapchat といった急成長中の新興プラットフォームがあります。

ソーシャルゲーム開発の Zynga は、フェイスブックプラットフォーム上でゲームを制作し、フェイスブックの共有や友達を招待する機能を活用して初期のトラクションを獲得しました。

モバイル動画共有アプリの Socialcam は、サービス開始時点からフェイスブックやツイッターのログイン情報を使ってユーザ登録するよう誘導し、動画プロモーションを行い、各プラットフォームで友達を招待するよう仕掛けを行いました。その結果、12 ヶ月で 6,000 万ユーザを獲得しました。この規模での成長の可能性があるチャネルはそう多くありません。

アプリストア

スマートフォンユーザが 10 億を超えさらに拡大している現在、数ヶ月でユーザ数が 100 万に達するようなアプリが爆発的に登場しています。

ランキングと「スタッフのおすすめ」

各プラットフォームのアプリを販売するストアにおいて、ユーザに発見されるために最も効果的なものは、ストアのランキングで上位に入ることと、「スタッフのおすすめ」コーナーで取り上げられることです。

アプリストアでは、販売国とアプリのカテゴリ（ビジネス、ゲームなど）、有料/

無料などの軸でアプリのランキングが公開されています。そして、ランキングとは別に「スタッフのおすすめ」コーナーも存在します。これらが売上に与えるインパクトを示す例として、Trainyardというアプリのケースを紹介します。

有料のiOS用ゲームTrainyardは、作者のマット・リックスが期待していたほど売上が伸びませんでした。無料アプリは有料アプリよりもはるかに多くの回数ダウンロードされるため、開発者はまず無料バージョンをリリースして、それをダウンロードしたユーザに対してアプリ内課金や有料版を勧めて売上を狙います。

マットもこの方法を試してみることにして、Trainyardの無料バージョン（Trainyard Express）をリリースしました。すると、リリース直後にイタリアの人気ブログが熱烈にこのゲームを紹介する記事を公開しました。その効果でTrainyardはその日だけで22,000ダウンロードを達成し、イタリアの無料アプリカテゴリの一位に躍り出ました！　その後イギリスでもチャートにランクインし、その週は45万ダウンロードを達成しました。

さらに、Trainyard Expressのリリースからわずか七日後に、アップルがこのアプリを「スタッフのおすすめ」として取り上げることに決めました。その時のダウンロード数の推移が図20-1の通りです。

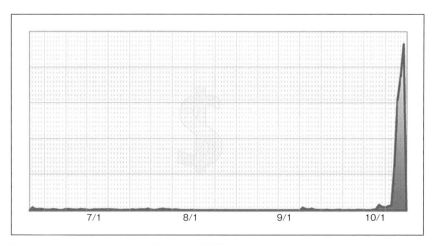

図20-1　TrainyardのApp Storeダウンロード数推移

トップランキング入りへの戦略

Trainyard の例は、トップランキングに表示され、大きな注目を集めることの重要性を示しています。iOS アプリを制作する Focused Apps のマーク・ジョンソンは、彼が開発したゲームアプリのプロモーションがたどった道筋について、次のようにブログに書いています。

1. 広告を使ってアプリをトップランキング入りさせる。
2. トップランキングに入ると、さらに多くのユーザの目に留まる。
3. さらにダウンロードが発生する。
4. 3.の効果で、少しランキングが上昇する。
5. より多くのユーザの目に留まるので、ダウンロード数が増加する。
6. ユーザが気に入ったら、友達にもそのアプリを紹介する。
7. ランキングをさらに駆け上がる。
8. 5.に戻り繰り返す。

開発者は様々な施策を講じて、最初にトップランキング入りさせます。モバイル広告スペースを購入し、モバイルアプリ向けのアフィリエイトプログラムを使ってインストール数を稼ぎ、自分がリリースしている他のアプリ内でのプロモーションを行い、またはアプリ紹介サービスで上位のポジションを購入するなどの手法を繰り出します。

他のトラクションチャネルも利用できます。Trainyard の例で示されたように、(意図的に展開したものではないにせよ) PR やブログ広告などでも効果をあげることができるでしょう。これらの施策は単体で実行しても十分な効果を得られるものではありませんが、ランキング上位やスタッフのおすすめに近づくための効果的な施策となりえるものです。

魅力的なアプリ

トップランキングの地位を長期間維持するには、常に高い評価を獲得できる、魅力的なアプリでなければいけません。アプリの評価はダウンロード数にとても大きな影響を与えます。ユーザのダウンロードの決断はもちろん、ストアのスタッフがオススメに加えるかどうかの判断にも影響し、メディアでの報道時に言及されることもあり

ます。

アプリ内で役立つ機能を表示した直後にアプリの評価を促すようなテクニックもありますが、そもそもアプリ自体のユーザ体験が優れたものでなければ、トップランキングの維持は困難です。何万ものアプリが存在する中でも、本当に素晴らしいユーザ体験をもたらすようなアプリはほんの一握りにすぎません。現在、市場で確固たる地位を確立しているインスタグラム、Path[1]、Google Maps、Pandora[2]、Spotify などのアプリは素晴らしいユーザ体験をもたらし、常に高評価を獲得しています。

ソーシャルプラットフォーム

オンラインコミュニケーションの場が移り変わるにつれて、ソーシャルサイトの利用状況も移り変わっています。Snapchat[3] や Vine[4] のような比較的新しいソーシャルプラットフォームは急速に新たなユーザを獲得しており、他のプラットフォームも確実に追随することでしょう。

ソーシャルプラットフォームの進化は簡単に追随できるものではありませんが、大量のユーザ獲得のための最適な方法の一つであることは変わりません。新しい、成長途上のプラットフォームを見極めて重点的に攻めるのも有効でしょう。

成熟前のソーシャルプラットフォームは、ユーザが必要とする機能をすべて提供しているわけではありません。もしかすると、あなたのアプリや技術がその穴を埋めるものになるかもしれません。そして、有名ブランドは成長途上のサイトをターゲットにするまでに時間がかかることが多く、飽和状態に達するまでにある程度時間の猶予があります。

他のサービスの隙間を埋める

YouTube は MySpace の機能の隙間を埋めることで初期のトラクションを獲得しました。2000 年代半ば、MySpace はユーザ数世界一を誇るソーシャルネットワークサイトでした。その当時、Web での動画共有はとても使いにくく、動画のアップロードは難解で手間がかかり、他のサイトでの紹介も面倒でした。

MySpace には動画のホスティング機能がありませんでした。そこにシンプルな動

---

[1] 訳注 つながることができるユーザ数を制限している日常シェア向け SNS。
[2] 訳注 インターネットラジオ。日本では視聴不可。
[3] 訳注 写真・動画をグループで共有できるスマートフォン用アプリ。
[4] 訳注 Twitter 社が開発した、短いムービーを撮影して共有するスマートフォン用アプリ。

画ホスティングを提供する YouTube が現れ、ものの数分で動画をアップロードして MySpace のページに埋め込むことができるようになりました。

　MySpace に埋め込まれた動画をユーザがクリックすると YouTube のサイトに誘導されました。そこで多くの MySpace ユーザが YouTube の機能やコンテンツを体験することになり、YouTube 初期のトラクション獲得ソースとなりました。

　現在の巨大プラットフォームは、その成長過程においてこれと似たような物語が存在します。短縮 URL 生成サービスを提供する Bitly はツイッターでニーズを掴みました。画像ホスティングサイトを提供する Imgur は Reddit ユーザ向けのホスティングサービスを構築し、爆発的にユーザ数を増加させました。様々な場所で同様のパターンが発生しています。

ブラウザ機能拡張

　ブラウザ拡張機能（アドオン）は、ブラウザ用にダウンロードできるアプリです。最も人気の拡張機能は、Web サイトの広告をブロックする Adblock Plus です。YouTube 動画をダウンロードするアプリや、複数台のマシンでブックマークを共有できるアプリ、パスワード管理用アプリなども人気です。

　成長を促進するために拡張機能を使うことには理由があります。Web ユーザは毎日多くのサイトを訪問しますが、その仲間入りは非常に困難です。しかしひとたび拡張機能がインストールされてしまえば、その製品の価値を引き出すために毎日サイトに訪問してもらう必要はありません。

　記憶拡張・生産性向上のためのオンラインノートサービスを提供する Evernote は、ブラウザ拡張機能の公開後、ユーザ数が爆発的に伸びました。Evernote が 2010 を振り返ったブログ記事[†5] では、当時のデスクトップ PC ユーザの Web バージョン利用率が拡張機能のリリースによって 205% 増加して、600 万を超えたと述べています。

　ブラウザ拡張機能にもスマートフォンのアプリストアのようなダウンロードサイトがあり、拡張機能が無料で提供されています。ここにもスタッフのおすすめコーナーやランキングがあります。このチャネルでのトラクション獲得を狙うのであれば、重要視すべきです。

---

†5　http://blog.evernote.com/blog/2011/01/04/evernote-2010-a-year-in-stats/

他のプラットフォーム

ユーザ獲得のターゲットとなりうる大規模サイトやマーケットプレイスは多数存在します。狙いを絞るには、潜在顧客がインターネットのどこで時間を過ごすのかを把握します。そして、その場所のユーザをターゲットとする戦略を練ります。アマゾンやイーベイ、Craigslist[†6]、Tumblr、GitHub、Behance[†7] などのサイトはスタートアップのトラクション獲得に大きく貢献しています。

宿泊施設として個人が持つ空きスペースの貸し借りを仲介するサービス、Airbnbの立ち上げ当初の成長には、Craigslist が大きく貢献しました。Craigslist で宿を探していた顧客は、Airbnb がよりシンプルで安全なサービスだということに気が付きはじめていました。これを知った Airbnb は、「Craigslist にも投稿する」機能を開発しました。その後この機能は廃止されましたが、多くの Craigslist ユーザの引き込みに成功しました。

最大級のオンライン決済プラットフォームのペイパルは、AirBnb よりも数年前に似たような戦略を取りました。最初の顧客として巨大オークションサイト・イーベイのユーザをターゲットにしたのです。ペイパル自身がイーベイで商品を購入し、売主にペイパルによる決済を要求しました。この試みは成功し、ペイパルはイーベイが自社で用意しようとしていた決済システムよりも人気があることを証明してみせました。このひたむきな取り組みによって、ペイパルは当時のインターネットにおけるオンライン決済で大きなシェアを獲得しました[†8]。

ケーススタディ：Evernote

直近で 10 億ドル以上の価値があるとされる Evernote は、創業以来、Web サイト、アプリストア、そして SNS を主なトラクションチャネルとしてビジネスを展開してきました。我々は Evernote 創業メンバーのアレックス・パチコフにインタビューを行い、その戦略を聞きました。

ビルド・アーリー戦略

Evernote は既存のプラットフォームで利用できることに加えて、全ての新興プ

---

†6　訳注　オンラインクラシファイド広告（個人が他の個人を対象に掲載する短い広告や告知）最大手。
†7　訳注　米アドビシステムズが提供するクリエイティブポートフォリオ共有サイト。
†8　訳注　イーベイは 2002 年にペイパルを買収しました。

ラットフォームでも利用できるようにすることを最優先に取り組んできました。この戦略のおかげで、新しいプラットフォームが立ち上げ初期に行うマーケティングキャンペーンで紹介され、「スタッフのおすすめ」コーナーに掲載される確率を高めました。CEO のフィル・リービンは次のように述べています。

> 最初の数年は、すべてのアプリストアのオープン初日に間に合うように死ぬほど働きました。新しいデバイスやプラットフォームのリリース情報をキャッチすると、そのリリースまでの数ヶ月は昼も夜も働いて、そのリリース初日に対応製品をストアにリリースしました。（中略）我々の製品は、iPhone の登場時に存在した数少ないアプリの一つだったので、プロモーションで頻繁に露出しました。

> iPad の登場時もやはり初日にアプリをリリースしました。それは、他の多くの企業がリリースしたような、ただの iPhone 版の移植ではありませんでした。我々は当時まだ iPad を見たこともなかったのですが、iPad での操作に最適化した完全に新しいバージョンをデザインしました。Android デバイスや Kindle Fire でもまったく同じことをしました。

先駆者になることで、プラットフォームが行うマーケティングやプロモーションから利益を得る機会が巡ってきます。アレックスは次のように述べています。

> 毎年新しいプラットフォーム、新しいデバイス、新しい何かが登場します。スタートアップであれば、これから登場するプラットフォームで何かとてもクールなことができるのかを考えるべきです。もちろん、プラットフォーム自体の成功を計画することはできませんが、プラットフォーム提供企業との過去の経験から合理的な推測はできます。

> 人はこれをギャンブルだと捉えているのだと思います。だから「このプラットフォームのユーザ数が 100 万人になったらサポートします」というアプローチを取ります。これはエレクトロニック・アーツやアドビのような企業であればよいでしょう。または、一年後の Evernote ならばそれでもよいかもしれません。

> しかしスタートアップはそのようなポジションにいるわけではありません。プラットフォームの人気が高まれば、そのプラットフォームにおける競争率が自然と高くなります。（中略）クールなアプリを開発している人の多くは、この「立ち上げプッシュ」に乗ることさえできれば本当に、本当にうまくいく可能性があるのです。そ

して早く行動さえできれば、その「立ち上げプッシュ」は無料です。ただし、すべ
ての努力が水の泡となるリスクを伴います。

　Evernote は初めての Android アプリのうちの一つでもあります。多数の素晴らし
い機能を搭載していたので、Android マーケットにほとんどアプリがなかった時期に
六週間もスタッフのおすすめアプリの地位を占めていました。「プラットフォームの
最初のアプリ」の地位を獲得するためにエンジニアリングリソースを集中し、数十万
の新規ユーザを獲得しました。通信会社ベライゾンが Android 端末を取扱開始した
際のプロモーションでも Evernote が取り上げられました。

　「ビルド・アーリー戦略」はいつもうまくいくとは限りません。特に、プラット
フォーム自体が失敗に終わってしまうときには、一緒に失敗します。Evernote は
iOS や Android だけでなく、ノキア、ウインドウズフォン、ブラックベリーの各ス
マートフォンプラットフォームでも同じアプローチを取りましたが、これらのプラッ
トフォームがビジネスに大きな影響を与えることはありませんでした。それでも、ア
レックスはこの戦略そのものに対して前向きです。Android のようにプラットフォー
ムが普及さえすれば、数々の失敗を埋め合わせて余りある利益を得られるからです。

マルチアプリ戦略

　ここしばらく、Evernote は単なるノートアプリの域を超えて拡大する戦略をとっ
ており、特定分野向けのアプリ（食べ物の記録用の Evernote Food や、出会った人
の記録用の Evernote Hello など）を多数リリースしています。Evernote のこれまで
の成長に最も効果があったものは、**アプリストアでおすすめに取り上げられることで**
した。マルチアプリ戦略によって、Evernote のメインアプリが登場しないカテゴリ
では別の Evernote アプリがおすすめアプリとして表示され、さまざまなカテゴリで
ランキング入りの可能性が生まれました。

スペシャルフィーチャー戦略

　アレックスは、Evernote がストアスタッフの目に留まるように、リリースするア
プリや搭載する機能について常に真剣に考えていたと述べています。

　一手先を考える必要があります。アップルやグーグルはどのようなアプリを好むで

しょうか？　我々がアップルやグーグルやマイクロソフトだったら、どんなものを探すでしょうか？　我々ができることと、彼らが探しそうなものの間に共通する点はあるでしょうか？

　このような思考プロセスを経て Evernote Peek という製品にたどり着きました。Peek は iPad スマートカバーを使って、コンテンツ（ノート、動画、音声など）を教材に変えるアプリです。魔法のように動作し、当時最新のアップルの技術をうまく活用していました。Peek はアップルの CM に登場しました。

　Peek はアップルの教育カテゴリでおすすめ枠に入り、カテゴリ一位の座を一ヶ月以上維持しました。これにより 50 万の新たな Evernote ユーザが誕生し、この年最大の成長要因の一つになりました。

まだ見ぬプラットフォーム

　Evernote は主にモバイルチャネルからトラクションを獲得しましたが、彼らのようなプラットフォーム戦略はモバイル以外のプラットフォームでも通用します。ここで重要なことは、新しく、他が開発を行っていないプラットフォームでの成長を狙うことも一計だということです。Andreessen Horowitz のパートナーで、（後にイーベイに買収される）Hunch を創業したクリス・ディクソンはプラットフォームをベースにした成長戦略について次のように述べています。

　　まだ飽和状態に至っておらず、［アプリの］発見障壁が比較的低い新しいプラットフォームに賭けて成長し、成功を収めたスタートアップもあります（中略）新しいプラットフォームに賭けるということは、プラットフォーム自体が失敗すると自分も失敗する可能性が高いということですが、先に述べたように、流通に関するコストを劇的に低減します。

まとめ

- 潜在顧客がインターネットのどこで時間を過ごすのかを把握すること。大規模なサイトの場合もあれば、ニッチな場所である場合もあり、両方にいる場合もある。これを把握してから、その場所をターゲットにした戦略策定を行う。

- 本章の内容の対象としては、iOS や Android などのアプリストア、Firefox

や Chrome のブラウザ拡張機能ストア、フェイスブック、ツイッター、Pinterest や、トラクションを獲得しつつある他の比較的新しいプラットフォーム（Tumblr、Foursquare など）を含む。

- アプリストアに狙いを定める場合、目標はランキング上位か「スタッフのおすすめ」に選ばれること。ただし、それを維持するためには、常に高い評価が与えられる、魅力あるアプリを開発しなければならない。

- 巨大なソーシャルプラットフォームが持っていない機能を補完することで大きくなった企業もある。

- 他の企業が参入前の新しいプラットフォームや、既存プラットフォームのリニューアルなど、比較的競争が少ない時期を狙う施策にも成功例が存在する。

21章
展示会

展示会は、多くの人に実際の製品をよく見てもらうチャンスです。その多くは一般客に開かれていますが（事前登録が必要な場合もあります）、その他にも特定の業界に属する人間しか入場できないような展示会や、ベンダと見込客との出会いを手伝う展示会も存在します。

このトラクションチャネルは、スタートアップ初期における製品に対する興味（と需要）の喚起に利用できます。ビジネスが成熟するにつれて、新製品発表などの大型発表や大手クライアントへの営業、そしてパートナーシップの締結を行う場所となり、セールスファネル（18章参照）に組み込まれます。

我々は、従来より安全な自転車ブレーキを開発した SlidePad のブライアン・ライリーにインタビューを行いました。SlidePad は、製品完成前のマーケティングから大手自転車製造業者との販売契約締結に至るまですべての製品開発フェーズにおいてトラクション獲得に展示会を利用しました。また、WPEngine を創業したジェイソン・コーエンにもインタビューを行い、彼の最初のスタートアップ Smart Bear Software（11章も参照）で展示会を利用した経験について聞きました。

展示会を選ぶ

様々な業界で多数の展示会が開催されています。その中から自分が出典すべきものを見極めるのは難しいものです。**出展する展示会を選ぶための最も良い方法は、前年度に訪問者として参加し、展示会の様子をひと通り見ておくことです。**訪問者なので、予算を抑えてイベントの雰囲気を掴むことができます。

しかし、この方法が難しいこともあります。その場合、前年のイベントに出展した人からその様子を聞くこともできます。混み具合や出席者の質、また参加したいと思うかなど、自分がその展示会に出席すべきかを判断するための質問をします。

ベンチャーキャピタル Foundry Group のパートナー、ブラッド・フェルドは、次のようなプロセスで出展するイベントを選ぶよう推奨しています。

1. **出展の目標を定める。** メディアに報道されることなのか、投資家を呼び寄せることなのか、大型顧客を獲得することなのか、重要なパートナーシップ契約を結ぶことなのか、などです。目標は、展示会の選択や、展示のアプローチを左右します。

2. **関連業界における展示会をすべてリストアップする。**

3. **定めた目標を基準として、リストアップしたイベントを評価する。** 特に、対象となる企業や担当者と望む形で交流できるかを確認しておきます。例えば、顧客開発のために見込客とじっくり話をする必要があれば、よりくつろいだ雰囲気の展示会が適しています。とにかく数が重要であれば、混雑する展示会の方がよいでしょう。

4. **展示会に使える予算を決定し、各四半期に割り当てる。** 出展予定と予算を一致させ、万が一目標に変更が生じた場合でも柔軟に予算を再構成できます。

5. **出展の必要性を、予算と照らしあわせて改めて確認する。** 例えば、売上の増加を目標に「トラクション展示会」という展示会に出展予定と仮定します。展示会の事務局から参加予定者リストを受け取って（受け取っていないのであれば事務局に要求してみます[†1]）、一万人の来場者があることを確認しました[†2]。しかし、想定する潜在顧客像に当てはまるのはそのうち30%（3,000人）だけでした。出展に1万ドルかかる場合、製品価格が5千ドルであれば製品を3つ販売できればこの展示会において利益が出ることになり、出展する価値はあるかもしれません。しかし、それが50ドルであれば、話は違います。出展に値する、十分な売上はあげられないでしょう。出展の最終判断は他の販売機会を含めた予測などに左右されます。

SlidePad は、販売予定の製品のプロトタイプを携えていくつかの展示会に出展し

---

†1　訳注　参加予定者を個人レベルで掲載したリストが出るケースはないかもしれませんが、参加者のデモグラフィック情報や、その他の属性情報（意思決定者の割合など）といった、Web サイトなどで公にされている情報よりも詳しい情報は、参加申込前であっても事務局に連絡すれば提供される場合があります。

†2　訳注　来場者数実績など過去の展示会における基本的な開催データについては、日本貿易振興機構（JETRO）が運営するデータベース J-messe で見つけられることがあります（http://www.jetro.go.jp/j-messe/）。このデータベースは開催予定の展示会を探す際にも重宝します。

ました。その当時は生産ラインも持っておらず、価格も決めておらず、展示会で何かを売る予定もありませんでした。展示会での目標は、ただ他の企業と話をして、SlidePad の製品にどのような機能を持たせるべきかを探ることでした。訪問者との会話から、製品に技術的に必要とされるものを学び、目標価格を設定できました。製品完成後、展示会における SlidePad の存在感は高まりました（同時に経費も増えました）。企業の目標が変化すると、それに応じて展示会の目的や出展内容も変化するのです。

展示会の準備

　展示会に向けての事前準備が、出展の成功を決定づけます。展示会は、業界に属するほとんどの人が一堂に会する、多くても年に数回しかない貴重な機会です。ベストを尽くさなければいけません。

　まず、展示会場で会っておきたい、重要出席者のリストを作成します。次に、リストアップした出席者と**展示会の前に**ミーティングを設定します[†3]。ブライアン・ライリーは、SlidePad のこれまでの開発内容や、その技術が商談相手の利益になりうるのかを詳細に調査した結果をまとめて相手にメールで送り、コンタクトを取りました（会社情報も必ず添付しました）。この戦略により、すべての出展先で必要な相手に会うことができたのです。

　これについて、Smart Bear Software のジェイソン・コーエンは次のように述べています。

> ミーティングを行う日を設定するのです。イエス！　ミーティング！　展示会は、次に挙げるような人と実際に会える、めったにないチャンスです。

- オンライン・オフラインの雑誌編集者。あまり重要視されませんが、取材してもらいたい場合は必ずコンタクトを取っておくべき存在です。私自身、これまでに全ての主要なプログラミング系の雑誌に掲載されていますが、そのほとんどは展示会で実際に話したことが直接のきっかけでした！　うまくいくんですよ。

- お気に入りのブロガー。特に、自分たちの記事を書いてほしい場合。

[†3]　訳注　参加者の個人名がわからない場合、ガブリエルは事務局から入手した情報をもとに所属先の企業に直接連絡してみます。

- 既存顧客
- 現在製品トライアルを行っている潜在顧客
- ベンダ
- 競合
- 潜在パートナー

積極的にミーティングを設定してください。気になる人すべてに電話やメールでコンタクトを取ります。メールで連絡する場合は、「○○展示会：五分ほどお話するお時間をいただけますか？」など、スパムと思われないような件名にします。私は最低でも一日五つのミーティングを入れるようにします。展示会終了後のディナーや飲みに行く約束をしてもよいでしょう。

　PRが目標の一つであれば、出席予定のメディアにもコンタクトをとっておきます。来場するメディア出席者は、業界の具体的な動きを探っています。新製品でも、新機能でも、大きな取引の情報でもなんでもいいので、記事のネタを提供すると喜ばれます。
　展示会の成功は、ジャーナリストや潜在顧客・パートナーに与えた印象や、関係構築の成否によって決まります。Upfront Ventures のパートナー、マーク・サスターも、展示会後に出席者を懇親会に招待することを推奨しています。

真の「展示会ニンジャマスター」が使う秘密のトリックは、懇親会を開いて様々な人を招待することです。参加者と親しくなれる素晴らしい方法です。まずは、面白くて気軽に出席してくれそうな人を数人確保しておきます。そして、誰もが会いたがるような「ブランド」を持つ人を招待できるようにします。これは一人で十分です。そして、その名前を招待者リストに載せて、募集時に知らせることができます（その際にはもちろん、他の招待者についても言及してください）。すると、自分が会いたいと思うような人たちを誘い込むことができます。

招待客に関する戦略は他にもあります。顧客と見込客をそれぞれ３〜４人懇親会に招待し、従業員２〜３人や面白そうな人が数人同席するとうまくいきます。潜在顧客は営業担当と話すよりも既存客と話すことを好みます。

最後のヒント：職位の高い人を誘う方法の一つは、評価の高い人気店を選ぶことです。人は皆、そういうお店での食事が大好きです。しかし、初期のスタートアップ

にとって人気店での開催は費用として高すぎるかもしれません。その場合は、複数の企業が合同でお客様を招待するという手もあります。全員がネットワークを拡大でき、コストを分担できます。

展示会場の施策

まず、展示会場のどこに自社ブースを配置するかを決めます。出展の目的が可能な限り多くの出席者にリーチすることであれば、通行量の多い場所にブースを構えて、注目を集めるようなマーケティングプランを用意しておく必要があります。少数の重要な人と話すことが目標であれば、ブースの場所は問題になりません。いい場所を取ることで発生するコストも不要です。また、特定の企業の隣など、特定の場所に配置したほうが良い場合もあります。

場所を決めたら、そこで印象的な展示を行わなければいけません。最低でも、何の会社なのかを明確に表す大きなバナーや、見栄えのよいディスプレイ、名刺・カード類、そして注目を集められるデモの設置が必要です。これらをまとめて用意することが困難であれば、展示会ブース設営を専門にする業者の助けを借りることもできます。

ブースに人を呼び込むためにも様々な工夫が必要です。Smart Bear Software のジェイソン・コーエンは、展示会の開催前に、参加者全員にソフトウェアの割引券を送りました。割引券は展示会のブースでアクティベートします。

Tシャツやボールペンなどの景品も呼び込みに使えます。マグカップやストレスボールも景品としての実績はありますが、よりクリエイティブでユニークなもの（ヨーヨーやココナッツ、シガーライターなど）を用意すると会場で注目されます。

開催中は積極的にフロアに出て参加者をブースに誘導することもできます。ビジネスアナリティクスサービスを提供する RJ Metrics の創業者たちは、展示会において訪問者に近づいて会話を始める方法について我々に語ってくれました。

一つ、はっきりとわかったことがあります。アウトバウンド戦略[4] は、費用対効果が良いということです。展示会で実際に会話した人のうち、当日客の割合はたった28% です。つまり、アウトバウンド戦略によって、何もしない場合よりも展示会の価値を3〜4倍程度引き上げているということです。

---

[4] 訳注　コールセンターから顧客に（外向きに）連絡を行うこと。

訪問者を詳細説明を行うため十分に長い間ブース内に滞在させるために、興味を引くための何かしらの仕掛けを講じます。SlidePad は、自分たちが開発したブレーキと通常のブレーキを比較した楽しいデモ動画を流しています。一般的な自転車に乗って高速で山を駆け下りて急ブレーキをかけたライダーが前に投げ出されてしまいますが、次に登場する SlidePad のブレーキを搭載した自転車で同じ動作をすると、素早く安全に停止できるという動画です。これを見た見込客に詳細情報を提供して目標に誘導します。

人に話しかける際に渡す資料には、次の行動につながる何かしらの要素（Call to Action）を記載しておきます。例えば、ブースに置いておくカードには、魅力的なオファー（「無料の業界ガイドをダウンロード！」など）や、特設ページの URL（http://yoursite.com/tradeshow など）を記載するべきです。訪問者はモバイルデバイスでリンク先ページにアクセスするので、URL は必ずモバイルに最適化させるようにします。このような準備をしておくと、展示会出席者のページ訪問数を計測でき、メーリングリストに登録してもらえる可能性もあります。

ブース外で

展示会はその会場だけで起こるものではありません。多くの場合、出展の最大の目的は関係構築です。交流の場で潜在顧客やパートナーについてよりよく知ることで、期待よりもトラクションを獲得できるものです。

関係者を集めて懇親会を開催することの意義についてはすでに述べました。小規模ビジネス向けの電話関連サービスを提供する Grasshopper.com を創業したデイビッド・ハウザーも、展示会に出展する場合は顧客との懇親会を最低一回は開催すると述べています。懇親会の次は、展示会場近くでのパーティの開催です。懇親会もパーティも、緊張せずに周囲の人と自然に会話できる場を提供できます。共催にしてコストを抑える方法は、パーティについても応用できます。

終わりに

展示会では、顧客やパートナー、そして報道機関との間で、ほとんどの他のトラクションチャネルよりも短期間で直接交流ができます。このチャネルはものの数日で目に見える違いを生みだす可能性を秘めています。SlidePad の例がまさにぴったり当てはまります。業界の大規模な展示会に出展後、自転車製造の大手 Jamis との関係

構築に成功しました。まだ製品のプロトタイプを製造していたころに出会い、展示会での打ち合わせの中で、今後 Jamis と取引する上で必要となる製品仕様を学びました。

　SlidePad はその仕様で製品を開発し、Jamis と生産契約を結びました。その後米国内の多くの自転車で採用されるようになり、現在ではこの市場シェアがトラクション獲得の要因です。しかし、すべては展示会というトラクションチャネルから始まりました。

まとめ

- 出展する展示会を決める最も良い方法は、前年の同じ展示会に出席者として実際に参加すること。それが無理であれば、前年の展示会に出展・参加した人に意見を聞くこと。

- 設定する目標が出展する展示会の選択を左右する。報道されたいのか、投資家を呼び寄せたいのか、大型顧客を獲得することなのか、重要なパートナーシップ契約を結ぶことなのか、それとも他の目的があるのか？

- 展示会で会いたい人（潜在顧客、パートナー、報道機関など）とのミーティングを展示会前に設定しておく。ミーティングに加えてディナーを設定するのも良い。

- ブース集客に関して、インバウンドとアウトバウンドの両方の戦略を練っておく。ブースの展示内容とメッセージを、展示会の目標に合わせてデザインする。配布物はそれぞれに次の行動につながる要素（Call to Action）を入れておく。

22 章
オフラインイベント

　小規模なミートアップ[†1] から大規模なカンファレンスまで、オフラインイベントの運営を行うことやスポンサーになることは、トラクション獲得の大きな可能性を秘めています。電話やショートメッセージ（SMS）の機能を Web やスマートフォンのアプリに簡単に追加するツールを開発する Twilio は、ハッカソン[†2] やカンファレンス、ミートアップなど大小様々なイベントのスポンサーをしています。オラクルや Box のような規模の大きい企業は業界リーダーのポジションを維持するために自社で巨大なイベントを開催します（セールスフォースの Dreamforce カンファレンスは 10 万人以上が参加しました！）。

　スタートアップの初期段階では、オフラインイベントはターゲット顧客が抱える問題と直接向き合うチャンスです。オンライン広告に対する反応が悪い場合や、オンラインで自然に集まる場所がない場合はオフラインイベントが重要です。ターゲット顧客を一か所に集めてしまうか、集まる場所に自ら出向くことがリーチするための最も効果的な手段です。

　エンタープライズ向けのソフトウェアなど、営業プロセスが比較的長期になりがちなスタートアップにおいてもオフラインイベントは効果的です。本章では、保険会社向けの高額なソフトウェアを販売する Enservio がこのチャネルを使って効果的に意思決定者にリーチして営業プロセスを短縮した例を紹介します。チャネルの使い方はかなり異なりますが、オフラインイベントを使ってパワーユーザとの関係構築に成功した Yelp と Evite[†3] の例も紹介します。

---

†1　訳注　同じ地域にいて共通の興味を持った人たちの集まり。「カジュアルな勉強会」が近いかもしれません。
†2　訳注　hack と marathon を組み合わせた言葉。一箇所に集まって共同作業で集中的にソフトウェア（ハードウェアを伴うこともある）を構築するイベントです。
†3　訳注　オンラインでイベント計画と招待ができるサービス。

カンファレンス

　カンファレンスは最も規模が大きく、人気もあるオフラインイベントです。多数の
スタートアップ関連や業界のビジネスカンファレンスが世界中で行われています。

　カンファレンスはスタートアップのどの段階においても有効活用できます。比較
的少数の顧客を獲得するだけで目に見える違いが生まれる初期段階では、イベント
に参加すること自体が活用といえます。成長期には TechCrunch Disrupt や Launch
Conference、SxSW などの大規模な技術系カンファレンスを利用して、これらのカ
ンファレンスが持つトラクションを土台として使うこともできます。ツイッターは
2007 年の SxSW の 9 ヶ月前にリリースされ、SxSW 開催までにそこそこのトラク
ションを獲得できていましたが、まだ数千ユーザ程度の規模でした。その初期ユーザ
の多くが SxSW に出席するという情報を得て、ユーザベースを拡大するチャンスと
考えました。ツイッターの共同創業者エヴァン・ウィリアムズは次のように述べてい
ます。

> 当時形成されつつあったクリティカルマス[†4] を有効活用するために二つのことを行
> いました。
>
> 1. 「ツイッタービジュアライザー」を開発して、展示会場の廊下のフラットパネ
>   ルスクリーンに表示してもらうようイベント運営会社と交渉しました。（中略）
>   11,000 ドルを費やして自分たちでスクリーンを設置しました（これはツイッ
>   ター設立以来初めてのマーケティング費用でした）。
> 2. 「40404」という電話番号に「join sxsw」とショートメッセージを送信すると、
>   メッセージを送信したユーザが会場のスクリーンに表示されるという特別な機
>   能をイベントに合わせて作りました。また、まだツイッターのユーザになって
>   いないのであれば、アカウントを作成する際に SxSW に参加している数人の既
>   存ツイッターユーザをフォローするようにしました。これも会場のスクリーン
>   で大々的に宣伝しました。

　このカンファレンス向けマーケティング施策によって、それまで一日 2 万だった
ツイート数がカンファレンス終了時までに一気に 6 万を超えるレベルに跳ね上がり
ました。ツイッターは SxSW の Web Award を受賞し、メディアの報道とサービスの

[†4]　訳注　製品やサービスがある程度のユーザ数を獲得すると、普及率が一気に上昇を始めるポイントが存在
します。そのポイントにおけるユーザ数がクリティカルマスです。

認知につなげました。

自分でカンファレンスを開催する

　『リーン・スタートアップ』の著者エリック・リースは、自身のブログでリーン・スタートアップの原則を提唱していましたが、その原則をもっと世の中に広めたいと考えていました。しかし SxSW のような巨大カンファレンスでは、自分のメッセージがかき消されてしまうことを懸念していました。その代わりにエリックは自分自身でカンファレンスを開催し、成功企業の創業者たちを招いてリーン・スタートアップの原則の活用方法について話してもらいました。

　エリックはまず、彼が主催するカンファレンスにどの程度の需要があるのかを読者に確認しました。そこで「行きたい！」というリクエストが殺到したので、カンファレンスのチケットを自分の Web サイトと他の著名なスタートアップ向けブログで売り出しました。

　リーン・スタートアップのコンセプトを中心としたカンファレンス「Startup Lessons Learned」は、ごく少数の講演者とパネラーを迎えてサンフランシスコで行われました。カンファレンスは一日だったので、宿泊代を節約したい人や、企業で参加はできないものの仕事を休みたくない個人にとっては特に魅力的なものでした。可能な限り気軽に参加できるようにしたのです。そして主催者側としても、バラバラに到着する講演者の送迎や宿泊施設の確保などの調整や様々な追加コストなど、二日以上にわたるイベントについてまわる面倒を回避できました。その結果は実を結びました。十分な数の出席者を確保でき、素晴らしいカンファレンスが行われました。

　「Startup Lessons Learned」はリーン・スタートアップの考え方を浸透させるためのカンファレンスでした。エリックは、遠方からやってきてまで参加してほしいとは思っていませんでしたが、その内容については開催地サンフランシスコ以外の人にも知ってほしいと考えていました。そこで、米国全土のミートアップ会場にライブストリーミング配信を行いました。ミートアップに出席した人や、個人でライブストリーミングを見た人にもリーン・スタートアップのコンセプトを浸透させることができ、彼の著書『リーン・スタートアップ』をベストセラーに押し上げました。

　気前のいいイベントを開催することでトラクションを獲得した企業もあります。保険会社向けの高額なソフトウェアを販売する Enservio は、保険業界の経営トップにリーチするために営業やビジネス開発、SEO などのチャネルを試していましたが、

期待するほどの効果は上がりませんでした。

そこで、Enservio は総力を結集して「Claims Innovation Summit」カンファレンスを開催しました。会場にはアリゾナ州ダブマウンテンのリッツ・カールトンを選び、単なる営業目的の製品プレゼンテーションの場と捉えられることがないよう徹底しました。有名コンサルタントや保険業界の大物、そして勢いのあるスタートアップ創業者などを講演者に招き、その名前を使って業界のエグゼクティブ、つまり見込客を誘い出しました。エグゼクティブにとっては、講演から学ぶ他にも、関係構築ができてバケーションまで楽しめる機会を提供したのです。

このイベントは各社トップの意思決定者が参加し、一晩で Enservio を業界リーダーの位置に押し上げました。現在、このカンファレンスは毎年開催されています。

自己投資によるスタートアップを対象とした、MicroConf という比較的小規模なカンファレンスがあります。HitTail のロブ・ウォーリングが運営する MicroConf の会場には毎年数百人の起業家たちが集まり、チケットは数日で完売します。ロブが MicroConf を始めた当初は、聞いたこともないカンファレンスに人を集めるのが大変だったと述べています。

> ［初めての MicroConf の］チケットの販売には苦労しました。（中略）フェイスブックやアドワーズに広告を出しましたが、どちらも効果はありませんでした。カンファレンスの名前を聞いたこともない人しかいないような場所で関連性の薄いメッセージを流しても、トラクションは獲得できませんでした。（中略）MicroConf の講演予定者の過去記事や引用をまとめた ebook を作成し、ツイート一回と引き換えにこれを提供しました。バイラルで拡散はしましたが、チケットの販売にはつながりませんでした。
>
> チケットが高すぎるという声もありました。人によってはそれが参加障壁だったかもしれませんが、私は最終的にはそれだけの価値を証明できると考えていました。しかし当時はまだ証明されていなかったため、くだらない平々凡々なカンファレンスのために参加費 500 ドルと飛行機代やホテル代を払うことになると思われていたのです。
>
> 結局、その価値は最初の開催で証明されました。もっとチケットの価格を上げるべきだと言う人すら現れました。もはや価格は問題ではなくなったのです。

ロブは、ミートアップなどのオフラインイベントを有効活用できる可能性のある企

業について次のように述べています。

すでにコミュニティがあるか、少なくともコミュニティが必要とされているような、関心を共有する顧客を持っている企業が最も活用できると思います。HitTail が効果的なカンファレンスを開催できる企業の好例と言えるかはわかりませんが（中略）我々の顧客は様々な業種や職種にわたります（不動産、医者、スタートアップなど）。このグループに対して SEO についてのカンファレンスを開催してもあまり意味がないでしょう。

対象市場がオンラインに存在し、そこに簡単にリーチできるようなニッチ企業は、皆が参加したいと考えるので、カンファレンス開催に適しています。常にその動向が追われているような有名ニッチ企業も適しているといえます。

ミートアップや、比較的小規模なイベント

大規模なカンファレンスではなく、ミートアップを開催して、狙った顧客グループとつながることもできます。例えば、小規模な SEO ソフトウェア開発の企業であれば、最新の SEO テクニックを語るミートアップを主催できるかもしれません。

小規模なミートアップグループは、特にスタートアップの初期段階においては、予想以上に効果的です。『Linchpin』[†5] の著者セス・ゴーディンは、この出版の際に全米の様々な都市で Linchpin ミートアップを開催することをブログで告知しました。一万人以上がこのイベントに参加し、彼が著書で示したアイデアで関係構築を行いました。

ミートアップを成功させると、持続的なコミュニティができます。最初のリーン・スタートアップカンファレンスのライブストリーミングを視聴していたミートアップのグループは、その後数年を経ても関係を続けています。現在でも 20 以上の都市で「リーン・スタートアップ・サークル」ミートアップが定期的に開催されています。『リーン・スタートアップ』のアイデアを通じて実務家がネットワークを広げる有効なツールとなっており、『リーン・スタートアップ』をベストセラーに維持する原動力にもなっています。

自分でミートアップを立ち上げることも、既存のものに参加することも、潜在顧客が参加しそうなイベントのスポンサーになることもできます。これらを簡単に行える meetup.com というサイトもあります。

---

†5　編注　Portfolio/Penguin 刊、和書『「新しい働き方」ができる人の時代』三笠書房刊

オンラインで注文を受けるマシニングセンターを運営するスタートアップ Plethora Labs を創業し、Hardware Startup Meetup グループを作ったニック・ピンクストンは、芽が出つつあるハードウェア関連スタートアップを中心としたコミュニティの必要性を感じていました。サンフランシスコ・ベイエリアでは、多くのソフトウェア関連イベントやミートアップが開催されていましたが、ハードウェア関連スタートアップが持つニーズや課題について話し合うイベントは存在していませんでした。

そこでニックは、プロトタイピングスタジオ TechShop で最初のミートアップを開催しました。60 人が参加し、費用はピザ代 70 ドルだけでした。参加者はこのミートアップにとても興味を持ち、その後 2,600 名以上のメンバーを持つグループに成長しました。このようなイベントは実行の簡単さも相まって、素晴らしいテストケースになります。

パーティ！

信じるかどうかは別にして、パーティはトラクション獲得のための効果的な手段です。「インターネットセレブ」マヒール・カグリ[6] のベイエリア最大級のパーティはその年最高のソーシャルイベントの一つに数えられ、その参加者の招待と開催を Evite が担当しました。

Evite はこのイベントを利用して、ターゲット顧客に印象付けることに成功しました。パーティの招待が欲しくないという人はいるでしょうか？　Evite からパーティの招待状を受け取った出席者は、自分がパーティを開催する時にも Evite を使う可能性が高いはずです[7]。

Yelp は新しい都市に進出する際、その都市での利用者数を即座に増やすためにパーティを活用しています。「Yelp エリート」（選りすぐりのトップ Yelp ユーザ）たちが最初に参加資格を与えられるパーティを開催し、豪華な食事やプレゼント、そして VIP 待遇で参加者を迎えます。このような特権は、それを見た他のユーザのインセンティブとなり、アクティブに Yelp を使うようになります。

---

[6]　訳注　「世界的サイバー・スーパースター」（Wired）

[7]　訳注　この Evite の例は、パーティを「主催して」トラクションを獲得している例ではありません。イベントの一つとして活用している例です。

オフラインイベントの施策

小さく始める

MicroConf は今日でこそ巨大なイベントになりましたが、ロブ・ウォーリングは**小規模なスタートアップがトラクションを獲得するには単日開催の「ミニカンファレンス」が最適**だと述べています。ミニカンファレンスは、より規模が大きなイベントの需要を見極めるための簡単なテストにもなります。

ミニカンファレンスを開催するには、例えば、製品に関連したトピックを選択して、地元企業の経営者を三人ほど招待し、そのトピックについて短い講演をしてもらいます。この方々をゲストとしてパネルディスカッションを行ってもよいでしょう。「カンファレンスらしくない」アプローチを選択するのであれば、ディスカッションのトピックを参加者に選んでもらい、その中から実際に取り上げるトピックを投票で選んでもらうこともできます。

会場の候補としては、地元の大学の教室もよいでしょう。教員や生徒も参加可能という条件で、教育目的での利用に対する施設の貸し出しを推進している大学も数多く存在します。これを活用すると、開催に 500 ドルもいりません。

スケールアップ

最初のイベントが成功したら、次はもう少し大きな規模での開催を検討します。大きなイベントの計画にはかなりの負担がかかります。講演者、料理や会場の選択などすべてにおいて、より綿密な計画や多額の予算が必要です。

イベントにかかる費用を負担してくれる企業もあるかもしれません。MicroConf では、スタートアップ向けの製品を提供する企業が費用を一部負担しています。最初の MicroConf を開催したホテルでは、ランチ二回とスナック代を含めて 26,000 ドルの費用がかかりました。意図して参加人数を制限している場合や、小さな会社が一社で負担するには大変な額です。

ロブが素晴らしいイベントを開催するための要点をいくつか挙げてくれました。まず、**できるだけ質の高い参加者を集める**ことです。質が高いと、参加者は講演者からだけではなく、他の参加者からも学べるようになります。また、チケットの価格を高めに設定することで参加者の質も上がります。そして、初心者よりも、すでに成功している人を多めに集めるようにします。

イベントの構成は、主催者と参加者のどちらにとっても有意義なものにするための

重要な役割を担います。MicroConf は小規模に収まるように企画されています。イベントの規模が大きくなると、講演やパネルディスカッション終了時に講演者の元に参加者が押し寄せて大変なことになりますが、小規模にとどめておくことで参加者全員が交流でき、講演者も参加者と親睦を深められます。ロブはランチやディスカッションの際に積極的に講演者と参加者の間を取り持ちます。

終わりに

　他にはない、何かクリエイティブなことをしたいのであれば、オフラインイベントを開催しそれを軌道に乗せることで大きな成功につながるでしょう。イベントが効果的である理由の一つは、ごく一部のスタートアップしか開催していないからです。これについて、ロブ・ウォーリングは次のように述べています。

> 私は、［スタートアップにおける］マーケティングで何よりも大切なことは、より多くのことを試し、早めにさっさと失敗することだと考えています。（中略）できることをすべて試して、どれがうまくいくかを確認できれば最高です。フェイスブックやアドワーズのような、市場で徹底的に試され有効性が確認されてしまったアプローチは、もう飽和状態です。
>
> スケールしないことも考える必要があります。最初の 1,000 人の顧客を獲得しようと奮闘しなければならない初期の頃は、スケールしないことをする必要があります。より多くのリスクを取る必要があります。
>
> クリエイティブにならなくてもビジネスの構築は可能です。ただし、クリエイティビティがなければ、資金が必要です。結局はどちらかが必要なのです。

まとめ

- カンファレンスは最も大規模で最も一般的なオフラインイベント。カンファレンスでの製品リリースは、ビジネスの初期段階において成功を収める可能性が高い。

- ターゲット顧客を集めるカンファレンスがなければ、独自開催を検討する。

- このチャネルは、実際にいくつかのカンファレンスに出席する、小規模のミートアップ何度か開催する、または一日のミニカンファレンスを開催する

などの方法で試せる。

● パーティの開催も、見込客を引き付けて報酬を与えるための戦略と言える。カンファレンスと一緒に開催することもでき、複数の都市で開催もできる。ミートアップも世界中でローカルコミュニティを構築するためのスケーラブルな施策である。

23章
講演

　21章と22章では、展示会とオフラインイベントを紹介しました。本章では、そのようなイベントで講演を行い、オーディエンスに影響を与えることでトラクションを獲得する方法について紹介します。

　このチャネルでの活動は比較的簡単に始められます。まずは潜在顧客や潜在的パートナーが集まる小規模なグループで、講演というほどでもない簡単なトークを行うところから始めます。小規模なイベントで話すことでスピーチ技術が向上し、初期のトラクションが若干でも獲得でき、自分のスピーチの内容やメッセージが拡散する可能性もでてきます。今までに人前で話す機会があまりなかったのであれば、個人的な成長にも役立ちます。マーク・ザッカーバーグも、人前で話す能力が向上したことによってマネジメント能力がとても大きく向上したことを語っています。そのため、このトラクションチャネルにリソースを集中しないと決めた場合であっても、最低一度は講演をしてみることをお勧めします。

　スタートアップ創業者を既に成功した企業家とつなぐためのアドバイスプラットフォームを運営するClarityを設立したダン・マーテルは、講演を通じてトラクションを獲得することについて我々に次のように述べてくれました。

　　スピーチは面白いものです。古き良き教育手段です。（中略）Webセミナーやブログ記事などのコンテンツマーケティングはすべて教育なのです。私はこれをマーケティングの未来だと思っています。「教える」という機会を与えられて、壇上で45分間、潜在顧客に対して自分の会社とその物語を伝えるという時間の使い方はとても有意義なものです。

　あなたのビジネスに大きな影響力を持つ人たちが集まっている場合、そこで適切な講演を行えば必ずトラクションの獲得に成功します。これは、参加費用が高いカ

ンファレンスに出展するようなエンタープライズや B2B 向けのビジネスにおいて特に顕著な傾向ですが、エンタープライズや B2B 向けではないビジネスを運営するClarity もダン・マーテル自身の講演でトラクションを獲得しています。

講演者になる方法

　イベントで講演の機会を得るには、主催者から声をかけられなければいけません。主催者は、イベントのプログラムを埋めなければいけません。自分の専門分野がイベントに合っていて、イベントにふさわしいと思われるトピックを提供できるのであれば、イベント主催者にストレートに話を持ちかけてみましょう。中身のある話であれば、講演者として選ばれる可能性は高いでしょう。その分野のエキスパートであると認知されれば、この手順はより簡単になります。

主催者へのプレゼンテーション

　ディスカウントレンタル用品発見サービスを提供する PackLate[†1] の元 CEO で連続企業家のスティーブ・バルシュは、講演機会を求めてカンファレンス主催者に直接交渉し、何度も成功を収めています。その際、講演のトピックと内容について直接的にプレゼンテーションするのではなく、まず主催者側がイベントに必要とするトピックについて確認します。スティーブは相手に必要なトピックが分かると、ポイントを押さえつつ、主催者が納得するような完璧なプレゼンテーションを披露します。

　まず、業界イベントのリストを作成して、講演を行いたいイベントを選びます。イベントの種類によって参加者の種類が異なり、講演者に期待されることも異なります。イベントの種類には次のようなものがあります。

- **全国的または国際的な、知名度の高い大規模イベント**。多くの業界において、この規模のイベントは年に二つ〜三つくらい開催されます。このようなイベントに参加するためには、開催のかなり前に準備を開始する必要があります。イベント開催の 6 ヶ月から 1 年ほど前には講演の提案を事務局へ提出しなければなりません。

- **業界の大物を集めて開催する地域的な単日開催イベント**。イベントによりますが、開催の 2 〜 4 ヶ月ほど前に講演者が決定します。

---

†1　訳注　サービス終了しています。

● **特定のトピックを扱う地域密着イベント**。講演者の決定時期はイベントによって異なりますが、1～3ヶ月ほど前に決定することが多いようです。

　主催者は講演者を選ぶ際、タイミング、トピック、そして講演者の信頼度を考慮します。狙うイベントでの講演機会を獲得する可能性を高めるには、特定の分野やトピックに関するエキスパートであることを証明し、公式の期限よりもかなり早めに講演の提案を提出しておきます。

　特定分野のエキスパートであることがすでに認められていれば、講演の機会を得ることはとても簡単です。しかし結局、壇上から発する「オーラ」を持っていなければ、会場から期待通りの反応は返ってきません。例えば、人気ブログを運営していれば、主催者や参加者はあなたが特定分野のエキスパートであることが簡単にわかります。Clarity のダン・マーテルの場合は、彼の最初のスタートアップ企業である Flowtown でソーシャルマーケティングを活発に展開していたことが最初の大きな講演の機会につながりました。

講演者としての評価を築く

　カンファレンスの主催者は、講演の候補者の業界経験だけでなく、その講演能力も重要視します。人前で話すことにあまり長けていない候補者は、たとえ無料であっても敬遠されます。

　講演に慣れるための貴重な機会を得ることはさほど難しいことではありません。**コワーキングスペースや非営利団体のイベント、小規模のカンファレンスやイベントなどで無料で話すことから始めます**。小規模イベントの講演でスピーチ技術を磨き、講演者としての名声を少しずつ築きあげます。

　イベント主催者の世界は比較的小さいものです。トピックを絞るとその世界はさらに小さくなります。そこでは、他が主催するイベントの講演者について常に注意を払っています。したがって、一か所で講演を行うと、同じ業界の他のイベントにも呼ばれるようになり、講演機会は自然に増加します。ダンは次のように述べています。

　　講演者になるには、まず一度講演を行わなければなりません。その講演の評判が良ければ、別のイベントでも話してほしいという人がオーディエンスの中から現れます。自然とそうなるものです。私は自分のことを講演者として売り出したことはありません。経歴にも「講演者」という肩書を入れていません。ただ、カンファレン

スで講演を行うと、それを聞いた人やその噂を耳にした人によって、別のイベント
に呼ばれるのです。

小さなイベントで講演を成功させて、より大きなイベントでのチャンスを獲得しま
しょう。

講演を行う

実際に講演を始める際、オーディエンスは目の前の講演者に対して二つの疑問を抱
えています。この講演者はここで講演するほど重要な人なのか？　ということと、こ
の人の話に何の価値があるのだろうか？　ということです。これらは講演者自身がそ
の場で答えるまでオーディエンスの心に残り続けるので、なるべく早く答えておかな
ければいけません。ダン・マーテルは最初の自己紹介とともに、自分が以前に立ち上
げた二つのスタートアップ（FlowtownとSpheric）を数百万ドルで売却した話を紹
介してから講演の本題に入ります。

オーディエンスの心を掴んだら、魅力のある話をして最後まで離さないようにしま
す。成功する講演にはいつも物語があります。物語がなければオーディエンスは興味
を失います。例えば、スタートアップの創業者に期待することは、何をしているか、
なぜそれをしているのか、そして特に**どのように**現在のポジションに辿り着いたのか
という話です。ダンの場合は、売却した二つのスタートアップで他の経営者から素晴
らしいアドバイスを受けた経験から、エキスパートアドバイザーとなる経営者を紹介
するネットワークClarityの立ち上げに至るまでを紹介します。

もちろん、誰もがそのような魅力的な話をいくつも持ち合わせているわけではあり
ません。ダンはいくつかのコアとなるトピックを用意しておき、オーディエンスに合
わせて微調整して使います。講演ごとに話を変えるわけではなく、同じスライドを使
いまわします。そのため、講演内容の信頼性は高くなります。

> 自分が狙う二つの顧客グループを思い描きます。三つ以上の良い講演を行うことは
> 難しいので、思い描くのは二つまでです。Clarityにとっての二つの顧客グループは、
> 企業家とその潜在的パートナーです。潜在顧客が興味を持ちそうなトピックを二つ
> 考え出し、それぞれについて説明します。

> 私の場合、二つのトピックは「我々は経営者が素晴らしいアドバイスを得るお手伝

いをしている」ということと、「それがどのように私の人生を変えたか」です。企業家としての私自身の経験と、なぜ適切なアドバイスは人生を変えるのか、ということについて話すのです。

講演のバリエーションの数を制限することには、他にも利点があります。一つの講演内容についての練習機会が増え、オーディエンスの反応が悪い部分を抽出できます。そして、**より多くの練習を積むことで心に余裕が生まれ、良い講演につながり、さらなる改善を加えることができます。**

上級者への道

リソースを集中するチャネルとして講演を狙うのであれば、次に挙げるような施策も検討してみましょう。

録画や SNS の活用

自分の講演は常に録画または録音しておきます。250 人のイベントで生涯最高の出来の講演をしても、それはたった 250 人にしか届いていません。しかし、その講演を記録しておけば、どこかにアップロードしておくことができ、多くの人に見てもらえます。そこには、講演者を探しているイベント主催者も含まれます。

ソーシャルメディアを活用して、カンファレンスの開催前にオーディエンスにリーチしておくことも効果的です。SEO ソフトウェア業界リーダー Moz のランド・フィッシュキンは、講演に使用するスライドをあらかじめツイッターで共有します。フォロワーは講演内容をあらかじめ知ることができます。講演の動画がアップロードされる頃にはすでにちょっとしたバズが発生しており、講演を聞いてみたいという興味が湧いています。

ダン・マーテルは、**講演中に**ソーシャルメディアを活用しようとしています。彼は講演中、オーディエンスに「講演に集中しない」よう求めます。講演内容で良いと感じることがあれば、その瞬間に積極的にツイートやシェアをするよう促しているのです。全てのスライドにツイッターのユーザ名を表示し、講演について何か言いたいことがあればいつでも彼宛てにツイートするよう誘導しています。この方法で、講演によるリーチ数を伸ばしつつ、オーディエンスが最も関心のあるコンテンツを理解できるのです。

ダンは、ツイートやシェアを求める以外にも、講演終了時に次の行動につながる要素（Call to Action）を提供します。メーリングリストへの登録や、講演に使用したスライドへのリンクなどのシンプルなものです。この Call to Action への反応を分析することで、講演内容はその場のオーディエンスの興味を喚起するに十分だったかを判断します。

スライドの再利用

ダン・マーテルが講演内容を二種類しか用意しないことはすでに述べましたが、例えばあるカンファレンスの主催者から 20 分の講演を、そして別のカンファレンスの主催者から 60 分の講演を依頼されたらどうするのでしょうか。全く新しい講演内容を準備するにはとても時間がかかるので、イベントやオーディエンスに合わせて既存の内容を有効活用する方が効率的です。ダンは次のように述べています。

> 私が見たことのある講演でベストだと思うものは、7 分程度のストーリーが三部構成になっていて、それをいくつかつなげて全体を構成しているものです。そのストーリーの講演に慣れて、定型のスライドが用意できたら、スライドを何枚か抜くだけで 60 分の講演を 20 分の講演に変えられます。

スライドは講演の重要な一部です。すべてのスライドがオーディエンスに興味を持たせる内容であるべきです。

関係構築

本章でもすでに述べていますが、そもそも講演者になる最大の理由はオーディエンスと関係構築ができることです。多くのカンファレンスには、講演者同士で交流を深める懇親会が用意されています。主催者側が用意していない場合はもちろん、自分自身で自由にスケジューリングできます。これがカンファレンスで最も価値のある時間かもしれません。何か面白いことをやっている人たちに出会うチャンスです。

展示会と同じく、講演予定のイベントに参加しそうな人に対して、あらかじめコンタクトを取っておくこともできます。イベント主催者から参加者リストを入手し、会っておきたい人に連絡し、講演のスケジュールとその後の懇親会の案内を送っておきます。事前に情報を提供しておくことで、講演内容が耳に入りやすくなっているはずです。

終わりに

　講演は、トラクション獲得だけではなく個人的な成長を促すものでもあるので、このチャネルにリソースを集中させない場合でも一度は経験しておくことをお勧めします。それにより、このチャネルにおけるトラクション獲得のテストにもなります。また、このチャネルは業界での地位を急速に確立できる稀な存在です。適切な講演を適切な時に、適切なオーディエンスに向けて行うことで、一晩で業界リーダーになれる可能性を秘めています。

まとめ

- イベント主催者はイベントのプログラムを埋めなければならない。講演者としてイベントに適していると判断されれば、そこで話すということは、主催者の役に立つ。

- 主催者は講演者を選出する際、タイミング、トピック、そして講演者の信頼性を求める。適切なトピックに関するエキスパートという地位を確立しておき、公式の期限よりも早めに講演の提案を提出しておくことで、狙ったイベントで話す機会を獲得する可能性が高まる。

- イベント主催者の世界は比較的小さく、トピックを絞るとその世界はさらに小さくなる。その界隈では、他が主催するイベントの講演者は誰なのかということを常に意識している。

- 最も成功する講演には物語がある。物語がなければオーディエンスは興味を失う。スタートアップとして講演を行うのであれば、現在何をしているのか、なぜそれをしているのか、そして、現状に至る経緯について話すことを推奨する。

24章
コミュニティ構築

　コミュニティの構築とは、ユーザ同士のつながりに投資し、このつながりを育てることでより多くの人がコミュニティに参加できるようにすることです。

　みなさんの周りにも、レストランを選ぶときには Yelp がどれだけ便利なのか、旅行を計画するときには TripIt が欠かせない存在であることを話し出したら止まらない人がいるのではないでしょうか。マーケティングにおいては、このように製品の素晴らしさを他人に伝えようとする熱心なユーザを**エバンジェリスト**と呼びます。

　友達から Yelp について三回くらい聞かされれば、自分も一度くらいはこれでディナーの場所を探してみようと思うでしょう。そして、気がつけば自分も Yelp エバンジェリストと化してしまっているのです。エバンジェリストは口コミでコミュニティを強化します。

　本章では Reddit やウィキペディア、Stack Exchange、Startup Digest、そして Quibb の創業者たちにインタビューを行い、それぞれのコミュニティを立ち上げ、育て上げた方法を聞きました。

コミュニティの築き方
最初のオーディエンスを築く

　我々がインタビューを行ったすべてのスタートアップ創業者は、コミュニティ立ち上げの際には既存のオーディエンスの存在に助けられたと一様に述べています。例えば、ウィキペディアは既存のオンライン百科事典プロジェクト Nupedia のユーザグループの一部が集まって始めたプロジェクトです。

　Stack Exchange は、ジョエル・スポルスキとジェフ・アトウッドによって2008年に設立された、ハイクオリティ Q&A サイトを集めたネットワークです（最も有名なのはソフトウェア技術者向け Q&A サイトの Stack Overflow）。ジョエルは

Fog Creek Software 創業者、そして数々のプログラミング関連書籍の著者として、ジェフはプログラマ向け人気ブログ codinghorror.com のライターとして、Stack Exchange 設立時にはすでにインターネット上の有名人でした。

ジェフとジョエルそれぞれのブログで、後に Stack Exchange と呼ばれることになるサイトのアイデアを読者に披露すると、サービス開始前から様々なフィードバックが寄せられました。その後、サイト名をコミュニティで公募した時、決戦投票には7,000 近くの票が投じられました[†1]。

これは既存のオーディエンスが持つパワーを感じることができる面白い話ではありますが、開始から 6 ヶ月で 7,000 のアクティブユーザを獲得できるスタートアップはそう多くはありません。通常は、まだ存在しないサイト名を決定するための投票数は7,000 よりもはるかに少ないものになるでしょう。しかし、コミュニティの構築には必ずしも既存オーディエンスが必要というわけではありません。

クリス・マッキャンは、地域の技術系イベントの情報をまとめて、サンフランシスコ・ベイエリアに住む 22 人の友人に宛ててメールで送信し、ニュースレター「Startup Digest」を創刊しました。メンバー数が順調に成長すると、彼が参加するすべてのイベントで Startup Digest を紹介する 20 秒の短いプレゼンテーションを行いました。このプレゼンテーションはとても効果的で、メンバー数はたったひと月で数千まで膨れ上がりました。たった 22 人から始まった Startup Digest コミュニティは、現在 25 万以上の参加者で構成されています。

ミッションを設定する

人は、自分より大きな存在の一部であることに安心する生き物です。**素晴らしいコミュニティを構築したいのであれば、ミッションが必要です。**強力なミッションは人を引き付け、コミュニティに共通の目的を与え、メンバーがコミュニティに貢献するためのモチベーションを与えます。ジェフ・アトウッドは、Stack Exchange コミュニティに関して次のように述べています。

> 我々はマニフェストと、達成したいことの具体的なアイデアを持っていました。そして皆がそのビジョンに賛同してくれました。それは「彼ら自身が素晴らしい存在であること」と同義だったからです。(中略) [そのビジョンとは、] 具体的な方法で皆を助けるために不可欠な手段を創造することであり、自分自身が大好きな仕事

---

†1　訳注　http://blog.codinghorror.com/help-name-our-website/

をさらに上手にこなすための助けになるものです。Stack Exchangeには皆が賛同した理想が存在し、我々は常にコミュニティとそのことを議論していたのです。

交流を育む

　我々が行ったインタビューの結果から、フォーラム、イベント、ユーザグループなどを介してコミュニティメンバー間の交流を育むことが決定的に重要であると判明しました。スタートアップを中心としたユーザ間の交流を奨励することで、コミュニティへの帰属意識が高まり、スタートアップの創業者として自分では思いつかないような様々なアイデアがコミュニティから生まれます。ジェフ・アトウッドは、Stack Overflowを作り上げる過程における一番大きな失敗は、ユーザ間のコミュニケーションを認めなかったことであると述べています。

> Stack Overflowを作り上げる過程における最大の失敗について聞かれた時に、平凡な答えを返して場の空気を台無しにしなくてもよいのが嬉しいです。Stack Overflowの開発を始めた最初の日から私が犯していた、巨大で馬鹿げたたたましい音を立てる失敗を、正直にそしてオープンに挙げることができます。(中略) metaの必要性を理解していなかったのです[†2]。

> metaとはもちろん、「場」について議論するために行く場所です。その意味を少しの間だけ考えてみてください。metaは、コミュニティに深い関心を持ち、常に一歩先に行きたいと考える人たちが集まり、わざわざ時間を使って自治を行うための場所です。つまり、簡潔に言うと、[metaがなかった時代は] Stack Overflowを心から愛してくれていた人たちに対して「この場所から今すぐ消えてくれ」と言い放っていたようなものなのです。

　今ではStack Exchangeの全てのサイトにmetaが存在することは想像に難くありません。他のユーザと活発な議論ができるほどミッションに共感しているようなユーザは素晴らしいエバンジェリストです。可能な限り支えていかなければいけません。

[†2] 訳注　metaとは、Stack Exchangeのネットワーク全体や各サイトにおけるバグ対応や機能追加などの議論を行うフォーラム。登録ユーザ全員がコミュニティメンバーとなり、フォーラムへの投稿や、他のメンバーの投稿やコメントへの賛成/反対票を投じることができる。

コミュニティメンバーとコミュニケーションを取る

コミュニティメンバーは他のメンバーとの会話が大好きです。しかしもちろん、メンバーは**あなたから**語りかけられることも大好きです。あなた自身もエバンジェリストたちと交流し、彼らの日々の活動に感謝し、尊重していることを伝えましょう。

初期の Reddit について何かを書いた人は、創業者のアレクシス・オハニアンから感謝のメールを受け取りました。アレクシスは初期のユーザに対して、他にも T シャツやステッカーといったプレゼントを贈りました。さらに、Reddit ユーザなら誰でも参加できる飲み歩きツアーを開催し、Reddit のおごりでユーザ同士の交流を深めました（そして、飲みました）。

メールを送り、プレゼントを贈ることも素晴らしいですが、人との交流よりも価値あるものはありません。一緒に笑い、お酒を飲むような人とはより長期的な関係が築きやすいものです。したがって、コミュニティ構築を他のチャネルと組み合わせる場合は、オフラインイベント（22 章）や講演（23 章）など、実際に人が集まるチャネルが効果を発揮するでしょう。ユーザ同士が交流するための素晴らしい機会です。

透明性を大切にする

ミッションに賛同を得るための最も良い方法は、コミュニティに対してオープンであることです。ジェフ・アトウッドとジョエル・スポルスキは、サイトを立ち上げる過程における全てのステップでコミュニティから意見を募り、コミュニティが望むサイトを構築しました。Stack Overflow が公開された時点でオーディエンスは活発に活動しており、サイトの方向性を形成していました。サイトは最初の数日で数百ユーザを獲得し、最初の月で数千ユーザに伸びました。

品質に妥協しない

「品質」という言葉が意味するところは製品によって異なります。Yelp においてはレビューの信憑性が品質の一部であると言えます。ウィキペディアでは記事の有用性、Reddit ではリンクやコメントの妥当性になるでしょう。

Stack Overflow は開発者にとって最高の Q&A サイトを目指していました。開発者がよりよい仕事をするために助け合えるコミュニティです。ここに実用的かつ回答可能な質問だけが投稿されるように、ジェフ・アトウッドはコミュニティとともに厳格なガイドラインを定め、それをサイトのリリース時に Stack Overflow の FAQ セ

クションに掲載しました。

コミュニティガイドラインはサイト上の目立つ場所に配置されているため、ユーザがサイトのポリシーを守る治安部隊の役割を果たします。時によってはジェフよりも厳格です。これは高い品質を維持するだけではなく、メンバーの活動を促してサイトの将来のために時間を割いてもらえている、ということです。

我々がインタビューを行ったスタートアップ創業者は全員、コミュニティの質を維持する重要性を述べています。ウィキペディアはサイトに掲載できる記事の種類から、利害の衝突が発生する際の対応方法に至るまで、綿密かつ厳格なガイドラインを作成しました。Startup Digest は、各都市のコミュニティメンバーが選んだコンテンツを最重要コンテンツとして利用しています。Quibb はコミュニティに新たな価値をもたらすと思われる人だけを招待する、招待制コミュニティモデルを採用しています。Stack Overflow と同様に、Reddit もリンクやコメントに投票を行い、その投票結果でコンテンツの表示優先度を設定する「カルマ」システムを導入しています。

しかし残念ながら、発足当時は質の高かったコミュニティにも、時間の経過によってエバンジェリストが去るか追い出されるなどによってその質が低下する時が訪れます。コミュニティの全体的な質の低下により質の高いメンバーが離脱し、下向きのスパイラルが発生します。ここから回復できないコミュニティは少なくありません。この下向きスパイラルを発生させないために、**最初からコミュニティの質に気を配り、コミュニティが成長しても維持できるような基準を設定する**ことが重要です。

コミュニティから得られる利益

スタートアップのコミュニティには、ここまでに紹介したような目に見える利益の他にも、様々な利益が隠れています。

コア資産

コミュニティは、運営企業や団体にとっての価値のある「資産」です。ウィキペディアの目的は、世界の知識をパブリックドメインに集めて、効率的に世界中に発信することです。この目的を果たすために、ウィキペディアは多数の知識提供者と編集者で構成される、前例のない規模のグループを構築しました。この資産を簡単に築くことができるでしょうか？

Yelp や Codecademy も、その目的を達成するためにコアなユーザのグループを設

立しました。Yelp はユーザのレビューがなければ意味がありません。Codecademy
で提供されるプログラミングレッスンの多くはユーザによって作成されたものです。
これらのサービスは、そのビジョンでユーザを引き付けています。Yelp には「地元
にある素晴らしいローカルビジネスを発見し、ユーザとつなげ、消費者とビジネス
オーナーの両方を豊かにする」というビジョンがあり、Codecademy には「一から
考えなおした、インターネットネイティブの教育を世界に提供する」というビジョン
があります。両社とも、ビジョンを実現するためにユーザの助けを借りて突き進んで
います。

製品開発

　ユーザは製品開発を助けてくれることがあります。このようなユーザを持つコミュ
ニティは製品の品質を向上させるだけではありません。製品開発の一部を担うチャン
スを与えてくれたことにコミュニティが感謝し、企業とコミュニティとの関係がさら
に強化されます。

　この種のコミュニティの一番の好例は、オープンソースムーブメントかもしれませ
ん。ソフトウェア開発企業にとって、コードは製品です。企業によってはコードを
オープンソース化して、誰でも無料で利用、改変、改良をできるようにすることがあ
ります。

　人気のコードホスティングサイト GitHub を創業したトム・プレストン＝ワーナー
は、コードをオープンソースにすることは、無料の広告となり、好感度を向上させ、
顧客を引き付ける力につながると述べています。これで GitHub は初期のトラクショ
ンを獲得しました。GitHub はコードのオープンソース化を無料で行えるため、世界
中の開発者に愛されています。今では、開発者が自分自身のプロジェクトに取り組も
うとする際に、最初に思いつく場所は GitHub なのです。

インバウンド人材採用

　コミュニティは人材採用の場としても優れたパフォーマンスを発揮します。本
書の共著者ガブリエルのスタートアップ、DuckDuckGo の従業員はすべて
DuckDuckGo コミュニティの出身です。コミュニティから企業に「入ってくる（＝
インバウンド）」ため、ガブリエルはこれを「インバウンド人材採用」と呼んでいま
す。

コミュニティに所属していた人は、採用時にはすでにミッションに深く賛同しています。特に、全員でビジョンを共有して激動の時期を突き進まなければならないスタートアップ初期において本当に必要とされる人材です。また、企業にとっては、候補者が個人、そしてコミュニティメンバーとして持っている能力を採用前に把握することができます。

しかし当然ながら、従業員として採用するときは、何かを実行できる人間を採用すべきです。つまり、ミッションに賛同しているだけではなく、その上で率先してコミュニティに実質的な貢献をするような人を選ぶのです。

終わりに

Startup Digest のクリス・マッキャンは、コミュニティ構築で利益を得られるタイプの企業について次のように述べています。

> コミュニティの構築でトラクションを獲得できるかもしれません。これは小さなことではありません。コミュニティのおかげでまったくクレイジーな成長を遂げる可能性もあるのです。とは言え、その特性から、コミュニティ構築には適していない製品やサービスは間違いなく存在します。例えば、私が広告やリターゲティングに関係のあることをしていれば、コミュニティを構築することは難しいでしょう。
>
> そしてもちろん、コミュニティに適しているビジネスもあります。企業のコアとなる役割が人々をつなげることに関係していれば、コミュニティを最大限に活用できます。展示会や投資、その他なんでも。人を集めることが企業の根本的な価値の源泉で、そのシステム内で人が重要な役割を果たすような場所であれば、コミュニティは高い確率でうまくいきます。

まとめ

- 強力なコミュニティの鍵は、エバンジェリストを育て、権限を与えること。そして、エバンジェリストやコミュニティメンバー間の交流を深めることも有効（フォーラムやイベント等）。

- 初期段階でコミュニティの質に十分に気を配り、成長しても維持可能な基準を設定することが重要。コミュニティによる自治を助けるためのツールやプロセスをコミュニティに導入することもできる（「カルマ」システムやルー

ルなど)。

- コミュニティ構築は、スタートアップが持つ本質的な目的に焦点を当てることや、コアな資産になること、エバンジェリストを育てること、製品開発に貢献すること、人事採用の候補となるといったトラクションの獲得につながる。

あとがき

　本書をお読みいただき、ありがとうございました。我々は4年以上かけて40以上のインタビューやさまざまな調査を行い、それらを10万語以上にまとめ上げました。結構なボリュームがあると思う方もいるかもしれませんが、ドラフトはこの1.5倍の量がありました。

　何よりも大切なことは、読者の皆様が本書からヒントを得て、それぞれのトラクション獲得計画を策定することです。本書では、19のトラクションチャネルと、あなたのビジネスを大きく変える可能性のあるチャネルに狙いを定めるブルズアイ・フレームワーク、そして実行のための最短経路を導き出す方法を紹介しました。

　さあ、トラクションを獲得しにいきましょう！

ガブリエルとジャスティン

yegg@duckduckgo.com

justin@justinmares.com

謝辞

　本書にトラクションストーリーをお寄せいただいた皆様に感謝します。皆様のご協力なしには本書が完成することはありませんでした。

- ジミー・ウェールズ（Wikipedia 創業者）
- アレクシス・オハニヤン（reddit 共同創業者）
- エリック・リース（『リーン・スタートアップ』著者）
- ランド・フィッシュキン（Moz 創業者）

- ノア・ケーガン（AppSumo 創業者）
- パトリック・マッキンジー（Bingo Card Creator 創業者）
- サンディ・マクファーソン（Quibb 創業者）
- アンドリュー・チェン（500 Startups 投資家）
- ダルメシュ・シャア（HubSpot 創業者）
- ジャスティン・カン（Justin.tv 創業者）
- マーク・クラマー（SurfCanyon CEO）
- コリン・ネダーコーン（Customer.io CEO）
- ジェイソン・コーエン（WP Engine 創業者）
- クリス・フラリック（First Round パートナー）
- ポール・イングリッシュ（Kayak.com CEO）
- ロブ・ウォーリング（MicroConf 創業者）
- ブライアン・ライリー（SlidePad 共同創業者）
- スティーブ・ウェルチ（DreamIt 共同創業者）
- ジェイソン・キンケード（テッククランチ ブロガー）
- ニキル・セティ（Adaptly 創業者）
- リック・ペロー（Unbounce 創業者）
- アレックス・パチコフ（Evernote 共同創業者）
- デイビッド・スコック（Matrix パートナー）
- アシシュ・クンドラ（myZamana CEO）
- デイビッド・ハウザー（Grasshopper 創業者）
- マット・モナハン（Inflection CEO）
- ジェフ・アトウッド（Stack Exchange 共同創業者）
- ダン・マーテル（Clarity.fm CEO）
- クリス・マッキャン（Startup Digest 創業者）
- ライアン・ホリデイ（『グロースハッカー』著者、日経 BP）

- トッド・ボルマー（エンタープライズ営業エキスパート）
- サム・イェーガン（OkCupid 共同創業者）
- アンドリュー・ワーナー（Mixergy 創業者）
- ショーン・マーフィー（SKMurphy 創業者）
- サティシュ・ダルマラジュ（Redpoint パートナー）
- ガリー・タン（Y コンビネータ パートナー）
- スティーブ・バルシュ（Packlate CEO）
- マイケル・ボーデケア（Smart Launch 共同創業者）
- ザック・リンフォード（Optimozo 創業者）

　本書が完成に至るまでの道筋において、また本書が読者にとって有用な情報源となるために、大変重要な役割を担っていただきました。コメントやフィードバックをいただいた初期の読者の皆様や、編集作業を手伝っていただいたマイケル・ザッカーとブライアン・スパドラにも感謝の意を表します。カバーデザインのイブ・ワインバーグ、Web サイトとブックデザインを行ってくれたクリス・モラストとダグ・ブラウンにも感謝します。

　本書で引用させていただいたすべての起業家や投資家の皆様、情報やブログ記事を公開していただいた皆様、ありがとうございます。使わせていただいたリソースが本書の役に立ったように、本書も皆様のお役に立つことができることを願っています。

　（ジャスティンから）私の両親キムとピーター・メアーズに、本書執筆中のサポートと愛を感謝します。二人がいなければ本書が完成することはなかったでしょう。

　（ガブリエルから）妻のローレンと我がスーパーヒーローたち、イーライとライアンに感謝します。

訳者あとがき

　本書は成長スピードが著しく速いスタートアップ向けの書籍ですが、ベンチャーや中小企業はもちろん、規模の大きな企業にとっても十分に役立ちます。環境や立場を問わず、トラクション（顧客を掴むこと）の大切さやチャネルの知識基盤を社内で共有しておきたい／経験のあるチャネル以外に顧客を掴む方法の想像がつかない／いままで色々なチャネルを試したけど他にも何があるのかを知りたい、などをお考えの方には、本書の網羅性が今まで見えなかったものを見せてくれ、実行の足がかりとなってくれるはずです。

　本書に記されている 19 のチャネルには、看板広告や展示会の出展などちょっとしたテストが難しいチャネルや、米国と日本の状況が大きく異なるチャネル、そして来年には完全に状況が変わっているかもしれないほど変化の速いチャネルもあります。しかし、本書の提示する精神はこの先長きにわたって普遍的に有効なものです。

　もちろん、各チャネルについての記述は概要に近いものなので、詳細を知るためには別の書籍や調査、そして何よりも実践に頼る必要があります。それでも、製品やサービスの開発と同時に顧客を掴むことを真剣に考えることや、先入観を打ち砕いてこれまで考えたこともなかったチャネルを認識するきっかけとなってくれると信じています。

　本書の翻訳にあたり、詳細にレビューしていただいた川上修平様と奥田洋子様にこの場をお借りして感謝申し上げます。成長著しい B2C 企業のマーケティング担当者、そして産学連携で今まさにスタートアップを始めようとしているというそれぞれの立場から、貴重なレビューをいただきました。本書の内容がお二人のお役に立てることも願っています。

　そして、本書を翻訳したいという原書リリース前からの無茶なお願いを見事に実現まで導いてくださったオライリー・ジャパンの山川様、髙様に厚く御礼申し上げます。

最後に、微力ながら、本書で皆様のビジネスの成功を後押しできれば幸いです。

和田祐一郎

2015 年 4 月

● 著者紹介

ガブリエル・ワインバーグ（Gabriel Weinberg/@yegg）

2013年に10億回以上の検索が行われ、2014年にリリースされたiOS 8から標準の検索エンジンとして選択できるようになったことで一躍有名になった「ユーザを追跡しない検索エンジン」DuckDuckGoの創業者。DuckDuckGo以前は、2006年にUnited Onlineに1000万ドルで売却したスタートアップ企業Opoboxの共同創業者兼CEO。エンジェル投資家でもあり、CBSやFOX、ガーディアン紙やワシントン・ポスト紙などで特集される。大学では物理学を専攻し、MITのTechnology and Policy Programで修士号を取得。

ジャスティン・メアーズ（Justin Mares/@jwmares）

2013年に数千万ドルといわれる額でRackspaceに買収されたExceptional Cloud Servicesの収益責任者を務めた。それ以前には2つのスタートアップを立ち上げており、1つはイグジットに成功し、1つは失敗に終わった。サンフランシスコで成長をテーマにしたミートアップを主催している。justinmares.comでマーケティングとパーソナルデベロップメントに関するブログを運営する。

● 訳者紹介

和田 祐一郎（わだ ゆういちろう /@yuichirowada）

株式会社プログラミングシステム社代表取締役（http://psginc.jp）。米アリゾナ大を2001年に卒業後、通信系エンジニア、Eコマースや大規模企業サイトの構築、医療系ベンチャー企業の新規ビジネス開発、大手Web解析ツールベンダー等を経て2010年から現職。Webサイトの設計、フロントエンド構築からアクセス解析まで幅広い経験と知識を持つ。『ハイパフォーマンスブラウザネットワーキング』、『JavaScriptで学ぶ関数型プログラミング』、『開眼! JavaScript』（オライリー・ジャパン）を翻訳。

● レビュア紹介

奥田 洋子（おくだ ようこ）

目下、新規事業・新ブランド立上げのプロジェクトに参画中の大阪府出身。3年間のカナダ在住経験があり、研修講師として数多くの企業において、顧客とクライアント双方の立場に添ったコンサルティング及び人材育成に努める。また、異なる分野で「顧客満足」を踏まえた商品開発（コンテンツ開発）、販売促進等に関わる企画ならびにMDの立案、マーケティング等を幅広く手掛ける。

川上 修平（かわかみ しゅうへい）

株式会社MonotaROマーケティング部。UIデザインオフィスで血圧計などの組込みシステムからwebサービス・スマートフォンアプリまで、様々な分野のUI開発を経験したUIデザイナー。2013年より現職。スタートアップのペースで成長中のBtoB通販サイトのWebデザインマネージャーとして、データを活用したUX改善に取り組む。

トラクション
―スタートアップが顧客をつかむ 19 のチャネル

2015 年 5 月 22 日　初版第 1 刷発行

著　　　　者	ガブリエル・ワインバーグ、ジャスティン・メアーズ
訳　　　　者	和田 祐一郎（わだ ゆういちろう）
発　行　人	ティム・オライリー
印 刷・製 本	日経印刷株式会社
発　行　所	株式会社オライリー・ジャパン

〒 160-0002　東京都新宿区坂町 26 番地 27　インテリジェントプラザビル 1F
Tel　（03）3356-5227
Fax　（03）3356-5263
電子メール　japan@oreilly.co.jp

発　売　元　　株式会社オーム社
〒 101-8460　東京都千代田区神田錦町 3-1
Tel　（03）3233-0641（代表）
Fax　（03）3233-3440

Printed in Japan（ISBN978-4-87311-722-5）
乱丁、落丁の際はお取り替えいたします。

本書は著作権上の保護を受けています。本書の一部あるいは全部について、株式会社オライリー・ジャパンから文書による許諾を得ずに、いかなる方法においても無断で複写、複製することは禁じられています。